黎 明 著

中国互联网广告监管研究

中国社会科学出版社

图书在版编目（CIP）数据

中国互联网广告监管研究 / 黎明著. —北京：中国社会科学出版社，2020.9

ISBN 978-7-5203-5686-2

Ⅰ.①中⋯ Ⅱ.①黎⋯ Ⅲ.①网络广告－监管制度－研究－中国 Ⅳ.①F713.852

中国版本图书馆 CIP 数据核字（2019）第 259157 号

出 版 人	赵剑英	
责任编辑	陈肖静	
责任校对	刘　娟	
责任印制	戴　宽	

出　　版	中国社会科学出版社	
社　　址	北京鼓楼西大街甲 158 号	
邮　　编	100720	
网　　址	http://www.csspw.cn	
发 行 部	010-84083685	
门 市 部	010-84029450	
经　　销	新华书店及其他书店	
印　　刷	北京明恒达印务有限公司	
装　　订	廊坊市广阳区广增装订厂	
版　　次	2020 年 9 月第 1 版	
印　　次	2020 年 9 月第 1 次印刷	
开　　本	710×1000　1/16	
印　　张	18.25	
插　　页	2	
字　　数	254 千字	
定　　价	138.00 元	

凡购买中国社会科学出版社图书，如有质量问题请与本社营销中心联系调换
电话：010-84083683
版权所有　侵权必究

前　　言

　　国内的互联网广告监管研究最早出现在上世纪90年代末。随着互联网广告市场的繁荣发展，作为广告监管实践的重要新兴领域，2007年左右，关于互联网监管的研究逐渐成为研究热点。

　　互联网的出现改变了广告传播的一切因循和传统。数字与网络传播背景下，广告身处其间的环境已经、正在并且继续发生巨大的变革。从边缘突破到"第五媒介"再到"互联网+"，"互联网"终于将名字镌刻在时代的前缀上。媒介场景的范式转换，必然导致负载其上的广告形态的继续进化。Web2.0、移动互联网、大数据、云计算、O2O等纷至沓来的互联网技术不断改写着广告的传播形态、生存形态、组织形态和产业形态。如果说互联网第一次传播形态转换厘定了传统互联网环境下广告形态的两种基本样式——Web1.0广告和Web2.0广告，那么作为互联网发展新阶段的关键词，"互联网+"指明了广告形态发展的主流趋向：在Web1.0广告和Web2.0广告现有形态的基础上，结合移动互联网和大数据等"互联网+"技术要素，化生出与传统互联网环境下广告迥然不同的属性和特征，从而发展出智能化营销和跨媒体沟通这样的新广告形态。概言之，在互联网发展到"互联网+"的今天，较之传统媒体广告的单一形态，互联网广告形态多样、花样翻新，已完全突破了传统媒体时代我们对于"广告"的经典想象，在主体、客体、流程、技术手段等方面有着诸多不同，对其的监管问题因此也更为复杂。传统媒体时代的广告监管的经验、理念和实践运行，尽管仍具有很强的实效性，但匹配互联网广告发展现状的完善升级应是广告监管实践很重要的一个课题，而这必须建立在深刻理解互联网本身的内在特质和其在整个社会系统中角色地位的变化,以及由此带来的广告形态进化的理论基础之上。

正是基于这样的思考,本书首先力图在理解互联网和互联网时代的基础上,审视互联网时代背景下广告的历时态演进与共时态类型。以此为理论观照,搭建"互联网媒介类型—广告形态—违法现象—监管问题"的分析框架,对不同互联网媒介类型的不同广告形态所易发的广告监管问题进行结构化、针对性的逐一思考,并具体提出其对策参考以及整体上的制度创新建议。

本书的研究思路、框架与主要内容是我在近年来对"广告形态"这一纯理论问题进行思考的基础上,往相关实践问题尝试延展应用的结果。我的几个硕士生和优秀本科生崔艳琼、贾彤、徐雅雯、李晓彤、隗薇、胡双霜参与了研究课题,完成了大量资料收集、梳理和部分内容的初稿撰写工作。在项目研究成果的基础上,贾彤参与了大量文稿校对工作,并由我审定全稿。在写作此书的过程中,我们借鉴了国内外研究者的研究成果,在此对这些研究者致以深切敬意和感谢。如在注释中有所疏漏,敬请鉴谅。

本书受湖北大学中国文化创新与传承学科群新闻传播支撑方向经费和双一流建设研究生教育专项资金资助,出版社陈肖静女士为本书付梓做了大量具体细致的工作,在此一并致以谢意。由于精力和水平所限,本书肯定还存在不少不足,敬请学界业界专家和读者朋友批评指正,谨此预致谢忱。

黎 明

目 录

绪 论 ·· 1
  一 相关研究综述 ·· 1
  二 研究意义 ··· 5
  三 研究框架与思路 ··· 6
  四 研究方法 ··· 7

第一章 互联网广告的形态演进 ·· 9
  第一节 互联网及其广告形态的演进逻辑 ························· 10
    一 数字技术与数字媒介 ······································ 10
    二 网络媒介的技术特质 ······································ 12
    三 从 Web1.0 到 Web2.0 ······································ 16
    四 从传统互联网到"互联网+" ···························· 20
  第二节 传统互联网时代网络广告的形态演进 ··················· 22
    一 Web1.0 广告：传统媒体广告的网络版升级 ········ 24
    二 Web2.0 广告：基于消费者参与的体验、交互及分享 ········ 26
  第三节 互联网+背景下网络广告的发展趋势 ···················· 31
    一 从 Web1.0 广告到智能化营销：基于大数据的
       精准回应和主动推送 ······································ 31
    二 从 Web2.0 广告到跨媒体沟通：以 2.0 平台
       为核心的 O2O 连接 ·· 34

第二章 视频网站广告监管 ··· 37
  第一节 视频网站广告相关概念及其形态分类 ··················· 39

　　　　一　视频网站广告的概念与特点 ……………………………… 40
　　　　二　基于传播形态的视频网站广告分类 …………………… 43
　　第二节　基于视频网站广告形态的问题呈现 …………………… 49
　　　　一　视频网站广告现实问题的结构化分析 ………………… 50
　　　　二　视频网站广告现存问题的全方位透视 ………………… 61
　　第三节　视频网站广告监管现状的反思 ………………………… 66
　　　　一　体系化和精细化的监管标准的缺失 …………………… 66
　　　　二　传统 1.0 的监管运行机制和 2.0 的广告形态之间的矛盾 … 69
　　第四节　视频网站广告监管的创新策略 ………………………… 71
　　　　一　建立体系化和精细化的监管标准和规范 ……………… 72
　　　　二　建立和互联网 2.0 广告形态相匹配的监管机制 ……… 77

第三章　社交媒体广告监管 ……………………………………… 86
　　第一节　社交媒体广告相关概念及其类型体系建构 …………… 86
　　　　一　社交媒体广告的概念界定 ……………………………… 87
　　　　二　社交媒体广告的发展历程 ……………………………… 88
　　　　三　社交媒体广告的独特价值 ……………………………… 91
　　　　四　基于传播形态的社交媒体广告类型体系建构 ………… 95
　　第二节　对社交媒体广告问题现状的实证分析 ………………… 102
　　　　一　社交媒体广告存在问题的结构化分析 ………………… 103
　　　　二　社交媒体广告高频问题归纳 …………………………… 116
　　第三节　针对社交媒体广告特有问题的监管对策 ……………… 121
　　　　一　社交广告外在呈现的标准形态 ………………………… 121
　　　　二　社交广告内容渠道监管的多边延伸 …………………… 124
　　　　三　社交广告投放效果监管的革新路径 …………………… 128
　　第四节　新媒体背景下广告监管体系完善的整体建议 ………… 130
　　　　一　广告形态多样化下的监管制度匹配 …………………… 131
　　　　二　广告动态高频化下的监管运行耦合 …………………… 135

第四章　短视频分享平台广告监管 ……………………………… 144
　　第一节　短视频分享平台广告相关概念及其形态分类 ………… 145

         一　短视频分享平台广告的概念界定 ·················· 145
         二　视频网站广告的发展历程 ······················ 146
         三　短视频分享平台广告的特点 ···················· 146
         四　基于传播形态的短视频分享平台广告分类 ·········· 151
    第二节　基于短视频分享平台广告形态的问题凸显 ············ 164
         一　短视频分享平台广告问题的结构化分析 ············ 164
         二　短视频分享平台广告现存问题的多维度呈现 ········ 167
    第三节　短视频分享平台广告监管现状的反思 ·············· 171
         一　短视频分享平台广告主体界定模糊 ·············· 172
         二　短视频分享平台管理法律法规滞后 ·············· 173
         三　短视频分享平台广告形态各异，缺乏统一规范 ······ 175
         四　限时有限的审核无法应对及时迅速的短视频广告 ···· 175
         五　固化的传统广告监管形式难以应对动态的短视频平台广告 ··· 176
    第四节　短视频分享平台广告监管的创新策略 ·············· 178
         一　规制对象：广告主体的重新界定 ················ 178
         二　监管形式：加强行业自律与社会规制 ············ 179
         三　监管法律：填补法律空白 ···················· 181
         四　监管机构：建立专门的短视频平台广告监管机构 ···· 182

第五章　手机系统广告监管················ 183
    第一节　手机系统广告相关概念及其形态分类 ·············· 183
         一　手机系统广告的概念界定 ···················· 184
         二　手机系统广告的发展历程 ···················· 184
         三　手机系统广告的特点 ························ 186
         四　基于传播形态的手机系统广告分类 ·············· 188
    第二节　基于手机系统广告形态的问题呈现 ················ 191
         一　手机系统广告问题的分类梳理 ·················· 191
         二　手机系统广告现存问题剖析 ···················· 198
    第三节　手机系统广告监管现状的反思 ···················· 200
         一　体系化和精细化的监管标准的缺失 ·············· 201
         二　传统1.0的监管运行机制和2.0的广告形态之间的矛盾 ····· 202

第四节　手机系统广告监管的发展和创新策略 ………………… 203
　　　　一　建立体系化和精细化的监管标准和规范 ……………… 204
　　　　二　建立和互联网 2.0 广告形态相匹配的监管机制………… 206

第六章　电子商务网站广告监管 …………………………………… 209
　　第一节　电商网站广告相关概念及其形态分类 ………………… 210
　　　　一　视频网站广告的概念界定 ……………………………… 210
　　　　二　电商网站广告的发展历程 ……………………………… 211
　　　　三　电商网站广告的特点 …………………………………… 212
　　　　四　基于传播形态的电商网站广告分类 …………………… 213
　　第二节　基于电商网站广告形态的问题分布 …………………… 217
　　　　一　典型案例分析 …………………………………………… 217
　　　　二　电商网站广告现存问题透析 …………………………… 225
　　第三节　电商网站广告监管现状的反思 ………………………… 226
　　　　一　尚未颁布针对电商网站广告的相关法律法规 ………… 227
　　　　二　民间自律团体稀缺 ……………………………………… 227
　　　　三　消费者维权途径及成本所造成的阻力问题 …………… 228
　　　　四　我国电子商务相关法律体系步伐稍显滞后 …………… 228
　　第四节　电商网站广告监管的因应之道 ………………………… 228
　　　　一　国外互联网广告监管的相关法规条例和监管规制梳理 … 229
　　　　二　针对我国现行法规条例和运行机制的具体对策建议 … 232

第七章　搜索引擎广告监管 ………………………………………… 236
　　第一节　搜索引擎广告相关概念及其形态分类 ………………… 236
　　　　一　搜索引擎广告的概念界定 ……………………………… 236
　　　　二　搜索引擎广告的发展历程 ……………………………… 238
　　　　三　搜索引擎广告的特点 …………………………………… 239
　　　　四　基于传播形态的搜索引擎广告分类 …………………… 242
　　第二节　基于搜索引擎广告形态的具象问题分析 ……………… 244
　　　　一　虚假广告 ………………………………………………… 244
　　　　二　欺诈点击和屏蔽 ………………………………………… 247

三　恶意关键词 ……………………………………………… 248
　　四　违规违禁广告 …………………………………………… 248
　　五　"广告"技术操作规范不统一 …………………………… 250
　　六　侵犯消费者隐私 ………………………………………… 251
第三节　搜索引擎广告监管现状的反思 …………………………… 252
　　一　法律层面的困境 ………………………………………… 252
　　二　监管层面的困境 ………………………………………… 254
第四节　搜索引擎广告监管的创新策略 …………………………… 256
　　一　立法层面 ………………………………………………… 256
　　二　监管层面 ………………………………………………… 257

中文文献 ………………………………………………………… 264

英文文献 ………………………………………………………… 276

图 目 录

图 2—1　爱奇艺《老男孩》画中画广告 ………………………… 56
图 3—1　公共主页广告 ………………………………………… 89
图 3—2　微博小尾巴设置 ……………………………………… 90
图 3—3　微博热搜推荐 ………………………………………… 92
图 3—4　知乎问答中的广告推广 ……………………………… 92
图 3—5　社交媒体广告分类的逻辑框架 ……………………… 96
图 3—6　社交媒体展示类广告的三种典型形式 ……………… 98
图 3—7　形式原生广告的两种形式 …………………………… 100
图 3—8　微信公众号软文广告和微博热搜广告 ……………… 101
图 3—9　表情包/GIF动图广告 ………………………………… 102
图 3—10　社交媒体广告中横幅广告的尺幅情况 …………… 104
图 3—11　社交媒体广告中横幅广告的屏次位置情况 ……… 105
图 3—12　用户性别对比分析图 ……………………………… 113
图 3—13　用户区域对比分析图 ……………………………… 113
图 3—14　用户评论内容词频分析图 ………………………… 114
图 3—15　用户的标签属性分析 ……………………………… 115
图 3—16　粉丝买卖交易单 …………………………………… 119
图 4—1　网络广告分类 ………………………………………… 152
图 4—2　启动页广告 …………………………………………… 153
图 4—3　横幅广告 ……………………………………………… 154
图 4—4　植入式广告 …………………………………………… 155
图 4—5　创意中插广告 ………………………………………… 156
图 4—6　定制视频广告 ………………………………………… 157

图 4—7　信息流广告 …… 158
图 4—8　DUO+ 广告 …… 159
图 4—9　竞价排名广告 …… 160
图 4—10　贴纸广告 …… 161
图 4—11　话题广告 …… 162
图 4—12　挑战赛广告 …… 163
图 6—1　淘宝直通车 …… 215
图 6—2　网幅广告 …… 216
图 6—3　软文广告 …… 217
图 6—4　刷单获刑新闻 …… 220
图 6—5　小米违规广告截图一 …… 222
图 6—6　小米被告后广告截图一 …… 222
图 6—7　小米违规广告截图二 …… 223
图 6—8　小米被告后广告截图二 …… 223
图 6—9　小米违规广告截图三 …… 224
图 6—10　小米被告后广告截图三 …… 224
图 6—11　软文广告标题党 …… 225
图 7—1　百度搜索引擎广告 …… 237
图 7—2　搜索引擎市场份额 …… 239
图 7—3　百度搜索"考研"截图 …… 244
图 7—4　百度搜索"考研"第一条链接内容 …… 245
图 7—5　虚拟关闭按键跳转页面截图 …… 251

表 目 录

表 2—1	视频类广告的主要广告形态	45
表 2—2	图文类广告的主要广告形态	46
表 2—3	内容营销式广告的主要广告形态	48
表 2—4	爱奇艺前视频贴片广告时长分布情况	51
表 2—5	优酷前视频贴片广告时长分布情况	51
表 2—6	优酷前视频贴片广告时长分布情况	52
表 2—7	综合三大平台前视频贴片广告时长分布情况	52
表 2—8	电视剧《老男孩》在三大平台的前视频贴片广告时长	53
表 2—9	相同电影在三大平台的前视频贴片广告时长	53
表 2—10	相同综艺在三大平台的前视频贴片广告时长	53
表 2—11	相同综艺在三大平台的前视频贴片广告时长	54
表 2—12	视频类广告现存主要问题	57
表 2—13	浮层广告在视频里的播放次数	58
表 2—14	浮层广告在视频里的播放位置	58
表 2—15	视频类广告现存主要问题	59
表 2—16	内容营销式广告现存主要问题	60
表 3—1	社交媒体广告中横幅广告是否可关闭情况	106
表 3—2	用户对社交媒体原生广告数量及平台体验的描述性分析	109
表 3—3	社交媒体原生广告数量与用户的平台体验的相关性	109
表 3—4	用户对社交媒体原生广告内容质量及其接受程度的描述性分析	110
表 3—5	用户对社交媒体原生广告内容质量及其接受程度的相关性分析	111

表 3—6 社交原生广告与用户自身需求的相关性及
　　　　用户对个人隐私忧患的描述性分析 ………………………… 111
表 5—1 8 款主流手机系统推送广告测评情况………………………… 189
表 5—2 8 款手机系统通知栏推送广告对比…………………………… 192
表 5—3 系统应用广告详情对比 ………………………………………… 195

绪　　论

一　相关研究综述

在国内，早在20世纪90年代末互联网兴起之初，关于互联网广告监管的相关研究就开始出现（王林昌，1999；李德成，2000）。但由于互联网广告在整体广告市场中所占份额较小，监管并非此时互联网广告所面临的最为迫切的问题，互联网广告监管研究并未在广告监管研究领域中引起太多重视，因此相关研究发展相对缓慢。根据直接文献检索和相关研究综述（刘寅斌等，2010；李军林，2013），在之后很长一段时期内研究者们更多的是聚焦于互联网广告的受众及效果、表现形式及投放策略、发展趋势与对策等方面，监管问题时而散落其中（林升栋，2000；姜智彬，2005），除了依托《中国工商管理研究》《工商行政管理》等专业期刊平台展开的业务讨论之外，专门研究互联网广告监管的相关论著在绝对数量和整体占比上都较为匮乏。直至2007年左右，随着互联网经济的勃兴、互联网广告市场的超高速发展以及繁荣发展背后各种违法违规案件的不断增长，作为广告监管的重要新兴领域，互联网广告监管在实践中遭遇的种种新问题逐渐引起各方面的关注。研究者们分别以广告学、经济法、行政法等相关学术视野切入到互联网广告监管这一领域。2007年开始，关于互联网监管的研究逐渐升温。

概括而言，我国学者的研究主要有两种脉络：综合研究，即从整体上探讨互联网广告监管问题及其对策。这类研究有两种路径：一是现实问题出发。譬如杨同庆（2002）、安娜（2009）、孙晓霞等（2011）在梳理主要违法问题、监管现状和难点的基础上，从立法执法等方面提出对策措施；刘寅斌等（2010）基于国家政策和地方实践层面存在不足的分析，提出包含监测和治理两部分的网络广告监管创新模式；林承铎、杨彧苹（2012）则在对存在问题进行类型化分析的基础上，重点探讨了互联网广告监管的法律体系。二是从理论出发，以特定理论视角观照互联网广告监管中的基本问题并提出建议。譬如石磊（2009）从经济法的角度理清网络广告及其发布媒体的法律性质、广告主体的法律定位，并借鉴"内容—行为中心主义"广告规制方式围绕其提出网络广告法律制度的完善建议；王冕（2009）认为传统的广告监督管理体制与网络广告发展不相适应，从公共治理的视角提出单纯依靠政府部门的传统广告监管必须转向多方共同参与的网络广告治理；邓小兵、冯渊源（2014）基于行政法的理论视角，在明确网络广告行政监管中"放权、晰权、用权"指导思想、"正当性、法定性、合理性"基本原则的基础上，对网络广告行政监管现行制度进行反思和建议，尤其强调信息披露等新型监管手段；廖秉宜（2015）则基于广告产业的研究立场，从国家利益、市场利益与公众利益三者均衡的视角探讨广告审查制度、广告法律法规体系等监管制度及其优化策略，虽是针对整体广告监管展开的研究，但仍值得互联网广告监管（作为广告监管组成部分）参考。微观研究，围绕中国互联网广告监管中某一具体问题展开，主要可归为以下四个角度：一是互联网广告中特定违法形式及其监管研究，主要集中在网络虚假广告、不正当竞争、隐私权等议题上。有研究者分别从网络虚假广告成因、虚假广告本罪的主体客体等基本法律概念、与传统虚假广告不同特征等不同角度探讨了网络虚假广告的治理对策（蒋虹，2003；李希慧、沈元春，2005；欧阳晨，2007）；吴光恒（2012）从表现形式、形成原因、行为认定等方面对网络广告中的不正当竞争进行分析，并提出监管的法律对策，着重强调《反不正当竞争法》在网络广告环境下的适用和运用；网络隐私问题也是一直广受关注，早年间国内就有学者提出互联网隐私权保护问题（李德成，2000），近年来随着大数据和定向广告的发展这一问题日益引发担忧，朱松林（2013）在总结国外策略的基础上，提出针对行为定向广告制定保护消费者隐私措施中的决策思路。值得注意的是，众多研究者将互联网信息服务提供者（ISP）责任认定作为互联网广告违法问题的重要部分来讨论，并大多强调互联网信息服务提供者的有限责任。二是特定互联网广告形态监管研究。主要包括自媒体广告监管（林波等，2013；梁诗偲、杨皓男，2015），广告联盟监管（邹未光，2015），网络游戏广告监管（王婧、符潇雅，2014）搜索引擎竞价排名监管（李明伟，2009；徐敬宏、吴敏，2015）等。其中最受关注的是搜索引擎竞价排名及其监管问题，李明伟（2009）认为竞价排名是一种广告，并从发布资质、审查责任以及内容区分等方面提出规范建议。三是互联网广告监管中具体法律问题研究，主要集中在监管范围，主体认定及其责任等问题上。李明伟（2011）认为网络广告的内涵不清、外延不明，是当前网络广告监管亟待解决的一个重要问题，并重新界定网络广告作为法律概念的内涵；宋亚辉（2008）在网络环境下重新审视广告发布主体在社会实践中对立法预期的超越，并提出解决方案；王梦萍（2008）则重点探讨网络广告发布者的审查义务及其法律责任。四是特定商品服务的互联网广告监管研究。李小健（2014）认为在网络违法广告中，尤以保健食品、保健用品、药品、医疗器械、医疗服务等领域的广告违法问题较为严重。这方面的研究主要集中于药品广告，多见于《中国药事》等专业期刊（张弛等，2012；叶菲，2012），相对不是特别主流。

除上述两种脉络外，还有两种较为特别的研究维度：一部分是国外互联网广告监管的相关研究。实际上，对国外相关经验的归纳和参考总是作为论证逻辑一部分常穿插出现在互联网广告监管问题的诸类研究中。但除此之外，还有一部分研究将国外经验梳理及其借鉴启示作为主要研究内容（赵洁、骆宇，2007；雷琼芳，2010；徐凤兰、孙黎，2012；薛敏芝，2013），是相对独立的领域。2015年4月广告法修订完成后，研究者围绕新《广告法》和随后（2015年7月）公布的《互联网广告监督管理暂行办法（征求意见稿）》展开热烈讨论，出现一波新《广告法》背景下互联网广告监管的专题研究。主要议题集中在广告法修订前后针对互联网广告的立法建言（刘双舟，2015），新《广告法》及其关于互联网广告监管的解读（许正林、闫峰，2015），对新《广告法》所无法完全解决的问题及其进一步完善的思考（邵国松，2015）；也有依托于新《广告法》对具体问题展开的讨论，譬如2015年广告监管及指导广告业发展专家型人才培训班第一课题组对第三方网络交易平台广告的管辖权提出探讨（2015），值得注意的是，由于这种讨论往往指向即将出台的《互联网广告管理暂行办法》，因此除了行政监管部门和高校，相关利益主体如互联网信息服务提供者也开始发出自己的声音。腾讯研究院的杨乐、彭宏洁对新《广告法》所涉广告主、广告发布者、广告经营者、广告代言人、互联网信息服务提供者等主体在实践复杂情况中的认定展开讨论。百度法律顾问陈晨等也就《互联网广告管理暂行办法》制定时衡量与规制各参与方的广告内容审核责任提出观点建议。总的来说，国内互联网广告监管研究注重应用，多对策性研究，以新《广告法》的颁布实施为标志，国内相关研究进入新的探索阶段。

国外关于互联网广告监管的专门性研究较少，作为网络媒介监管"整体"的组成"部分"和作为"一般"广告监管的"特殊"类型，互联网广告监管研究多包含在前两者的探讨中，主要可归为两个层面：法律规制，主要围绕以下方面展开：消费者隐私权问题以及儿童等特定人群保护问题（J Rosenoer, 1997；A Goldfarb, CE Tucker, 2010）；主体责任认定问题，L Edwards, C Wealde（1997）认为"避风港"原则在网络广告侵权中的应用在一定程度上弱化了 ISP 责任，并强调 ISP 在技术上有可能阻止且进行阻止不超过其承受能力，应有义务按一般法律阻止违法内容；虚假广告问题，有研究者认为点击率伪造是互联网广告欺诈的一种重要形式（H Lin, P HAO, 2011）；特定商品或服务问题，M Foucault（2007）系统考察医疗保健网站的一整套准则，其中广告部分的发布原则主要强调广告与医疗保健网站一般内容的可区别性。监管机制，主要集中在两方面：一是监管体系，K Creech（1996）认为在电子媒体监管方面，联邦通讯委员会是联邦贸易委员会的重要补充；D Harker（1998）从传统广告与互联网广告的区分出发探讨互联网广告监管中自律和他律；PA Labarbera（1980）认为通过经验可以提高广告行业自律的效率，同时认为政府监管非常必要；L Borrie（2005）则认为自律相比而言是更经济和有效率的方式。二是监管运行中的具体问题，譬如地域管辖权（RH Ducoffe，1996），监管原则（S Spilsbury，2000），纠正性广告制度等行政处罚手段（EP Goodman，2007）等。概括而言，国外相关研究与国内研究在总的板块框架上多有相似之处，研究侧重点则各有不同，共同为互联网广告监管研究的深入奠定了基础。

综上所述，互联网广告监管是国内外面临的普遍问题，也是研究者日趋重视的学术热点。目前国内外已产出不少有价值的研究成果，但也存在着一些缺憾，首先对现实问题全面且详细的系统梳理、对不同的互联网广告场景中各参与主体责任利益的实证考察等基础性研究稍显欠缺；其次具体问题的解决有赖于全局性的配合，总体的监管思路、理念、架构需要具体制度设计来体现，对策性研究部分在具体层面和宏观层面相对缺乏协同，使得有些研究成果可执行性较差；最后，如何结合中国实际，通过制度创新在行政主导下充分调动各相关方积极性的理论探索还不充分。

二　研究意义

学术价值：本书运用传播学、广告学、经济法、行政法的相关理论，建构理论分析框架，从学理层面审视中国互联网广告监管的复杂现实，从"以行政监管为主的1.0范式监管思路和2.0范式下互联网广告信息多元参与、无限增长之间的矛盾"角度总结反思中国互联网广告现有监管制度，从制度匹配互联网广告传播新特征的角度探索整合各参与方力量的监管思路创新和具体制度设计，从而在互联网广告监管方面做出一定的理论拓展，也是在这一特定领域对国家"社会管理创新战略"的理论回应。

应用价值：本书全面考察中国互联网广告监管问题，从与互联网广告新传播特征匹配的角度，归纳整理国外互联网广告监管的经验思路，系统探讨对现行法规条例和运行机制的务实建议，并探索与互联网广告传播特征相匹配的监管思路和制度创新，从基础研究和对策研究两方面为行政主管部门提供决策参考，有利于互联网广告监管问题的合理化解决，有利于实现互联网广告产业和广告市场高速且健康的发展。

三 研究框架与思路

本书首先从学理层面系统地梳理了互联网及其广告形态的历时态演进与共时态类型（第一章）。以此为理论背景，可以看到，互联网广告形态多样、规模巨大，因而对应的监管问题纷繁复杂。但无论何种形态的互联网广告，必须以某种互联网媒介作为其载体。同种类型的互联网媒介之间有着大致相同的广告类型及其主要违法症候，对应的监管问题也具有较强的共性。因此，本书按照类型分析的思路，搭建"互联网媒介类型—广告形态—违法现象—监管问题"的分析框架，并将中国互联网广告监管实践中的诸多具体问题置于这一框架下进行结构化梳理，从而使得中国互联网广告监管的复杂现实得以分类逻辑一致、全面覆盖且重点突出的呈现。首先将互联网所有的广告媒介按类型建立一级类目（如搜索引擎、SNS社交媒体、电商网站、视频网站等）；再将每种媒介类型中出现的广告按其形态归类，建立二级类目（如视频广告、弹窗广告、关键词广告、竞价排名、口碑营销、邮件广告、信息流广告等）；然后通过文献分析和案例分析，归纳每种广告形态在实践中对应的高频问题和违法症候（如虚假广告、特种商品广告、未标明识别、强制弹窗、侵犯肖像权、隐私权等）；最后从法律规制和监管运行两方面考察对应的监管问题。

按照上述研究框架，后续章节正是基于互联网+时代互联网广告分类体系的第一级指标"媒介类型"来展开的，对目前最主流的媒介类型——视频网站、社交媒体、短视频分享平台、手机系统平台、电子商务平台、搜索引擎等——分别进行了深入探讨。而在每一章内部，均按照"广告形态类型—高频违法问题—现有监管反思—监管策略优化"的逻辑，对中国具体媒介类型的互联网广告监管问题分别展开探讨，并将落脚点放在从监管运行和制度安排两方面提出对策建议与制度创新上。具体监管方面，在结构化梳理、明确各方责任利益和借鉴国外具体经验的基础上，针对中国互联网广告监管实践中的现实问题，结合新《广告法》，系统地提出对现行法规条例和运行机制的具体对策建议。制度安排方面，在总体反思并把握主要矛盾与核心问题的基础上，借鉴国外互联网广告监管的思路，结合中国实际情况，探索与互联网广告传播特征匹配的制度创新。1.0 的广告监管与 2.0 的广告形态之间的矛盾主要体现为：完全以行政监管为主的监管体系跟不上互联网广告的多元主体和巨大体量，完全由上而下的法规条文跟不上形态多样、快速迭代的互联网广告形式。2.0 的广告形态需匹配以 2.0 的监管制度：自上而下与自下而上相结合，整合所有相关主体的力量，共同解决互联网广告监管问题。监管机制方面，探索行政监管主导下"利益—责任—权力"匹配的行业自律（强调参与主体尤其是互联网广告媒介的责任利益对等，并结合行政监管主导下合理化放权监管），以及行政指导下的制度化社会监督等互联网广告监管，按媒介类型分类管理、多方参与的审查委员会等制度创新；法律规制方面，以新《广告法》等相关成文法规为依据，顶层设计和基层探索良性互动，探索按媒介类型分类，各相关方共同参与研讨制定的互联网广告监管具体条例，以实现对形态多样、快速迭代的互联网广告的驭繁为简、动态匹配。

四　研究方法

类型分析法：搭建"互联网媒介类型—广告形态—违法现象—监管

问题"分析框架，实现对中国互联网广告监管的复杂现实的结构化梳理。

案例分析法：选择典型案例和代表性事件进行案例研究，从中深入了解互联网广告违法现象和监管问题的现实状况。

比较研究法：考察欧美国家互联网广告监管的实际运行及其成效，系统梳理其中可为中国借鉴的经验和思路。

第一章 互联网广告的形态演进

广告传播附载于具体的媒体之上，因此，广告传播的形态必然与作为其载体的传媒自身的形态紧密相关。这是我们一个基本的逻辑判断。以此为逻辑起点，放置在历时态的视角之下，一个必然的推论是：作为一个始终处于动态发展过程中的对象，广告的形态演进必然与其附载的媒体的自身形态演进紧密相关。或者说，传播媒体的发展演进和形态变迁将直接导致广告的传播形态发生相应的变化以适应已经变化了的新的媒体技术特征和价值属性。经验事实层面的归纳同样印证了这一点："广告演进的历程一再提示我们，广告的变迁与媒介的发展密不可分。"[1]

网络广告是建立在数字化的网络媒体基础之上的。网络媒体主要是指基于计算机和其他数字信息终端，由无数局域网组成的全球信息互联网络。21世纪以来，以互联网为代表的新一代媒体崛起，包括报纸、杂志、广播和电视在内的传统媒体遭受到前所未有且影响的冲击。直到现在，网络媒体的发展仍处在现在进行时，与之相适应，基于其上的网络广告同样处于动态发展中，远未进化到最终形态。那么，网络广告的发展演进和形态变迁具有怎样的态势和规律，进而，网络广告的未来发展又将呈现何种形态？对于网络广告的形态演进和未来发展的厘清和探讨，网络媒体自身的形态及其演进成为无法绕行的逻辑前提。

---

[1] 张金海、王润珏：《数字技术与网络传播背景下的广告生存形态》，《武汉大学学报》2009年第4期。

第一节　互联网及其广告形态的演进逻辑

一　数字技术与数字媒介

"20世纪见证了种种传播系统的引入,它们使信息能够从一个地点到另一地点广泛传输,起初,它们通过对信息的电子化模拟征服时空,继而则通过数字化加以征服。"① 数字媒介的主要技术基础是计算机技术和数字通信技术,前者用于信号的数字化处理,后者用于数字信号传输。其大体机制是:通过某些专门的数字设备将文字、图形、图像、声音、视频等人类可识别的信息形式编码成以"0"和"1"二进制编码构成的数字信号(而非传统电子媒介之模拟信号),"数字化是把模拟信息转换成计算机能读取的由0和1组成的信息。在数字格式中,音频、视频和文本信息能混合在一起并融为一体",② 并通过由数字介质或渠道来保存或传递数字信号,最后再通过数字终端来对数字信号进行反向解码,还原成人类可识别的各类信息形式。

1996年,托马斯·鲍德温等在其著作《大汇流:整合媒介信息与传播》中,对数字技术及数字媒介作出全景式的界定:"信息能被计算机存储和处理,也可以不失真地被传递,而数据库内的信息和处理程序可以由其他用户访问、传送、直接提用或存储,意味着这个传播系统各个点之间是相连的、同时相互之间是可以得到回应的,因此这种系统是交互式的,整个传输网络被称为网络。而无线、有线通信新技术的融合,使得广播、电视、电信、因特网之间开始前所未有的大融合,理想的宽带传播系统(broadband communication systems)意味着这个系统集声音、图像、数据于一体,并有按需存储和交互功能。数字化的信息涵盖所有传播内容,包括数据、音

---

① [美]马克·波斯特:《第二媒介时代》,范静晔译,南京大学出版社2001年版第2页。
② [美]约翰·帕夫利克:《新媒体技术:文化和商业前景》(第2版),周勇译,清华大学出版社2005年版,第125页。

频与视频，涉及对话、数字、文字、图形、音乐、电影和游戏等内容。"①

实际上，在这一经典描述中，包含着数字技术三大重要特性，这些特性为所有基于数字技术的媒介所共有。

（一）海量存储与海量传播

不同于模拟信号，数字编码的信息可轻易地进行数据压缩。"压缩是一种精简大规模数据的技术手段，例如它能去掉一段视频中冗余的信息，从而使得它更快地传输和更方便地存储。"② 采用数字压缩编码技术处理信息，可降低信息占有空间，从而达到海量存储与海量传播。

（二）双向互动

数字技术使信息的双向传输成为现实。"在数字技术取代模拟技术成为大众传播系统的主流技术之前，大众传播总体上还是以单向传输为主的传播网络，反馈的信息流动隐匿于大众传播系统以外的渠道中。但在数字技术的管网中，信息的上行和下行几乎同时进行。模拟技术的传播系统如同单行道，回程的车流需要走另外的通道；而数字技术的信息管网是个双向道，主动发送的信息和反馈的信息在这个通道内对向而行。"③ 因此，"数字媒介实现了信息在发送者和接收者之间的双向流动，这是以往的大众媒介无法做到的。"④

（三）多媒介融合

正如海量传播与互动传播一样，多媒介融合是数字技术与生俱来的天然特性。在数字化的背景下，所有的具体信息形式还原到最后，都不过是一堆2进制数字的排列组合。以信息的数字化为底层技术，文字、图像、声音、视频等具体信息形式得到全方位融合，都能以同样的数字

---

① ［美］托马斯·鲍德温等：《大汇流：整合媒介信息与传播》，龙耘等译，华夏出版社2000年版，第4页。
② ［美］约翰·帕夫利克：《新媒体技术：文化和商业前景》（第2版），周勇译，清华大学出版社2005年版，第126页。
③ 于小川：《技术逻辑与制度逻辑——数字技术与媒介产业发展》，《武汉大学学报（人文社科版）》2007年第6期。
④ 王宏：《数字媒体解析》，西南师范大学出版社2006年版，第9页。

格式被存储、处理和传播并融为一体。

二 网络媒介的技术特质

随着数字技术的发展，各类传统媒介逐渐实现数字化升级。但无论如何，数字化的传统媒介无法摆脱"传统媒介"的形态框架，即使它是基于数字技术的。比如，尽管印刷媒介的制作已实现全程数字化，但最终还得以纸介质呈现在受众面前。同样，数码摄像、数字音频广播、数字高清晰度电视及数字压缩卫星直播电视等数字化技术也未曾改变电视和广告传播形态的大框架。

数字技术不仅促动着传统媒介的数字化升级，也催生出一个全新的媒介——互联网。1946年，美国宾夕法尼亚大学研制出世界第一台数字式电子计算机 ENIAC。此后，计算机技术从电子管、晶体管、集成电路到超大规模集成电路不断走向成熟。与此同时，周边技术如操作系统、鼠标、软盘、CD-ROM、图形用户界面不断发展。到1981年，MS-DOS1.0版本诞生，同时 IBM 推出它的首台 PC 机，标志着个人计算机大规模商业应用的开始。与计算机技术同步发展的数字通讯技术。1969年美国国防部为了保证一旦通讯中心被摧毁整个系统不至于崩溃设计出 ARPAnet，标志着现代计算机网络的诞生。1983年，美国国家科学基金会建立 NSFnet，在全美国建立了按地区划分的计算机广域网并将这些地区网络和超级计算机中心互联起来，并向全社会开放，同时传输控制协议/因特网互联协议（TCP/IP）成为网络标准通讯协议。在 TCP/IP 协议的基础上，不同类型、不同区域、不同接入方式的局域网或广域网，最终统合成包括移动互联网在内的国际互联网络。网络媒介在范围上是全球性的，在接入上包括有线和无线，在终端上包括计算机、智能手机和其他移动或固定的数字信息设备。[①]

[①] 参见张金海、黎明：《媒体演进的价值规律》，载《新闻学论集第25辑》，经济日报出版社2010年版。

传统媒介——无论是报纸媒介，广播媒介还是电视媒介——在传播形态和信息形式上大致都具有以下特点：①传播模式：由一个中心节点向不特定大众的点对面传播，信息从媒介到受众单向流动，受众之间的横向交流缺位，信息源单一。②信息形式：由于不同媒介的信息载体和信息形式之间并不具备统一的底层格式（比如数字比特），彼此之间泾渭分明、不可通约。同时，传统媒介的信息形式与其载体紧密对应，一个萝卜一个坑，相对固定。比如平面印刷媒介的信息形式是文字与图片，广播媒介的信息形式是音频，电视媒介的信息形式是影像。反之亦然。③信息容量：无论是平面媒介的版面还是电子媒介的时段，其信息容量终归是有局限的。④时空属性：传统媒介是"空间和时间定位不变的媒介"。[1]比如电子媒介的是线性传播且信息留存转瞬即逝，只能同步接收，不能按使用者方便的时间选择同步或异步接收；平面媒介的信息传播是离散的脉冲点，且传播速度较慢（无论怎样数字化改造，最终总要以纸质介质呈现），信息很难即时更新、传播和被接收。

不同于传统媒介数字化在大框架不变的前提下，运用数字技术对局部细节进行改良，网络媒介将数字技术的特性发挥到极致，在价值属性上有着传统媒介无法匹敌的全新特质。作为数字媒介的典型代表，互联网将数字通信和计算机技术发挥到极致，形成了与传统媒介迥然相异的技术特质。

（一）去中心与开放接入

相比于传统媒介存在的"中心节点和其它节点"（比如电视台与观众）二元结构。互联网是一个去中心化的体系，它提供"所有节点对所有节点"开放接入的框架和平台，让所有人——包括专业信息生产商、专业信息集成商以及非专业的机构和个人——都能够以多种形式、低成本甚至无成本地参与信息的生产和传播。

---

[1] ［美］保罗·莱文森：《新新媒介》，何道宽译，复旦大学出版社2011年版，前言部分。

（二）信息数字化和形态软件化

文字、图像、音频、视频等不同信息形式在传统媒介环境下是界限分明的，无法相互转换，而且分别对应特定的信息载体（比如报纸只能传播文字和图像，不能传播声音，听广播得用收音机，而影像信息就得换电视机不可）。而在互联网上所有信息有着同样的底层格式：以比特形式存在的二进制数码。于是信息类型的边界被打破了，再也无需为特定的信息类型去专门匹配特定的硬件设备了。在计算机、平板电脑、智能手机、数字电视这样的通用型数字终端上，信息内容呈现在受众面前的形式可以根据需要任意转换，只需要改变程序代码就可以了（打开澎湃新闻，手机就是报纸；打开腾讯直播，手机就是电视；打开蜻蜓FM，手机就是广播；打开微信公号，手机就是杂志）。不仅如此，互联网甚至超越了传统意义上大众媒介的范畴，通过软件设定模拟出从电话（微信）、邮局（网易邮箱）到商场（京东）、银行（支付宝）、社区（豆瓣）等一切可信息化的现实服务形态。

（三）分布式信息存储与处理

作为无数节点相互连接形成的网络，互联网的信息存储和处理是分布式的：信息不是非得存储在本地硬盘上，一个完整的信息单元完全可以拆分，并分散存储在不同的在线设备中，需要使用时再通过网络连接从异地介质空间调取。得益于拓扑结构和连通原理，互联网理论上可以无限接入信息存储介质和信息处理设备，只有这样其存储介质和计算性能才能无限扩展，从而应付每时每刻都在呈几何级数动态增长的大数据。这点与中心式信息存储与处理有着本质差别：如果单靠本地的信息存储和处理能力，哪怕是使用超巨型计算机，能应对的数据和信息量最终也是有上限的。

（四）时空自由

电子媒介即时传播，却只能同步接收。平面媒介可以异步接收，却无法做到即时传播，只能异步接收。在时间属性上，网络媒介综合电子媒介和平面媒介之长，却无两者之短。它在传播速度有着电子媒介的优势，信息留存又有着平面媒介的优势，其信息既可以即时传播同步接收，也能存放于网络上，等待使用者在日后来接触，一切"按使用者方便的时间去使用，而不是按照媒介确定的时间表去使用。"①

在空间属性上，网络媒介的传播范围遍及全球，不仅如此，随着Wifi、GPRS等无线技术的兴起和无线互联网的接入，使用者可以通过智能手机、平板电脑等移动数字终端随时保持网络媒介的"在线"，媒介的使用空间从传统媒介在覆盖范围上的一个个固定的离散点的集合，变成了无缝和连续的面。在某种程度上，网络媒介可以说已经达成了时空自由。

传统媒介形态更多地取决于硬件。硬件架构一旦确定，媒介的基本形态就不会发生太多的改变。以电视媒介为例，虽然随着传播技术的发展而不断发展——比如画质的改善、卫星电视技术对其覆盖范围的扩大、频道的细分、无线信号到有线电视等，但这些不过是电视媒介在保持其自身的前提下的局部改良，点对面的传播模式、信息容量受限于时段、单向的信息流动、信息留存时间短、接近实时的传播速度、信息形式声画并茂，这些电视媒介是其所是并区别于其他媒介的质并无形态转换。对于传统媒介而言，在微观层面上的每一媒介单体，只要他们属于同一种媒介，那么它们的传播形态就是大体一致的。以报纸媒介为例，无论是湖北日报还是纽约时报，全世界的每份报纸在传播形态上都具有"共相"，这个"共相"便是报纸媒介（作为所有单体报纸媒介的一般抽象的类）的传播形态。因此，在作为"类"的抽象层面，每一种传统媒介的传播形态是固定的。报纸就是报纸，广播就是广播。

与此不同，正因为上述技术特质，所以在不改变硬件设施（计算机服务器）的情况下，只需要改变程序代码和软件设定，就可以转换网络媒介的具体形态。在互联网上，既存在类似新浪的门户网站、天涯一类

---

① ［美］保罗·莱文森：《新新媒介》，何道宽译，复旦大学出版社2011年版，前言部分。

的论坛、Youku 这样的视频分享网站、以及类似 Facebook 的 SNS 网站等……它们的传播形态明显存在差异。换言之，在作为整体概念的网络媒介之下，存在具有不同传播形态的不同类型的单体网络媒介（网站或非 Web 形式的网络服务）。互联网自身的形态一直在不断进化。自门户网站始，互联网在传播形态上经历过两次重大的范式转换：从 Web1.0 到 Web2.0，从传统互联网到"互联网+"。

三　从 Web1.0 到 Web2.0

传统媒体，无论是报纸媒体，广播媒体还是电视媒体，都是"一个中心节点、单一的信息源、专门的信息生产组织、点到面的传播"，由此带来信息的单向流动（从媒体到受众），其他节点（受众）之间的横向交流缺位，受众被动的信息接受和单一垄断的信息源、信息容量的局限。

判然有别于传统媒体，基于数字技术和通讯技术的网络媒体具有传统媒体无法匹敌的全新特质。与传统媒体相比，互联网是一个双向沟通和去中心化的开放体系，它只有无数作为节点的计算机或其他数字终端和他们之间的网络连接以及传输协议，而并不存在传统媒体中存在的"一个或一些专门负责提供内容的中心节点和专门接收这些内容以满足需要的其它节点"——比如电视台与不定多数的观众——的二元结构。传统媒体必须有刊号或频道等资质，是作为"海量受众—少数媒体"二元结构中垄断的信息生产者和提供者，受限于其载体、成本和时间等因素，只能专注于受众的大众化需求，而忽略和摒弃小众的甚至是个人的特性需求。网络媒体则提供"所有节点对所有节点、所有人对所有人"的框架和平台，让所有人——包括专业信息生产商、专业信息集成商以及非专业的机构和个人——都能够以多种形式、低成本甚至无成本的参与信息的生产和传播，极大地降低传播和交流的经济成本和时间成本，从而满足了受众主体海量的免费信息、更多元化的信息源、更为主动的信息获取、更平等的横向交流等传统媒体所无法满足的需要。

尽管如此，网络媒体相对传统媒体在技术层面的革命性突破，并不意味着网络媒体自其诞生之初就呈现出与传统媒体迥然相异的传播形态。每一个新的媒体形态的出现和兴起首先来源于作为其物质基础的信息技术所提供的可能性，由此驱动与之关联的组织、制度乃至社会系统层面的变革，从而成为社会结构的嵌入部分。显而易见，网络媒体自身的演进——从技术形态的变革驱动到传播形态、乃至组织形态、产生形态的连锁反应——不断调适以匹配网络媒体的新技术特性，并凸显网络媒体的革命性优势，并不是一蹴而就，它需要一个过程。

在网络媒体的早期发展中，它更多的是采取 Web1.0 的传播形态，典型的例子就是早期的门户网站和垂直网站。这些 Web1.0 形态站点的传播逻辑与传统媒体完全一样：网站扮演传播者的角色，是信息内容的生产者和提供者，而用户只是单纯的去点击并获取信息，就像传统媒体的读者、观众观看报纸、电视一样。在麦克卢汉看来，这是一种典型的"后视镜"思维。"无论你在历史的什么地方徜徉，你都可以看到向后看的东西。电话起初叫说话的电报；汽车最初叫做无马牵引的马车；广播电台最初叫做无线电。在所有的这些情况中，后视镜的类似效果，就是模糊新媒介最重要的革命功能"[1] 正如他所言，"我们透过后视镜看现在。我们倒退走步入未来。"[2] 因为，"我们面对一种全新的情况，我们往往依恋……不久前的客体。"[3] 在这种思维惯性下，尽管网络媒体较之传统媒体有着迥然相异的全新特质，但在兴起之初网络媒体更多地采用模仿，即对传统媒体传播形态、媒体形态以及产业形态的直接借鉴和简单移植。

之所以如此，很大程度上是因为任何新媒体兴起的时候，就其内部

---

[1] ［美］保罗·莱文森《数字麦克卢汉——信息化新纪元指南》，何道宽译，社会科学文献出版社 2001 年版，第 248 页。

[2] ［美］保罗·莱文森《数字麦克卢汉——信息化新纪元指南》，何道宽译，社会科学文献出版社 2001 年版，中译本序。

[3] ［美］保罗·莱文森《数字麦克卢汉——信息化新纪元指南》，何道宽译，社会科学文献出版社 2001 年版，中译本序。

状况而言，作为完全由技术所催生的新生事物，仅具有技术特质和物质形式的新，而远未发展、完善基于新媒体自身的独特的传播模式、接受情景以及运用这些技术的社会组织形式；就其外部环境而言，新媒体所面临的是与旧有媒体共同的社会背景、受众需要以及信息传播状况。因此，新媒体在早期的简单化模仿，可以看作是一种不得不为之的路径依赖：由于自身尚未定型，新媒体在创新的早期为了规避可能的风险，借鉴旧有媒体已有的传播逻辑、信息生产和传播模式、组织形式以及在社会系统的定位与功能，以迅速嵌入社会系统和人类生活。

随着时间的推移，网络媒体不断走向成熟，并逐步进化出与其革命性技术特性相匹配的传播形态，即Web2.0。狭义上，Web2.0是指Web2.0站点，具体类型主要包括论坛、博客、twitter、BBS、SNS（社会关系服务—社交网站）、wiki、视频或图片共享网站等。相比于Web1.0的站点，Web2.0站点是信息交互平台：自身并不生产和提供内容，只提供框架和规则，信息内容由用户自行填写，Web2.0站点通过站内搜索、rss订制、tag等技术模块的运用，使这些信息分类和聚合并易于搜索，最终让用户与用户彼此横向交流、让用户服务于用户，即"所有人对所有人的传播"。其中，最极端的形态是搜索引擎。搜索引擎自身不提供任何内容，只提供了一样东西，也就是搜索技术——面向整个互联网上所有的信息内容，而这些内容是每一个用户直接向网络传输的结果，换言之，所有人都是信息的提供者，所有人都是信息的需求方，搜索引擎只是提供一个信息搜索、分类和聚合的平台。

在抽象层面上作为一种观念的Web2.0，不仅是指狭义上的Web2.0站点，也不仅限于传播领域。从宏观层面看，人类的信息生产和消费，乃至所有产品（包括信息产品）的生产与消费，经历了一个类似于三段式的螺旋向前过程：

手工产生阶段：生产者（包括信息生产者/传播者）根据消费者（包括信息消费者/受众）每一个个体的多元化需要，提供定制化的产品。这是生产者和消费者一对一的模式：消费者分散选择，生产者对每一个消费者的需要进行定制化生产。它极好地满足了消费者由于个体差异而生产的多元化需要。问题在于，完全基于不同个体需要的定制化无法降低产品或信息生产的边际成本，始终只能在一个小范围而无法大规模地进行，效率很低。这一模式的代表形态是手工作坊式商品生产，在信息传播方面，这一模式典型的表现为有教无类式信息生产。

规模化生产阶段：为了提高效率，降低边际成本，实现大规模的信息或商品的生产，作为生产者，就不能基于消费者的分散多元的选择来进行需要满足，而必须消除这种每一个都不完全相同的多元性，面向大众化的共同需求提供标准化的信息或产品。如此，范围的扩大将导致成本急剧提高到一个难以承受的地步。为将成本和效率控制在现实可行的程度，规模扩大必然是以抹煞个体需要多样化和差异性为代价的。在这种形态下，效率固然得到极大的提高，效果却总是不尽如人意。这一模式的代表形态是机械复制式的规模化工业生产，而在信息传播方面，这一模式实际上就是传统媒体所代表的传统传播形态或信息生产和消费形态。

大规模定制化生产阶段：生产者并不像规模化生产阶段一样，从消费者的多元化需要中按照某些标准——比如最多消费者共有的需求——自行决定和选择针对某种或某些需求来进行生产和满足，而是在保有规模化生产的基础上，针对消费者个体的差异化需求进行生产和满足。这种大规模定制化的"范围经济"生产模式是"手工产生"模式在更高层面上的回归，兼顾规模和差异，效率和效果。在信息传播领域，这一模式的实际上就是Web2.0：并不试图替用户决定向其传播何种内容，只提供平台、框架和规则，由受众自己提供内容，由于不依赖于特定信息生产者，而是"所有人对所有人"，网络媒体在传统媒体的规模化、大众化、标准化信息的基础上发展出差异化、个体化、定制化的信息。

由上述不难看出，广义上，Web2.0是生产者（包括信息生产者/传播者）和消费者（包括信息消费者/受众）之间的一种产品生产和需要满足的模式。Web2.0不仅限于Web2.0站点，在蒂姆·奥莱利提出这一概念之前，Web2.0式的商业模式和传播模式就已经存在。之所以在互联网时代这一概念才得以提出而成为一种共识，是因为相对于传统媒体，网络媒体本身就是一个巨大的Web2.0，它就是一个由无数作为终端的计算机和他们之间的网络连接以及传输协议所构成的开放体系，而不存在传统媒体中存在的"一个或一些专门负责提供内容的中心节点和专门接收这些内容以满足需要的其它节点"的二元结构，每一个节点都提供内容，每一个节点都接受内容，所有人对所有人，这正是Web2.0的精神。或者我们说，Web2.0作为一种模式虽然不仅存在于网络，但互联网以其本身的技术特性成为实现从Web1.0到Web2.0转变的最好平台。

从Web1.0到Web2.0，作为一个本身就是Web2.0的媒体范型，网络媒体超越了它诞生之初未规避风险而采用的现实考量和策略——抹煞了新媒体相对于旧媒体革命性的价值属性，更多的是对传统媒体传播形态和模式的简单移植——最终逐渐演进成它自身。

四 从传统互联网到"互联网+"

"互联网+"理念最早始于业界（2012，于扬）。到2015年3月，"互联网+"行动计划被写入政府工作报告。此后，作为产业理念、学术概念、乃至国家战略的"互联网+"为学界、业界和政府广泛关注。研究者分别从各自不同的学术背景、学科视野和产业领域出发试图廓清这一概念的内涵。由于着眼点和切入角度不一，研究者对"互联网+"有着不同的理解。从国家经济发展战略的角度来看，"互联网+"意味着新的经济形态，即传统产业互联网化的转型和升级。而从互联网自身的角度来看，"互联网+"意味着"以互联网为主的一整套信息技术在经济、社会生活各部门的扩散、应用过程。"[①] 实际上就是把"把互联

---

① 阿里研究院：《"互联网+研究报告"》，2015年3月29日。

网视为构造整个社会、市场和行业的建构性的要素和力量"①尽管如此，对这一概念的基本面，比如移动互联网、云计算、大数据、物联网等，还是具有较为普遍的共识。

在本书看来，"互联网+"的提出，意味着互联网在外在地位和内在功能两方面的跃迁。以此标志性概念为界，划定着互联网发展前后两个不同的阶段，在此之前可称为"传统互联网"，在此之后则是以"互联网+"为关键词的新时代。

就其外在地位而言，互联网在社会系统中的角色从边缘创新到社会子系统再到社会公共基础的演变历程。互联网在最开始的时候，可谓是一项不起眼的科技创新，仅用于军事、科研等少数方面，既不具备世界性的普及，其功能也相对简单。万维网（World Wide Web）诞生之后，伴随着个人电脑的逐渐普及，互联网实现了以门户网站为主要样式的大规模商业化，从而以"大众传媒"的角色从小众角落走出来，和报刊、广播、电视等传统媒体一样，成为社会运作中的一个子系统。Web2.0形态的社会化媒体兴起，则使得这一子系统重要性进一步提升。而"互联网+"则清楚地标示着，互联网正在从"大众媒体"这一特定社会子系统的分支，逐步成为整个社会所有子系统的一个公共基础。

与互联网外在地位不断提升的过程相伴随的，是以移动互联网、O2O、云计算、大数据等为标志的内在功能的扩张和凸显。

移动互联网将互联网的终端从相对固定的PC转向以智能手机为代表的移动端，一方面大大降低了互联网使用的经济成本和学习成本，从而使互联网服务普及到更广泛的人群，另一方面，由于智能手机这类终端的随身性，使得线上线下的日常互动成为可能，在PC端很难实现的打车、导航、线下支付、餐饮团购等O2O应用场景变得无处不在。如果说在传统互联网时期虚拟空间和生活空间是彼此平行的两个世界，移动

---

① 喻国明：《用"互联网+"新常态构造传播新景观——兼论内容产品从"两要素模式"向"四要素模式"的转型升级》，载《新闻与写作》2015年第6期。

互联网却使得两者边界融合、无缝对接。不仅如此，基于移动终端，智能家居等物联网（Internet Of Things）应用场景开始普及。这样，借助移动互联网的信息传递，不仅人类的线上活动直接延伸到线下，而且凭借与 GPS、陀螺仪等各种传感器结合，更是扩展到人和物的连接。

　　云计算与大数据这一对互为前提的概念是"互联网+"的另一个侧面。这里首先是在线数据，只有在线数据才能动态生成、实时采集和便于处理。其次是多维数据，只有跨设备、跨业务，跨应用的不同维度数据，才能通过关联分析和交叉验证进行有效的数据挖掘。显而易见，O2O 应用场景另一个利益就是比传统互联网提供了更多维度的用户数据。这对于在广告方面的应用也至关重要。比如，通过时间和 LBS（基于位置的服务）所确定的用户地点，以及网络接入方式（WIFI/移动数据），可以确定用户可能的状态：进餐时间是否在餐饮区附近，是还未选好进餐地点还是已经进入店内等。对海量数据的挖掘不可能通过巨型计算机的中心化方式来处理，而必须采用分布式数据存储和计算，即所谓云计算。通过云计算平台，利用共享计算资源，高效率、低成本地挖掘多维大数据的相关性，以指引行为决策。在"互联网+"背景下，数据正在成为各行业的核心驱动因素。

第二节　传统互联网时代网络广告的形态演进

　　广告传播始终处于动态发展中，这一发展过程明显呈现阶段性的特点。在每个阶段内部，广告形态的发展演进更多的是量的变化，具体表现为在基本框架和形态大体不变的前提下，某些细节和技术的改良。而在两个阶段之间，其发展演进则更为激烈的表现为广告形态的范式转换。显而易见，广告形态演进过程发生质变的不同阶段，是由新的信息传播技术、由其所催生的新的传播媒体以及基于新媒体的新的传播形态所标示的。

　　在考察网络媒体自身的形态及其演进的基础上，我们再来审视网络广告的形态及其演进。一个不容忽视的事实是：网络媒体的技术特性和传播形态较之于以往任何媒体所具有的颠覆性变革力量，尤其是 Web2.0 形态的兴起，明确地标示出广告形态发展演进的拐点，划定着广告动态发展的前后两个不同的阶段。正是在跨越阶段的发展中，网络广告的形态突破了传统媒体时代对于广告传播形态的传统界定。事实上，诸如口碑传播、知识营销、搜索引擎广告等众多花样翻新的基于互联网的营销传播工具都难以被归入传统意义的广告范畴中。从语义学的角度看，所指对象的不断发展，乃至颠覆性的变革，要求"广告"概念必须被重新定义，才能保证这一概念在能指上的延续性及其理论解释力。"对网络传播而言，在网络上发布的所有商务信息都是广告，并不一定有固定的形式。"[1]在这种情况下，"网络广告"这一概念的外延扩大了，它包括但不限于以网络媒体为载体的那些似曾相识的旗帜广告、按钮广告等——与传统广告相比，它们之间的差异仅仅是载体的不同，而事实上，在网络媒体所发布的任何与商业相关的营销传播、商品促销、品牌推广的信息内容及其传播活动均可以纳入到"网络广告"一词的指称范围中。

从以门户网站为代表的 Web1.0，更多的是对传统媒体传播逻辑的简单移植。随着时间的推移，互联网不断走向成熟，并逐步进化出与其革命性技术特性相匹配的传播形态，在一个去中心的硬件体系上，发展出"所有人对所有人"的 Web2.0 形态。[2]因而就共时态来看，在作为整体概念的互联网之下，存在着类似新浪的门户网站、天涯社区一类的论坛、Youku 这样的视频分享网站、微信公号这样的自媒体、以及类似新浪微博这样的社交媒体等不同传播形态的 Web 网站或 App 应用。概括而言，所有网络媒介按其传播形态都可归为 Web1.0 和 Web2.0 两种类型。与

---

[1] 张金海、王润珏：《数字技术与网络传播背景下的广告生存形态》，《武汉大学学报》2009年第4期。

[2] 黎明：《网络广告的形态演进与未来发展》，《湖北大学学报哲学社会科学版》2011 第 6 期。

此相对应，传统互联网环境下广告形态也可以大致归为 Web1.0 广告和 Web2.0 广告两种典型样式。

一 Web1.0 广告：传统媒体广告的网络版升级

就其历时态而言，由于主观上所谓"后视镜"思维惯性，以及客观上为在兴起之初规避不确定性而不得不为之的现实选择，网络广告的形态演进在其早期和网络媒体自身的演进一样，表现出明显的路径依赖：并不在一开始就追求与网络媒体最匹配的广告形态，而更多的是采取一种最稳妥的广告形态，即对已有的传统广告形态进行直接借鉴和简单移植。

最早的网络广告形态是网站旗帜广告（Banner）。1994 年，美国知名杂志 Wired 推出网络版《热线》（www.hotwired.com），并在其主页上发布了美国电报（At&T）等客户的网络广告，便都采取的旗帜广告形态。1997 年初，英特尔公司（Intel）在 Chinabyte 的主页上发布了中国最早的网络广告，同样也是旗帜广告。最初旗帜广告的尺寸基本统一，大约为 7 英寸长、1 英寸宽。随着网络广告的发展，尺寸规格越来越丰富。如今的旗帜广告已经发展了数十种规格，主要包括按钮（button）、通栏、画中画、摩天楼、对联、巨幅、全屏、卷页等。

但不管这些旗帜广告采用何种表现形式和尺寸规格，它们在很大程度上都类似于传统印刷媒介的平面广告。与此相似的还包括文字链接广告（Text Link）、Flash 动画广告等。虽然在信息形式等具体细节上有各自的特点，但共同之处在于这些广告都是基于 Web 页面的。在这些广告类型中，广告信息总是放置在 Web 页面上，就像传统平面广告被放置在报纸和杂志上一样。它们在传播模式上非常接近传统大众媒介广告，面向不特定的受众进行点对面的传播。这类 Web 广告可视为传统平面广告的网络版，只不过将其载体由报刊转换成作为网络媒介的 Web 站点。同样的，网络视频广告——无论是基于 Web 站点的，还是基于本地客户端的——亦可看作是传统电视广告的网络版。实际上，很多在网络上传播的视频广告作品本身就是电视广告片，只不过将传播渠道由电视媒介换成了网络媒介，表现形式和视听内容别无二致。

基于人际传播的营销推广主要是指当面或借助某种媒介工具（电话、信件）买卖双方一对一的传播和销售形态，比如上门推销、电话推销、信件直销等。与大众媒体广告面向不特定多数受众的点对面传播不同，这些营销推广形态都是基于一对一的人际传播的。基于人际传播营销推广的网络版主要包括 E-mail 广告与即时通讯广告。电子邮件广告是直投邮件广告的在网络平台上的移植。利用即时通讯工具进行商品推销则是人员上门推销或电话推销的网络版复制。它们同样没有触动传统的基于人际传播营销推广的基本框架和模式：不论是传统领域的还是网络上的，都是属于一对一的：传者单独面对每一个受者，受者之间彼此不存在横向信息流动。即使是 E-mail 群发，也不过是一对一传播的一个批处理。在此前提下，由于其载体即网络媒体优势的技术特性，与传统的一对一营销推广相比，基于人际传播营销推广的网络版同样在局部细节呈现诸多改良性质的优势：超链接（可更方便的衔接之后的行动）、效率和价格、与数据库的高度相关性。由于互联网与数据库之间天然的亲缘关系，网络平台所有的营销传播都可以基于数据库而具有精准性，这一点在 E-mail 与即时通讯这类一对一的营销传播形态中尤其重要。

像 Web1.0 网站是传统媒体的逻辑向网络平台的简单导入一样，传统大众媒体广告的网络版，同样可以看作是基于点对面的传统大众媒体广告将其载体由电视、报纸等转换成万维网站点。这类 Web 广告在形式上包括文字广告、旗帜广告、按钮广告、弹出窗口式、flash 动画广告、富媒体与视频广告等。它类似于传统形式的广告，只不过其媒介载体不是报纸或电视等传统媒体，而是互联网上的 Web 站点。尽管由于网络媒体本身所具有的新特性，这类网络广告也呈现出一些新的特性——比如 Web 广告由于超链接文本特征具有一定程度的交互性：广告受众不是纯粹的观看，还可以点击并链接相关信息页面；还比如在广告投放上，基于互联网的广告可以采取广告位互换、文字链接互换等资源整合的方式——但本质上它们只是传统广告在网络媒体上的移植。

二 Web2.0 广告：基于消费者参与的体验、交互及分享

基于 Web2.0 的营销传播工具包含了时下众多热门的概念，如论坛营销、SEO 搜索引擎优化、关键词广告、博客营销、SNS 营销、病毒传播、社区口碑营销等等。从学理上看，这些营销传播工具的分类标准并不具有一致性。伴随着网络媒体狂飙急进的发展和网络信息平台类型的不断创新，网络广告规模和类型日新月异，处在动态发展中的对象不可能停下其向前的脚步来等待理论的梳理和廓清，因此，至少在网络广告这个领域，理论的规范和分类框架的搭建是滞后的，这些营销传播工具更多的是由业界基于使用上的便利性，而截取这些工具各自所具备的某一突出特征而进行命名和分类的：有些是依照营销传播工具所在的网络信息平台，比如博客营销、论坛营销；有些是依照营销传播工具在运用时所呈现的形态，如病毒传播；有些则是依照某种关键技术，比如 SEO 搜索引擎优化；有些则是依照营销传播工具所依赖的核心要素，如知识营销、网络口碑传播。但不论如何，这些众多营销传播工具都包含一个重要的共同特征，它们的运作都是以 Web2.0 范型的网络信息交互平台为基础和载体的。

基于 Web2.0 的营销传播工具最重要的优势来自于"精准性"。这里的精准性是指营销传播的目标受众和实施这一营销传播运动的企业的潜在消费者之间的高度重合，或者更形象地说，是通过某种要素将潜在消费者从茫茫人海中甄别出来，并针对其个体的状况进行相应商品的营销传播、商品促销、品牌推广的信息传播的能力。而这正是包括基于 Web1.0 的网络广告在内的传统广告形态和营销传播工具难以做到的。

在传统媒体环境和营销传播中，广告信息是电视、报纸、广播、传统 Web1.0 网站不加区别地向不特定多数的受众进行传播，而缺乏某种机制或要素把潜在消费者从中区分开来。因此，尽管营销观念的发展使市场细分、目标市场选择以及在此基础上针对目标消费群的品牌定位、

广告创作和媒介选择成为共识，但实际操作中如果没有媒体或平台能进行自动甄别，那么消费群细分和选择仅仅只能作为一种理想的状况存在于广告活动实施者的策划书上，最乐观的状况也不过是在大量市场调查的基础上粗略的做到这一点。比如针对肥胖人群在健身运动的电视节目上插播减肥药广告，你只能说一定会有很多收看这一节目和广告的观众有减肥需求，但却无法保证每一个观众都是减肥药的潜在消费者，甚至无法保证观众中有多大比例是潜在消费者。减肥药广告虽然是为潜在消费者所播，但最终为谁所看到却无法控制，因而很难与实施者最初设定的目标消费者重合程度无法保证，这就是传统广告形态的尴尬之处。

不同于此，Web2.0平台是基于受众个体主动选择和分散决策的聚合，因此Web2.0形态的营销传播具备一个传统形态所无法完成的核心要素"相关性"。相关性包含"信息"和"受众"——在Web2.0的语境下，更准确的提法应该是"用户"——两个向度。实际上，前述众多Web2.0营销传播工具都可以归入到信息相关和用户相关两种类型中，或者两者兼而有之。

（一）信息匹配

信息匹配的典型形态是搜索引擎广告，它主要是指用户搜索的内容主题和广告信息之间的相关性。用户所搜索的关键词体现的是其潜在需求。显而易见，当通过某些与商品或服务关联密切的关键词进行主动搜索时，用户正是相关商品或服务的潜在消费者。比如，当一个用户输入关键词"减肥"进行相关信息搜索的时候，必定对减肥这件事情有着行动意向，因此他必定是减肥药这一商品毋庸置疑的潜在消费者。搜索引擎广告的这种信息匹配机制，将潜在消费者从人群中自动甄别出来，从而实现广告信息的精准化传播。

（二）用户匹配

用户匹配的典型形态是网络社区营销，它主要表现为受众或者用户的个体特征——包括性格、兴趣、观念、媒介接触习惯以及消费模式——与广告信息之间的相关性。相比搜索引擎的信息匹配，通过各类

Web2.0 信息交互平台所聚合而成的形态各异的网络社区似乎更符合我们对 Web2.0 的典型想象。

博客、微博、网络论坛、SNS 网站，这些 Web2.0 交互平台通过规则和框架的提供，使具有某种共同性格、爱好、观念、目标或需要的用户个体在主动选择和分散决策基础上聚合在一起，形成如校园生活型、休闲娱乐型、职业商务型、交友婚恋型和综合型网络社区等不同类型的虚拟网络社区。如同社区是现实社会中居民的聚居区一样，这些网络社区成为了网民的聚居区，并在这个网络社区中形成了社会亚群体的网络部落社会。由于网络媒介较之线下交流，具有明显的便利性和成本优势，网络社区成员之间的联系甚至比现实社区和群体成员之间的联系更为紧密和经常，具有相同或类似兴趣爱好或消费需求的成员们总在就共同感兴趣的话题和事务进行信息、情感、体验的交流和分享，并在此过程中建立了某种程度的信任关系。

因此，当某个用户参与到某个特定的网络社区时，他必定与整个社区的其他用户一样具有某种共同特质。这种共同特质如果与某些商品或服务关联密切，那么这一社区的所有参与者必定是这种商品或服务的潜在消费者。这样，网络社区营销的这种用户匹配机制，同样将潜在消费者和非潜在消费者自动甄别开来，从而将广告信息的目标受众精确的锁定在潜在消费者的范围内。涉及到商品或服务的讨论与信息的口碑传播一旦发生，会对消费者的购买决策产生重要影响。这里所说的消费者并不局限于网络社区的成员本身。由于搜索引擎或类似工具的存在，任何使用互联网的消费者都能以极低成本，主动搜寻并获取网络社区中这些更具信任度的相关信息，在相关消费完成之后，还可以进一步参与到口碑传播，与他人分享自身的体验和评价。

无论是信息匹配还是用户匹配，Web2.0 形态的营销传播使得消费者细分和目标消费者定位不是广告实施者在广告传播活动策划阶段的主观设想，而是由 Web2.0 的"相关性"机制自动甄别所形成的一个客观结果。

在传统媒介背景下，利用口碑传播获得商品或服务信息虽然真实且有效，但消费者却只能局限于从物理空间或社会关系意义上的周边寻找的有特定消费经验的其他消费者来获得相关信息。局限于小范围、小样本的后果必然是信息来源不稳定：若不存在具有特定经验的消费者，就无法获得相关信息，范围越小，这种概率越大。而要扩大范围，从更远距离的、毫无人际关联的其他消费者那里获得消费体验和对商品或服务的评价信息，在搜寻和接受成本上是难以承受的。

相比而言，数字与网络传播时代，消费者已经越来越习惯通过网络媒介来进行横向交流和经验分享以获取口碑。网络媒介可以"按使用者方便的时间去使用，而不是按照媒介确定的时间表去使用。"[1]在网络媒介上，这种口碑传播既可以是实时且同步的，如即时通讯工具、通讯群，也可以是异步的，如相关消费论坛、网络留言、交互式消费门户网站。总之，消费者之间完全可以按自己方便的时间和空间，不受限制进行口碑传播，从而低成本甚至无成本地获得商品或服务的真实的体验评价和相关信息。其结果是，口碑信息来源从物理空间或社会关系意义上的周边扩展到理论上的全体消费者，我们甚至通过网络搜索从更远距离的、毫无人际关联的其他消费者那里获得需要的口碑信息，在相关消费完成之后，还可以进一步参与到口碑传播，与他人分享自身的体验和评价。口碑渠道的扩展和搜寻成本的急剧下降使得口碑的影响范围和重要程度在互联网环境下日益扩展，在消费者的购买决策中扮演更重要的角色。

虽然发生在消费者之间的口碑传播与广告主无关，因而它本身并不属于广告范畴，但作为一种客观存在的现象，广告主并非只能放任自流、静观其变，还能够对口碑传播加以利用。这便是典型的 Web2.0 形态的网络广告：通过对广告内容核心传播点和沟通管线的设计和规划，引发和引导口碑传播，并对传播过程进行跟踪管理，让消费者按照广告主所希望的意图，参与到广告互动，主动将广告的相关内容进行再生产和再

---

[1] ［美］保罗·莱文森：《新新媒介》，何道宽译，复旦大学出版社 2011 年版，前言部分。

传播，以扩散到更多的消费者，实现广告信息的裂变式传播。

Web2.0 广告通过广告主的初始信息输入，引发和利用口碑传播，本质上这就是基于网络媒介的"口碑营销"。所谓口碑营销，是指"企业有意识、有步骤地利用社会公众人际之间的信息传播机制，宣传推广自己的过程"，① 它包含两个层面：营销方的推动和消费方的谈论。其核心要义在于"让人们对你的东西谈论开来……要吸引消费者和媒体的强烈注意，强烈到谈论你的品牌或你的公司已经变成甚具乐趣、引人入胜、有媒体报道价值的程度"。② 因此，如果说 Web1.0 广告更像传统大众媒介广告，那么 Web2.0 广告更像是传统大众媒介广告与口碑传播的结合。

在 Web2.0 广告形态中，广告不再是一个广告主单方面所主导的封闭过程，而成为一个开放性的体系，任何人只要愿意就可以参与其中。在这里，消费者不再单纯是相关信息的被动接受者，而成为构成广告传播过程的节点。这些节点以自我为中心，基于个体主动选择和分散决策，不断对相关信息进行接收、回应、再生产再传播，形成两条典型的信息传播线路。其一是类似大众媒介广告的"广播模式"，即在 Web2.0 广告传播过程中，从第一个信息发布者（广告主自己）开始，每一个信息发布者在网络交互信息平台发布相关信息后，所有关注他的人都可以视自身方便而实时或异步的接收信息；其二是类似人际传播的"转发模式"，即每个信息的接收者，又可以转发到自己的圈子中，使得他的关注者也接收到此信息。一旦发动，这两种路径便互为因果，不断循环推进，最终实现网络裂变式传播。

---

① 丁汉青：《口碑、口碑传播与口碑营销——概念界定与研究面向》，《青年记者》2011 年第 31 期。
② ［美］马克·休斯：《口碑营销》，李芳龄译，中国人民大学出版社 2006 年版，第 7 页。

第三节　互联网+背景下网络广告的发展趋势

媒介场景的范式转换，必然导致负载其上的广告形态的继续进化。如果说互联网第一次传播形态转换厘定了传统互联网环境下广告形态的两种基本样式，那么作为互联网发展新阶段的关键词，"互联网+"指明了广告形态发展的主流趋向：在Web1.0广告和Web2.0广告现有形态的基础上，结合移动互联网和大数据等"互联网+"技术要素，化生出与传统互联网环境下广告迥然不同的属性和特征，从而发展出智能化营销和跨媒体沟通这样的新广告形态。

Web1.0广告充分张大互联网的某些技术特质，如海量信息存储、超文本与无限链接的信息组织形式等，使广告信息的容量获得空前的增长，却没有发挥互联网的数据优势，和传统大众媒介广告一样不能实现广告信息的精准传播。在"互联网+"背景下，广告形态将在Web1.0广告的基础上，植入大数据和云计算的要素，实现以数据驱动为核心的智能化营销。

Web2.0广告基于Web2.0信息交互平台，确实在某种程度上创造消费者参与的开放性体系，重构了广告传播流程，但现有的Web2.0广告仅局限于网络虚拟空间，甚至只是某个特定的社会化媒体平台或网络社区。在"互联网+"背景下，Web2.0广告将通过移动互联网等要素，使得广告活动展开和消费者参与的范围从单纯的网络虚拟空间向真实生活空间扩展和延伸，并实现不同形态广告之间的整合，广告与其他营销传播工具的整合，线上和线下的整合，真实生活空间和虚拟生存空间的整合，即跨媒体沟通。

一　从Web1.0广告到智能化营销：基于大数据的精准回应和主动推送

Web1.0广告可以像传统大众媒介广告一样根据频道的内容来锁定具

有某些大致特征的受众，除此之外，这种形态的广告还可以通过 IP 寻址、网页浏览 Cookies 等互联网技术进一步甄别消费者行为并反推其可能意向和兴趣，并基于此推送定向广告，这较之传统大众媒介广告更具精准性质，但也还不能称为真正意义上的智能化。

智能化营销是 Web1.0 广告在"互联网+"背景下的继续进化。这种进化主要体现在两方面。其一是基于大数据的商品和品牌信息的结构化聚合与集成，其二是消费者多维度信息数据库。

基于大数据的广告专业数据库具备以下三个特征：①全息化。广告数据库是多元信息的集散地。从信源来看，既包括广告主商品或服务的相关信息的提供，也包括消费者消费体验和评价的信息分享。就对象而言，既包括单一产品或服务的详尽信息，也包括某一品类所有产品或服务的全面信息。广告数据库中收录的每一种商品或服务都聚合与集成了与之相关的全方位信息，包括商品或服务本身各种层次的数据（比如衣服的关键细节、图书的目录和内容节选等）、消费者的反馈（比如淘宝的信用级别等定量数据和大众点评网的详细评价）、同一品类其他品牌的相关数据，都可以通过图像、文字、音视频等各种用于表现特定内容的恰当形式表现出来。②结构化。在广告数据库中，全方位的海量信息并非散乱无章的混沌状态。数据库技术将所有广告信息的数据，将每个数据的不同参数比如行业、品类、品牌、工艺、评价、价格、型号等作为标签和索引，以按照不同的类型和层级的标准实现结构化的聚合与集成。结构化聚合与集成意味着不用改变数据结构的初始状态，而只需要在每次具体使用时，以使用者的个性化需求为关键变量对数据库中临时调用相关信息。这种调用并非是将甚至包括仅仅稍有关联的信息在内的大量信息同时呈现出来，而是从所有信息中遴选出最具关联度的信息，并进行排序、对照、图示等后续处理。③动态化。广告数据库的所有商品或服务的信息并不是静态的、固定不变的，而是动态的、随时刷新的。一方面，广告主通过后台登陆可实时更新相关数据，消费者也可以随时将使用体验和商品评价发布到数据库，以供他人分享。另一方面，数据库还可以不断向前兼容在使用过程伴生的新的参考信息。比如具体信息的活跃度、采信度，与某一信息关联频率最高的其他一些信息等。

广告数据库提供了"一站式"的按照数据结构分门别类的信息集成。智能化营销在此基础上，运用恰当算法处理大数据，精确匹配消费者的搜索行为，或主动对消费者进行多维定向，从而在商品品牌信息库中选择适当的信息内容，以适当的形式，在适当的时机，选择高效渠道向消费者传递，以实现对其搜索行为的精准回应或匹配其商业兴趣的主动内容推送，从而实现智能化营销。

（一）搜索匹配与精准回应

搜索是反馈消费需求的入口。广告专业数据库以搜索引擎作为其接入端口和串联相关数据的经络，通过内容匹配机制——即使用者搜索的内容主题与相关商品或服务信息的关联，实现对使用者主动搜索的精准回应。

所谓精准化，是指广告信息的实际受众和对广告主特定产品或服务具有需求的潜在消费者之间的高度重合。所谓回应化，是指广告信息并非主动推送和呈现在消费者面前，而是对于消费者特定搜索行为的响应。消费者所搜索的关键词是体现其潜在需求的信号，它同时满足需求的相关性与时效性这两大标准。比如某个用户在春节前输入关键词"电视"，就已经提供了"我需要在春节期间买一台新电视"的信号。广告数据库响应消费者的主动搜索动作，通过对使用者输入内容的语义分析，挖掘消费者在特定时间的特定需求和消费意图，"找到最合适的人"，并匹配以最合适的广告信息。此种形态下，需求与内容之间关联匹配的算法是决定效果的关键。

（二）用户定向和主动推送

当消费者进行主动搜索时，智能化营销可通过需求与内容之间关联匹配来精准回应这一搜索动作。另一种情况是，通过用户在网络上各种活动所生成的数据实现对其定向，从中挖掘出用户需求，同样可实现广告信息的匹配，并在合适的时机和场景中实现主动推送。在这种模式中，采集到的用户数据越"大",越"多维",用户定向、需求挖掘以及信息匹配就越精准。

精准的用户定向有赖于跨设备跨业务的数据跟踪和分析。通过打通用户的品牌官网登陆数据、社交媒体数据、生活服务应用数据、地理位置数据、论坛数据、新闻浏览数据、电商数据等在不同应用或 Web 网站、不同设备上行为数据,用于描绘用户的属性、行为、关系链、内容偏好等特征的定向数据将变得足够"大"且足够"多维"。一般而言,用户定向包括以下几个维度:①年龄、性别等基础属性,②家庭生命周期、消费水平等状态变量,③接入方式、设备信息、地理位置等环境变量,④品牌偏好、品类偏好、历史消费、购物行为等商业类数据,⑤兴趣爱好和生活偏好。基于大数据的定向过程就像是给用户画像,通过对多维数据进行关联分析和交叉复现,用户画像将被描绘得越来越明确,这意味着广告信息无论在内容、形式还是传播渠道上都能更精准命中的目标消费者。

二 从 Web2.0 广告到跨媒体沟通:以 2.0 平台为核心的 O2O 连接

传统互联网环境下的 Web2.0 广告实际上已经包含着跨媒体沟通的雏形,只不过这种消费者与消费者、消费者与广告主之间的信息连接,仍不出互联网、甚至某个特定网络媒介的范围。

作为 Web2.0 广告的进化形态,跨媒体沟通是广告主有计划的选择各种营销传播工具和各种媒介广告来响应消费者与消费者、消费者与广告主之间的网络互动,将独属于网络媒介的互动性进一步扩展到电视、广播、报纸、户外等传统大众媒介上,其它营销传播工具上,乃至现实生活空间中。

以日本电通的经典案例漫画杂志 Jump SQ. 创刊主题传播活动为例,其概要大致为:①广告主发布主题为"请不要搜索"电视广告,引发作为核心消费群的漫画粉丝去主动搜索;②广告主事先设置网站,消费者首次搜索只能看到"官网关闭,深表歉意"等信息,停留 30 秒之后则会突然出现的漫画人物的 flash 动画,然后是再次出现的搜索框,消费者需要重复搜索三次才能进入由漫画家创作视频、提前一期漫画等相关深度信息构成的隐藏页面。核心消费群由于坚持不懈的搜索获得比其他人更多的信息,由此产生带着"比你知道的多"优越感的分享欲;③广告主提供博客插件、手机阅读转载等信息交互渠道和平台,核心消费者向一般人群分享信息,发动"其实是这么回事"的口碑传播;④广告主以户外广告的形式在各个车站发布车站连载式的漫画接力,只有将日本电车山手线一圈坐下来,才能完整看完整个漫画故事,这一系列的户外广告形成"我在哪一站读了什么""我都读全了"等话题,通过粉丝群的分享,将所有人群引导至网站内容。[①] 在这个案例中,我们可以很清楚地看到以数字媒介的信息交互为核心,电视广告、户外广告、搜索引擎广告、口碑传播是如何被整合的,而这些广告的响应和确认,又是如何促动信息的进一步交互的。

　　在 O2O 的跨媒体沟通中,消费者和广告主、消费者和消费者之间的互动和连接不仅局限在网络媒体上,而是以网络 2.0 媒体为信息交互的集散地,借助传播于其中的消费者之间的信息分享和消费者与广告主之间的信息对流来黏合线上和线下所有的品牌信息内容和接触点,赋予基于不同媒介的彼此孤立的广告形态以互动性元素,消费者的响应动作,不再像以往传统广告时代一样无所凭依,而是呈现在跨媒体沟通所设定的 2.0 平台上,并彼此激荡,引发更多的线下反应。

　　上述例子中的各种传统广告形态,只是跨媒体沟通疆域扩展的一个方面。未来时代,以网络交互平台实现不同广告形态和不同营销传播之间(作为信息接触点)的捆绑和关联将毫无疑问的成为一种主流。比如,一款新车的广告可能是一个面向特定手机用户群的微型赛车游戏,最终

---

① [日]电通跨媒体沟通开发项目组:《打破界限——电通式跨媒体沟通策略》,苏友友译,中信出版社 2011 年版,第 12—42 页。

的胜者将直接获得一款新车。在这个例子中,就是娱乐活动、促销和广告的整合。

跨媒体沟通甚至还包括通过物联网,实现信息化品牌接触点和实体化品牌接触点之间的响应和协同,将互动性延伸到真实生活空间。比如,东京银座某服饰商店开业之前,以交互媒介为平台,让消费者参与进来,通过投票的方式自行决定所有模特身上的衣饰搭配、店内每个时间段的音乐,并将得票率高的服饰和音乐制作电视广告播放。让消费者来决定售点广告和大众媒介广告的信息内容,消费者由此获得社交的乐趣和个性化需要的满足。

传统的整合营销传播,由于互动环节的缺席,基于不同媒介的不同形态广告之间,以及公关、促销、广告等不同营销传播工具之间看似形成了整合与协同,但它们彼此间除了信息内容大致一样,缺乏实质性的关联。不同于此,跨媒体沟通以网络交互平台为核心节点,围绕人的连接与互动,将由于传统媒介环境下口碑传播的局限性无法横向捏合广告组合充分整合,形成有效引导消费者的沟通管线,从而促成消费者从所有广告形态中任何一个信息接触点出发,都能进入到广告传播的体系中,进行积极能动的产品、服务及品牌体验和分享,实现真正意义的营销传播整合。

第二章　视频网站广告监管

近年来，互联网和移动互联网技术发展迅猛，其为人类社会创造全新信息空间的同时，也成为视频网站迅疾发展的沃土，应运而生的视频网站广告亦是呈现出一片欣然之势。视频网站广告能够即时打破空间的阻隔，具有明显的受众针对性、以及自动报告的反馈机制，同时基于其强大的营销需求所带来的巨额的利润收入，逐渐成为了视频网站产业的主要营销模式[①]，这深刻影响着视频网站的广告产业的市场秩序和受众的消费习惯。易观千帆的数据显示，截至2017年10月，中国移动视频用户规模已突破8亿，在庞大用户的基数上，网络视频市场前景广阔。与此同时，网络视频广告市场也正处于高速发展期，预计2017年中国网络视频广告市场将达到482亿，同比增长35.7%[②]。根据Analysys易观产业数据库发布的《中国网络视频广告市场季度监测报告2017年第3季度》数据显示，2017年第3季度中国网络视频广告市场收入份额中，爱奇艺占24.02%，腾讯视频占23.72%，优酷占23.04%，牢牢占据市场前三位置[③]。而网络视频播放的主要媒介就是视频网站，因此视频网站广告（尤其是网络视频广告）被广泛应用并呈现井喷式的发展。

视频网站广告兼具传统电视媒体和网络新媒体的优点，视频网站广

---

① 植群清：《浅谈网络视频广告不正当竞争行为的法律适用——以爱奇艺视频不正当竞争诉讼系列案为例》，《法制与社会》2017年第10期。
② 付彪：《中国原生视频广告市场专题分析》，《易观数据库》2017年12月20日，https://www.analysys.cn/article/analysis/detail/1001097，2019年4月24日。
③ 付彪：《中国网络视频广告市场季度监测报告2017年第3季度》，《易观数据库》2017年12月19日，https://www.analysys.cn/article/analysis/detail/1001096，2019年3月17日。

告拥有庞大的受众用户群，广告传播范围广泛，广告形式灵活多样，广告的交互式体验性能够提升用户黏性，其投入产出的经济效益相对于传统广告形式高出很多，这使得其蕴含着重大的商业价值。一方面，视频网站广告可以借鉴传统电视广告的经验，另一方面，其以网络信息技术和移动终端为依托，有着传统媒体不可比拟的优势。无论是从网站盈利还是从受众体验的角度考虑，对视频网站广告的探索应用都有利于提升视频网站广告营销传播的有效性。截止 2017 年 6 月，中国网络视频用户规模达 5.7 亿，其中手机视频用户规模达到 5.25 亿，网络视频用户使用率为 75.2%。庞大而有潜力的市场背景下，网络视频行业相继展开探索应用，在竞争中发展，主要靠广告营收的视频网站不断寻求广告形式的创新与突破，除了剧外原创贴、创可贴、移花接木，剧内原生广告等创意广告植入更是备受广告主青睐。

  但是，盛极一时的背后也出现了一系列的问题。视频网站广告在发展的同时，一方面促进了社会经济的发展，另一方面，也对社会造成了一定程度上的损害。囿于视频网站广告的即时性、易变性、多样性，广告监管的滞后性，广告监管手段的缺乏，广告监管区域的限制等问题，导致相关的广告违法证据难以收集和固定，制约了广告监管的有效性。监管制度和体系的漏洞，广告营收的趋利性，难免导致广告主、广告经营者及发布者等市场主体存在违背行业市场和法律监管的不规范行为，因而需要加强和完善对视频网站广告产业的监管，维护受众的合法权益，推动整个广告业的良性健康发展。

  不论广告发展到何种程度，广告监管都是必不可少的环节。早在 2013 年 3 月，国家工商总局等 13 部门联合发布虚假违法广告专项整治实施意见，近几年又把大型门户网站、视频类网站、网络交易平台、搜索类网站、医药类网站发布的广告也纳入到重点监管监控，拟对互联网广告制定专门的管理规定[①]，视频网站的监管也在其中。但是由于社会科技的发展，中国的

---

① 王登佐：《国家工商总局等 13 部门联合发布意见重点监控搜索类网站广告》，《青年记者》2013 年第 9 期，第 2 页。

视频网站广告的形式、内容比较多变,很难达到对其的事前监管。因此,这是国内学界和业界共同面临和探讨的难题。

至今对中国的广告监管一直处于探索阶段,没有成熟的系统的管理规范体系。国外的广告监管有系统可行的全面的法律法规,有专门的广告监管组织,有行业性的自律规范,有专门细化的广告法律规定。尤其是欧美发达国家有成熟的广告监管的相关法规条例和监管运行机制,可以归纳行之有效的具体经验,总结可供借鉴的宏观思路,比如责任认定的"避风港原则"、管辖权的"滑动标尺法"、监管处罚的"纠正性广告制度"等,并在中国语境下对相关经验和思路进行符合现实状况的调适。另外,广告在不断地探索发展中,呈现出分工细化的趋势,这是广告业成熟的标志。与之相对应,细化规定不同类型广告的法律规范,是广告经营管理活动和执法监督有据可循的保障。基于此,国外先进的立法对特殊类型的广告都做出了详细规定,还通过单独立法或者颁布法律修正案的方式,对新兴的广告形式进行规范。这些都是我国广告法律监管值得借鉴的,而视频网站也可以依据自身媒介和广告特色进行相关广告监管的经验借鉴。

第一节 视频网站广告相关概念及其形态分类

新世纪时代背景下,传播终端日益便捷和普及,此外,互联网技术的迅速发展、碎片化快节奏的生活方式信息催生了多元化的信息需求,传统的单纯的网络图文信息已无法满足大众需求,网络视频愈加受广大用户青睐且成为其日常生活的一部分。在此传播语境下,我国视频网站应运而生,并借助互联网信息技术掀起谋求突围发展的潮流。经过十几年的发展,从 2006 年视频网站作为一种新事物在国内崭露头角,到如今各大主流视频网站间的"你追我赶",视频网站经历了从无到有、不断重组并购,最终确立主流的过程[①]。

---

① 王雨婷:《国内视频网站广告发展探究》,《视听》2016 年第 11 期。

作为媒介的视频网站拥有两类稀缺性资源：一是卖给广告主的消费者资源，二是卖给消费者的广告主资源。但是整个市场是有限的，每个市场主体都在不断探索，抢占市场资源和扩大市场份额，因此怎样最大化利益成为视频网站首要考虑的问题。广告作为视频网站的主要盈利模式，是视频网站经营中不可或缺的一部分，一方面视频网站与所有的媒体一样，需要广告收入以维持业务运营，实现盈利目的。另一方面，视频网站本身特有的属性又赋予了它的广告更加丰富的内涵[1]。视频网站广告不仅有着庞大的用户群，同时因其即时互动性、大数据优势，能够提升用户粘性，能够产生巨大的经济效益，蕴含着重大的商业价值。例如优酷、爱奇艺等网络视频网站的盈利均十分可观。因此，研究视频网站广告对于视频网站未来的生存发展，具有举足轻重的意义。

一　视频网站广告的概念与特点

本文从广告传播中媒介载体的视角出发，将视频网站广告从互联网广告宏观范畴中抽取出来，仅以视频网站广告这个子集作为本文研究的核心对象。欲明其理，先抓其根。在讨论视频网站广告的定义之前，我们首先要对视频网站的概念有个清晰认知。本文根据相关文献的梳理，将一般性概念的视频网站定义为：在完善的技术平台支持下，通过互联网手段或平台，以制作、集成、发布、管理、分享音视频节目或为网民提供音视频上载分享服务的网站。顾名思义，视频网站广告就是以视频网站媒体平台为载体的广告[2]，比如：网页嵌入广告、图文链广告、视频贴片广告、banner、弹窗广告、角标广告、按钮广告等。

视频网站广告的发展与作为传播载体的视频网站的发展是密切相关的。我国视频网站元年是2004年，随着移动互联网的迅速发展，国内的视频网站行业经历了一系列的整合，不断的在竞合中寻求发展。从2004

---

[1] 谷干：《我国视频网站广告研究》，《中国传媒科技》2012年第4期。
[2] 同上。

年 11 月国内第一家专业视频网站乐视网的出现，到 2005 年土豆网、PPTV、PPS 等网站的上线，再到 2012 年优酷土豆的合并，2013 年 PPS 与爱奇艺的合并等，国内的视频网站从最初的萌芽阶段到之后的高速发展阶段再到现在的成熟期，期间经历了巨大的发展与变革，短短十几年间网络视频市场以惊人的速度崛起，而视频网站广告也随之一路高歌猛进。

从发展之初，主流视频网站就积极探索各种广告表现形式并展开实践，一方面通过多样的广告形式来拓展投放，另一方面通过立体的广告表现去吸引受众的眼球。视频网站的广告形态千变万化，广告形式纷繁复杂，它包括传统互联网广告，例如文字链、通栏、banner、角标、弹出窗口等，以及视频类型的广告，如贴片广告、内容植入、原生广告等。总体而言，基于信息技术的发展和视频网站的独特媒介属性，视频网站广告融合了传统互联网广告和电视广告的特点，还具有其他传统媒体不可比拟的优势，广告形式的新颖和全面成为了视频网站广告的最大亮点。

与传统媒体不一样，从广告信息的制作、传播到广告效果的测评，视频网站广告独具特色，它兼备传统网络广告的普遍特性与视频网站媒介的个性化特点。由于广告商是基于受众特点进行广告投放的，因此视频网站广告的特点可以从两个大的层面归纳：一是它与传统媒体相比较的特点；二是其基于媒介频道专业化的特点。具体表现为以下几个特征：

1. *基数庞大的广告用户*

根据中国互联网络中心发布的第 41 次《中国互联网络发展统计报告》，截止到 2017 年 12 月，中国网络视频用户达到了 5.79 亿，网络视频用户使用率为 75%，手机网络视频用户达到 5.49 亿，用户使用率为 72.9%[1]，充分显示了网络视频的巨大市场，且网络视频移动化的趋势越来越明显。视频网络广告就是通过视频网站对观众宣传相应的产品或服务信息，这样庞大的用户基数会很好地促进广告的宣传。此外，在进行视频网站的广告传播时，其成本相较于传统电视媒体低，具有良好的互动性，

---

[1] 中国互联网络信息中心：《中国互联网络发展统计报告（2018 年版）》2018 年 1 月。

产出效益大，视频网站广告的营销优势是其他广告无法比拟的。

2. 新颖多样的广告形式

视频网站具有富媒体的特征，这是传统媒体无法做到的。它不仅可以采用文本、图片、flash及视频等多种格式来进行广告的制作和呈现，还能将文体、图片、音频、视频等形式综合运用，进行立体化、全面性的广告传播。同时使用多种格式来传播广告，将表现形式从之前单纯的文字和图片上升到更高的层次，广告形式更加新颖多样，呈现方式也更加真实直观，使得受众在观看视频时能够全面了解广告信息和充分感知广告产品的细节特征，广告的新颖性和受众的黏性都能得到提升。

3. 精准定位的广告人群

基于大数据技术，视频网站可以根据用户注册时的详细信息，收集用户的特点、兴趣爱好、所在地等用户"画像"信息，从而实现频道、地域等的定向传播，并且针对不同的用户进行精准传播。此外，根据视频内容的频道分类是视频网站的共有特征。由于将内容产品进行了清晰的专业化区分，用户可以根据自己的喜好进行视频内容的选择，实际也就锁定了相关类别兴趣爱好的人群，受众的特点、兴趣被清晰地体现出来。因此，视频网站可以提供给广告主更精准、鲜明的受众群体，广告主的潜在消费者定位也就越来越清晰[1]，从而提高网络视频广告的针对性。与传统电视广告的大众传播特点相比，视频网站广告有更强的针对性和更为精准的诉求对象。

4. 实时高效的广告传播

基于互联网技术和移动终端发展和普及，视频网站的广告经营者可以不受时空的限制进行广告信息的制作、修改及传播，将最新的广告讯息呈现在屏幕上传递给受众。多样可供选的广告形式库、不受时空限制的广告传播，实现了视频网站实时高效的传播模式，产出效益高，节约

---

[1] 韩韧：《初探视频网站广告资源与商业模式》，《新闻研究导刊》2015年第6卷第8期。

了营销传播的成本。

5. 独特的广告收费标准

视频网站的收费标准可分为两大类，一类是针对广告内容的篇幅和播放时间收费；二类是以广告被点击次数为标准进行收费。比如爱奇艺、优酷土豆等视频网站广告的具体收费形式分为两种：一是在收听收视率的基础上按时间收费、按篇幅收费，二是按点击量收费 cpm（每千人成本），即广告位获得每一千次点击后，广告主应当支付给网站的金额[①]，如视频类广告会根据其视频覆盖区域的大小、广告播放时间的长短进行收费，弹出广告、按钮广告等广告形式主要依据其被点击的次数进行收费。

6. 广告位的多次出售

视频网站的媒介特性使得其广告位可以多次出售给不同的广告主。同一广告位，如暂停贴片广告，可以出售给不同商家，用户在视频暂停时根据次序轮番出现，或者根据特定概率出现。

二 基于传播形态的视频网站广告分类

虽然各大视频网站都在小心翼翼地推出付费服务，但广告投放依然是其重要的盈利模式。互联网的发展催生了各式各样的视频网站广告，与此衍生出多种多样的广告形态。视频网站广告的类型与分类，各有各的说法，根据分类主体不同，广告类型划分不同。杨立钒主编的《网络广告理论与实务》一书中，将视频网站广告形式分为：文本类、图形类、视频类。又将其细分为：旗帜广告、漂浮广告、画中画广告、全屏广告、图片链接广告、文本链接广告等。王成、莫凡将的《网络广告案例评析》将作为视频网站广告主要广告形式的网络视频广告细分为前置式广告、视频贴片广告、视频浮层广告、播放器背景广告、视频植入广告等。视频网站广告属于网络广告，而网络视频广告是视

---

① 韩韧：《初探视频网站广告资源与商业模式》，《新闻研究导刊》2015年第6卷第8期。

频网站广告的一种表现形态，因此，这些分类对于笔者总结归纳视频网站广告的类型具有借鉴意义。

基于上文梳理的相关文献研究和现实广告案例梳理，本文归纳总结出视频网站的常出现的高频广告类型及形态，将视频网站的广告分为以下三大类：视频类广告、图文类广告和内容营销广告。视频类广告包括贴片广告（含视频前贴片、中贴片和后贴片），画中画视频广告，原生视频广告，种子视频广告等，并根据时长、覆盖区域与投放平台（PC端与移动客户端）的不同予以区分。网站内图文广告包括网页嵌入广告、图文链接广告、弹窗广告、浮层广告等，根据其投放位置与播放频率区分。内容营销广告，主要包括植入广告、冠名广告、种子视频广告和原生广告等，具体根据其投放方式区分。本部分基于传播形态视角对视频网站广告进行分类。

（一）视频类广告

视频类广告主要是指在视频网站页面以视频形式或在播放视频节目的过程中插入在节目前后的视频贴片广告（包括前贴片、中贴片和后贴片）、画中画视频广告；在节目播放中以剧情而定的原生视频广告；在视频网站首页或者子页面的种子视频广告等。本文对于视频类广告的主要广告形态以及其常见的广告格式和播放时长进行了归纳总结，如表2—1。

视频贴片广告的部分模式是传统影视广告模式在网络视频媒体上移植以及创新，通过把广告内容打包到网络视频内容中，利用网民观看视频内容的缓冲时间播放广告，如企业品牌广告、产品广告、影视类节目预告、片花等，其盈利方式根据千次展示、点击次数或广告时长来收费[①]。视频类广告主要的就是视频贴片广告，视频贴片广告以贴片时间的切入点为分类标准，一般分为前置贴片广告、后置贴片广告、节目中

---

① 高琴：《视频广告：浮现中的"清明上河图"》，《证券日报》2008年10月12日。

暂停贴片广告①。画中画视频广告是对画中画广告的延伸，具体表现为背景是静态的广告图片，而在背景图中是同一个或者另一个产品/品牌的视频广告信息；原生视频广告是原生广告的一种，具体表现为在视频的播放中植入/融入一条视频广告，这个视频广告的文案内容、广告人员、道具、场景等都是根据正片视频的剧情而定，受众一般意识不到这是广告内容，在视频快结束时才会有明显的广告信息，是对植入式广告的一种优化探索；种子视频广告一般会出现在视频网站的首页，这个视频一般是用来进行品牌形象或者产品信息的宣传，这种广告形式在视频网站不常见。

表 2—1　　　　　　　　视频类广告的主要广告形态

视频类广告的主要广告形态				
广告形式	广告格式	广告时长	广告播放方式	广告特点
前视频贴片广告	avi、wmv、mp4、mov、mkv、flv、rmvb、swf	≥15s	视频播放前插播	形象性，生动性，互动性，富媒体，广告时间较长，非会员强制播放
中视频贴片广告	avi、wmv、mp4、mov、mkv、flv、rmvb、swf	≥15s	视频播放中插播	^
后视频贴片广告	avi、wmv、mp4、mov、mkv、flv、rmvb、swf	≥15s	视频播放后插播	^
画中画视频广告	avi、wmv、mp4、mov、mkv、flv、rmvb、swf	≥15s	视频播放中插播	
原生视频广告	avi、wmv、mp4、mov、mkv、flv、rmvb	≥15s	融入到视频播放情节里	形象性，生动性，互动性，富媒体，融入剧情特色，可选择跳过，广告时间较长
种子视频广告	avi、wmv、mp4、mov、mkv、flv、rmvb	一般≥30s	网站页面播放	形象性，生动性，互动性，富媒体，广告时间较长

---

①　植群清：《浅谈网络视频广告不正当竞争行为的法律适用——以爱奇艺视频不正当竞争诉讼系列案为例》，《法制与社会》2017年第10期。

视频网站以广告收入为主要的盈利模式，将广告品牌、产品等信息配合贴片、植入、冠名赞助等形式进行营销传播。而视频类广告作为在视频播放中最能吸引注意力的形式，是视频网站主要的盈利点。以爱奇艺网络独播剧《老男孩》为例，爱奇艺网站的前置视频贴片广告片利用节目播放前的特定的缓冲等待时间进行播出，非会员不可强制跳过广告片；在视频播放过程中有命名为"开心剧场"的原生视频广告，受众可以选择性观看。视频贴片广告，一般都会附上超级链接的效果，受众通过点击视频页面就可以进入产品详情页面，既具有传统影视广告的强制观看性，又拥有互动体验效果较好，链接便利等优势，成为现今视频网站行业的主流的广告形式和主要盈利点。

（二）图文类广告

图文类广告是相对于视频类广告而言的，这类广告主要是通过文字、图片、图文链接、动态图文的形式进行广告展示。一般有：网站首页广告、按钮广告、对联广告、浮层广告、暂停广告、扩展角标广告、banner、弹出式广告、旗帜广告等。网站图文类广告形态多样，广告比较直观明朗，用户能够快速而明确获得广告产品信息。

在现在的主流视频网站的广告探索中，弹出广告、浮层广告、主页广告和贴片广告等是比较常见的图文广告形态。笔者通过对图文广告的梳理分析发现，其在网站内的广告形态较视频内广告形态多，如表2—2。

表2—2　　　　　　　　图文类广告的主要广告形态

广告形式	广告格式	广告时长	广告播放方式	广告特点
同站首页广告	Jpg/Gif	一般≤5s	网站首页播放	可以选择其过 一般全屏屏显示 广告尺寸取决于终端尺寸
贴片广告	Jpg/Gif	一般5s	视频插放时播入图文贴片	一般是动图或者图文链接格式 非会员不可跳过 广告尺寸取决于终端尺寸

续表

广告形式	广告格式	广告时长	广告播放方式	广告特点
弹出式广告	Jpg/Gif	5s—15s	常在网站首页、视频播放中弹出广告	有些可以选择关闭 视频播放中弹出次数多 广告尺寸取决于终端尺寸和广告内容多少
浮层广告	Jpg/Gif	5s—15s	一般浮在视频播放区上面	有些可以选择关闭 视频播放中弹出次数多 广告尺寸取决于终端尺寸和广告内容多少
暂停广告	Jpg/Gif	/	视频暂停时出现	一般可以关闭
banner	Jpg/Gif	/	一般在网站页面以横幅形式呈现	一般不能关闭 广告尺寸取决于终端尺寸
按钮广告	Jpg/Gif	/	小图标的形式呈现	广告尺寸小 传播效果有限性、被动性
对联广告	Jpg/Gif	/	在网站页面两侧呈现	多出现于 PC 端 一般可以点击关闭
扩展角标广告	Jpg/Gif	/	图文形式但是鼠标触及会扩展开	多出现于 PC 端 一般不能关闭

总的来说，网站首页广告是受众打开视频网站首页首先接触的广告形态，一般以图文链接或者视频的形式呈现给受众，App 端的首页广告一般是在 5 秒以内，广告时间较短，因此大多数 App 端的网站首页广告都是图文链接式的；当然在广告的右上角会有"跳过"的按钮，如果受众不观看广告，可以点击选择跳过广告；Banner 广告也是视频网站广告常见的，它是以横幅广告的形式出现在网站页面，比较醒目，能够形象鲜明体现广告的中心意旨；暂停广告在节目暂停时会以弹出悬浮窗口的方式出现在屏幕上，一般会出现在屏幕中间。而以弹出广告和浮层广告为代表的图文链接广告，因其简短的广告播放时间和多次弹出的广告特性，是在视频网站内出现较为频繁的广告形式。

（三）内容营销式广告

内容营销广告主要是以受众意识不到的形式来进行企业品牌宣传、产品展示和服务宣传，主要包括植入式广告（尤其是原生广告）、冠名广告、种子视频广告等，其中植入式广告、冠名广告是内容营销广告常见的广告形态。如表2—3。

表2—3　　　　　　内容营销式广告的主要广告形态

广告形式	广告格式	广告时长	广告播放方式	广告特点
植入式广告	不限	不定	在视频播放中植入	以台词、情节、场景等形式植入到视频内容中
原生广告	不限	不定	融入到视频情节里	通过与视频"和谐"的内容呈现品牌信息 内容的原生性 内容的价值性 用户的主动性 内容的唯一性
冠名广告	不限	不定	惯穿视频节目全程	重复性
种子视频广告	avi、wmv、mp4、mov、mkv、flv、	一般≥30s	一般出现在网站首页	形象性，生动性，互动性，富媒体，广告时间较长

"润物细无声"的植入式广告，从其诞生之初就因其潜移默化的宣传方式，激发消费的潜在需求，诱导消费者心灵上的共鸣的传播效果受到广告主的青睐。内容营销广告的形式之一就是巧妙地植入广告，爱奇艺、优酷等主流视频网站在自主制作高质量的影视类作品时，会根据广告主的产品性质和特点，在自制节目中通过台词、情节、场景等方式植入广告。

原生广告是凤凰网在2013年引入的新理念，国内主流视频网站最早进行原生广告探索的是爱奇艺，腾讯、优酷等也是紧随其后。爱奇艺在2016年开始尝试在网络剧中加入"原生视频贴"式的原生广告。以《老九门》为例，从第二集开始，剧情每进行到27分至30分时，会弹出一个米高梅电影公司的经典logo，接着播出采用剧中的人物角色和场景并与剧情有相关性的广告。这种广告在创意中充分考量了受众在观剧当下希望获取剧中人物更多信息的情感，以剧中人物按照剧中场景来植入广告，不打断受众的使用场景与观剧体验，因此获得了受众的好感，甚至引起发了社交圈话题性的讨论，扩大了广告的宣传效果。据数据分析，《老九门》的这种广告形式为该剧带来了巨大营收，变现效率比预期提升了 51%。到今年各大主流视频网站纷纷展开了原生图文贴、原生视频贴等原生广告模式的探索及运用，在用户导向的原则下，在内容营销理念的指引下，以情动人，提升自身平台原生广告的质量和创意水平。

冠名广告即在网络视频节目前加上赞助商或者广告主名称进行品牌宣传，从而扩大品牌影响力的广告营销手段。和电视节目的冠名广告一样，冠名广告比起硬性广告更容易为广大观众所接受，冠名广告即使在视频网站中也难以被跳过或屏蔽，因此具有较好的渗透效果。优质的互联网视频节目在拥有众多忠实粉丝的同时，也为冠名广告主带来了不少的品牌簇拥者，例如爱奇艺的自制娱乐辩论类节目《奇葩说》由时尚App"有范"冠名播出，而节目中辩论选手的服装也由赞助商"有范"提供。

种子视频广告是视频网站发挥内容营销优势的又一妙招，将广告制作成短视频进行发布推广，并通过网站内或站外资源做重点推广，在用户中形成病毒式传播。种子视频一般时长在 2 分钟以内，其亮点在于利用互联网互动性强、传播速度快、范围广的特点，在短时间内，像"病毒"一样自动散播，并且以其内容的趣味性和吸引力，在网络上长期留存，实现二次传播。

第二节 基于视频网站广告形态的问题呈现

美国学者理查德·斯皮内洛曾指出："技术往往比伦理发展得快，而这方面的滞后效应往往会给我们带来相当大的危害。"[①] 在社会经济飞速发展的背景下，一方面广告制作规范及监管问题突出，譬如广告播

---

① ［美］理查德·斯皮内洛：《铁笼，还是乌托邦：网络空间的道德与法律》，李伦译，北京大学出版社2007版。

放内容选择、播放时长、播放频次等都缺乏统一的标准与规范；另一方面，广告伦理问题变得更加复杂，譬如视频网站广告传播的隐蔽性与现行广告法要求的可识别性相冲突；其广告追求的精准定向投放以获取用户信息为前提，用户隐私因此受到威胁。

视频网站广告是解救进入寒冬的传统媒体广告的重要手段，主流视频网站纷纷将社会资源转移到对广告的投入上，展开对其的探索和运用。广告在视频网站平台的应用处于探索阶段，近几年正在蓬勃发展。虽然视频网站广告在发展的"量"上呈上升势头，但在发展的"质"上存在一系列问题，究其根源是视频网站广告的专门性立法空白和系统可行的监管体系的缺失，广告违法行为无据可依，实际广告监管无章可循；具体表现为在对视频网站广告的内容相符性、广告区域、时间占比大小、广告频次等方面规范统一的操作和监管标准尚未建立。

一　视频网站广告现实问题的结构化分析

视频网站作为集新媒体和网络媒体为一体的媒介，其广告市场发展迅猛的同时，也出现了发展的误区。视频网站媒介拥有两类资源，一类是消费者的注意力资源，另一类是广告主的信息资源，这两类资源既相互需要又互相制约。如果网站充斥过多的广告会干扰到网站用户的体验，一定程度上导致用户流失；若是只注重用户体验不播、少播广告又会带来广告主的流失。但是很多视频网站很难平衡这两者之间的关系，偏重广告资源的开发，忽略了用户的体验，导致视频网站广告市场乱象频出。

（一）视频类广告的现存问题探究

1. 以前视频贴片广告为代表的视频类广告播放时长无共识性规范

本部分基于前文的广告形态分类，由于视频网站的相关广告数据庞杂的现实情况，很难全面收集各个视频网站平台每个广告形态的相关资料，因此本文根据现今视频网站应用广泛的广告类型，抽取每个广告类型里面高频应用的广告形式进行数据样本分析。具体而言，本文选取视频网站出现频次较高的视频类广告中的前视频贴片广告，分别在爱奇艺、优酷、腾讯三个视频网站平台各随机抽取了500个广告样本，主要对电视剧、电影、综艺节目这三大类主流视频类型里面的广告进行深层次剖析。

本文收集了三大主流视频网站平台包括电视剧、电影、综艺三大视频类型共计1500份有效广告样本，分别从前视频贴片广告时长分布、相同视频内容不同平台播放时插播的前视频贴片广告时长以及广告时长与视频时长的关系三方面进行统计分析。

（1）前视频贴片广告时长分布

表2—4　　　　　爱奇艺前视频贴片广告时长分布情况

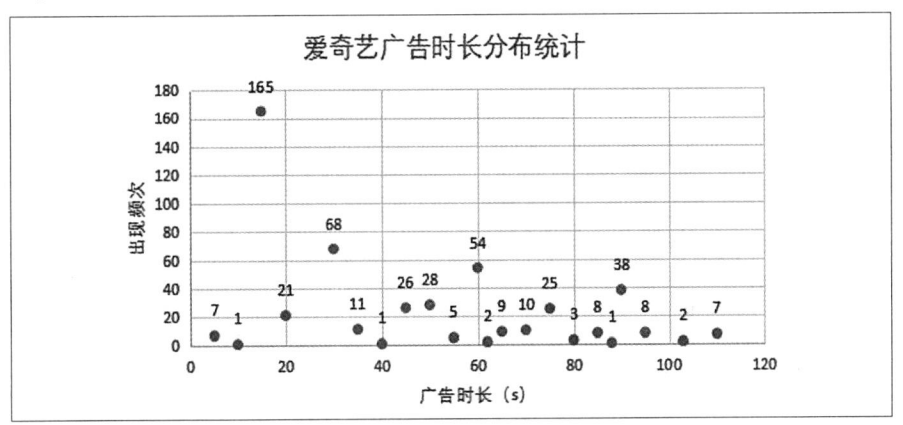

表2—5　　　　　优酷前视频贴片广告时长分布情况

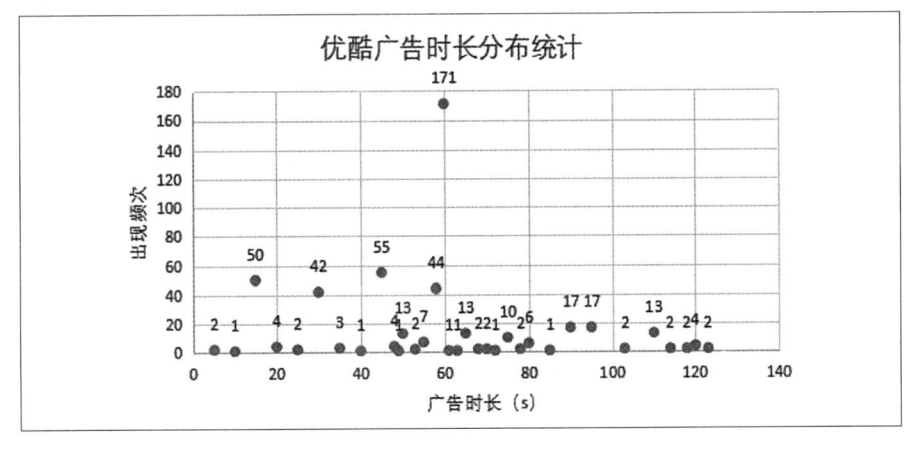

表 2—6   优酷前视频贴片广告时长分布情况

腾讯广告时长分布统计

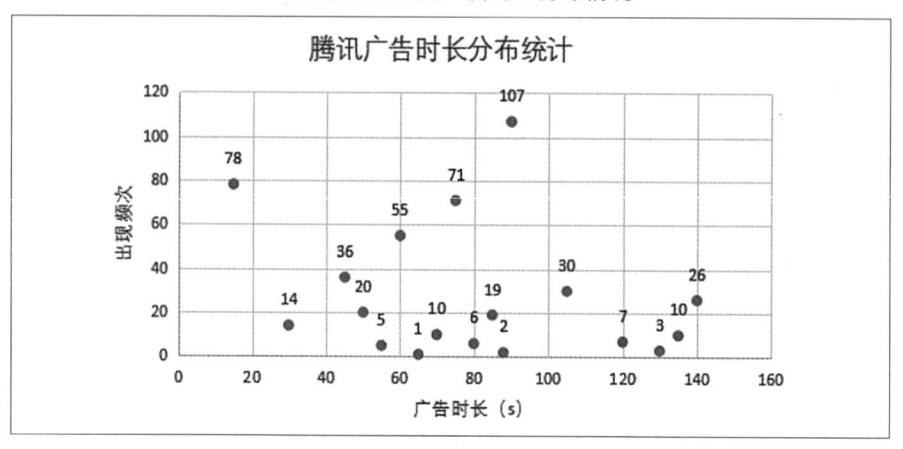

表 2—7   综合三大平台前视频贴片广告时长分布情况

综合三大平台广告时长分布统计

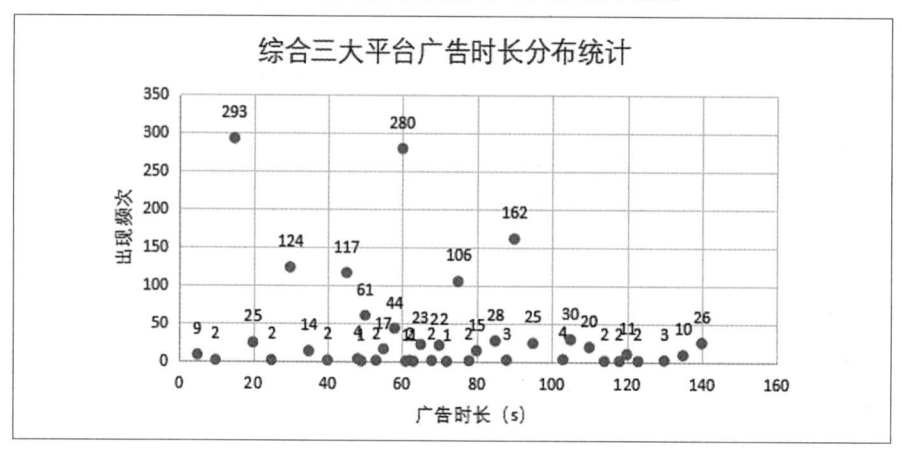

  表中横轴代表广告播放时长，纵轴代表出现该广告时长的样本数量。由表可知，三大平台前视频贴片广告播放时长分布从 5s 到 140s 之间不等，爱奇艺和腾讯平台分别是 22 种和 18 种广告时长，优酷平台的广告播放时长种类则多达 34 种。说明在对广告播放的时长上，同一种广告的播放时长多种多样，无广告播放时长的最高限制，整个视频网站广告行业并没有共识性的统一的标准。

（2）相同视频内容不同平台插播的前视频贴片广告时长

表2—8　　　电视剧《老男孩》在三大平台的前视频贴片广告时长

电视剧—以《老男孩为例》

成对样本统计量

		均值	N	标准差	均值的标准误
对1	爱奇艺—广告时长（s）	98.00	10	8.563	2.708
	腾讯—广告时长（s）	49.50	10	12.349	3.905
对2	爱奇艺—广告时长（s）	98.00	10	8.563	2.708
	优酷—广告时长（s）	75.00	10	.000	.000
对3	腾讯—广告时长（s）	49.50	10	12.349	3.905
	优酷—广告时长（s）	75.00	10	.000	.000

表2—9　　　相同电影在三大平台的前视频贴片广告时长

电影—以十部电影为例

成对样本统计量

		均值	N	标准差	均值的标准误
对1	爱奇艺—广告时长（s）	43.50	10	20.555	6.500
	腾讯—广告时长（s）	19.50	10	10.124	3.202
对2	爱奇艺—广告时长（s）	43.50	10	20.555	6.500
	优酷—广告时长（s）	60.00	10	.000	.000
对3	腾讯—广告时长（s）	19.50	10	10.124	3.202
	优酷—广告时长（s）	60.00	10	.000	.000

表2—10　　　相同综艺在三大平台的前视频贴片广告时长

综艺—以《王牌对王牌》为例

成对样本统计量

		均值	N	标准差	均值的标准误
对1	爱奇艺—广告时长（s）	63.00	5	6.708	3.000
	腾讯—广告时长（s）	88.00	5	2.739	1.225

续表

		均值	N	标准差	均值的标准误
对2	爱奇艺—广告时长（s）	63.00	5	6.708	3.000
	优酷—广告时长（s）	50.00	5	.000	.000
对3	腾讯—广告时长（s）	88.00	5	2.739	1.225
	优酷—广告时长（s）	50.00	5	.000	.000

上述表格中，分别从电视剧、电影、综艺三大类，以相同的电视剧集、电影和综艺节目为样本，观察他们在不同平台的前视频贴片广告时长。均值表示该平台样本广告播放平均时长，"N"代表取样数，标准差表示样本广告时长的参差度。据表中信息显示，相同电视剧，爱奇艺前视频贴片广告时长平均为98s，优酷前视频贴片广告时长平均为75s，腾讯前视频贴片广告时长平均为49.5s。三者的表现互不相同，电影和综艺方面与电视剧同理。说明相同视频内容在不同平台播出时插播的前视频贴片广告时长是不一样的，进一步体现其对广告播放时长没有统一性的规范。

（3）广告时长与视频时长的相关性

本次共取500个视频时长在45分钟及以下的样本，统计其前视频贴片广告的时长。统计结果如下表。

表2—11　　　　相同综艺在三大平台的前视频贴片广告时长

广告时长（s）

		频率	百分比	有效百分比	累积百分比
有效	5	2	.4	.4	.4
	10	1	.2	.2	.6
	15	50	10.0	10.0	10.6
	20	4	.8	.8	11.4
	25	2	.4	.4	11.8
	30	42	8.4	8.4	20.2
	35	3	.6	.6	20.8
	40	1	.2	.2	21.0
	45	55	11.0	11.0	32.0

续表

	频率	百分比	有效百分比	累积百分比
48	4	.8	.8	32.8
49	1	.2	.2	33.0
50	13	2.6	2.6	35.6
53	2	.4	.4	36
55	7	1.4	1.4	37.4
58	44	8.8	8.8	46.2
60	171	34.2	34.2	80.4
61	1	.2	.2	80.6
63	1	.2	.2	80.8
65	13	2.6	2.6	83.4
68	2	.4	.4	83.8
70	2	.4	.4	84.2
72	1	.2	.2	84.4
75	10	2.0	2.0	86.4
78	2	.4	.4	86.8
80	6	1.2	1.2	88.0
85	1	.2	.2	88.2
90	17	3.4	3.4	91.6
95	17	3.4	3.4	95.0
103	2	.4	.4	95.4
110	13	2.6	2.6	98.0
114	2	.4	.4	98.4
118	2	.4	.4	98.8
120	4	.8	.8	99.6
123	2	.4	.4	100.0
合计	500	100.0	100.0	

上表共取 500 个视频时长在 45 分钟及以下的样本，其前视频贴片广告时长类别涵盖了 5s 到 140s 之间各个时长类别，60s、45s 和 15s 占比较为突出，其他时长类别也均有分布。说明广告时长与视频时长没有相关性，也不存在一定的比例关系。

2. 画中画视频广告在广告内容选择过多，可识别性不强

由于对画中画广告的内容选择是基于广告内容的识别和分析，很难

进行数据的抓取和统计,因此,本部分采用个案列举的方法对相关问题进行陈述。

视频网站广告出现了一种新型的画中画广告,此类广告出现在视频贴片广告内,它的特殊之处在于,其广告背景是一种产品广告(常以静态的图文形式呈现),而在广告背景的左边、右边或者中间区域,会出现另外一种产品的广告(常以动态的视频形式呈现)。比如,《老男孩》的某一段前贴广告中,出现了一段画中画广告,广告背景是一种土豆泥的产品广告,而嵌入背景的视频是太太乐鸡精的广告,这种广告将两种不同的产品广告杂糅在一起,力图多播广告,但是其广告内容选择过度,不仅影响受众的观看体验,还使得两种产品广告掺杂在一起,反而令其中的广告产品识别性不强,对受众造成识别障碍,如图2—1。

图2—1　爱奇艺《老男孩》画中画广告

3. 小结:视频类广告现存主要问题

视频类广告的现存主要问题主要通过视频贴片广告和画中画视频广告表现出来,一类是以视频贴片广告为代表的广告播放时长缺乏共识性的、具体的标准,导致各个网站在对广告时长的控制上各自为营;另一类是画中画广告在将两种不同的广告信息内容杂糅在一起,力图多播广告，对受众造成了识别障碍。如表2—12：

表2—12　　　　　　　视频类广告现存主要问题

广告形式	现存主要问题
前视频贴片广告	1. 广告播放时长种类纷繁多样，无共识性规范
中视频贴片广告	2. 无广告播放时长的最高限制
后视频贴片广告	3. 相同视频内容不同平台插播的广告时长不一样
	4. 广告时长与视频时长无相关性，没有比例关系
画中画视频广告	广告内容选择过多，可识别性不强，对受众造成干扰

以优酷的《烈火如歌》、爱奇艺的《老男孩》两部热播剧为例，《烈火如歌》的每集视频播放时长平均在45分左右，由于广告主广告投入的不同，其前贴视频广告有75秒、78秒、80秒、85秒不等的播放时间，中贴视频广告播放时间从40秒、45秒到50秒、53秒、55秒不一。而热播剧《老男孩》每集播放时长平均只有38分钟，其前贴视频广告有90秒、95秒、100秒、103秒、110秒等不同的播放时间，中贴视频广告的播放时间有：20秒、30秒、38秒、45秒、110秒等。更值得一提的是，在播放完一段110秒的前贴广告后，正片播放时间刚刚2分钟，又插入了一段110秒的中贴视频广告。可见，无论视频长短，视频广告播放时长更多的是取决于广告主的广告投入多少，忽视了受众的观看体验。

（二）图文类广告现存问题分析

1. 浮层广告为代表的广告播放位置和频率分析

本部分统计共取30个视频样本，每个视频播放时长平均值为45分钟，表2—13纵坐标表示单个视频播放时长内弹出的广告次数，图3—15纵坐标表示广告弹出位置种类，纵坐标的1、2、3、4、5、6序号代表广告在视频播放屏幕上出现的位置分别为：左下角、左上角、右下角、右上角、中上、中下。

从表2—13中可以看出，在单位时间内，共出现了1到12种弹窗次数，其中弹窗5、6次的频次较高，其他频次均有分布。这表明对于在视频网站视频播放中出现的广告的播放次数无严格的限制和规定。

表 2—13　　　　　　　浮层广告在视频里的播放次数

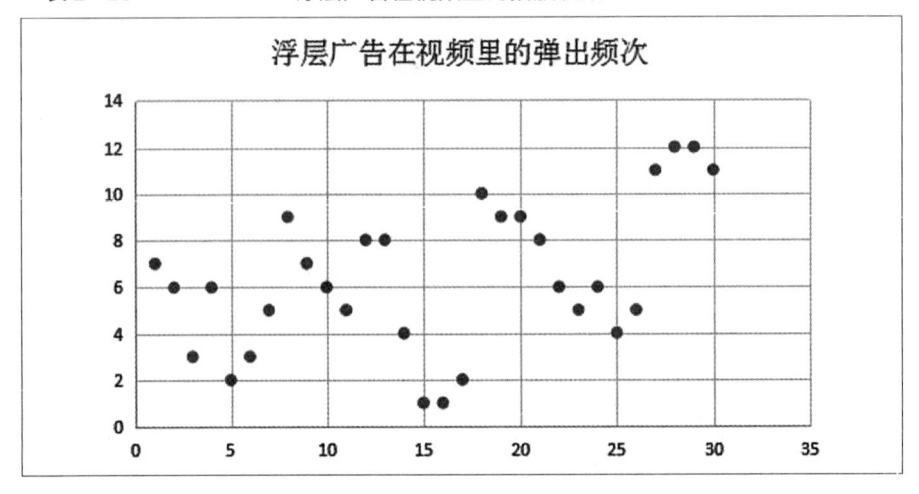

浮层广告在视频里的弹出频次

表 2—14　　　　　　　浮层广告在视频里的播放位置

浮层广告在视频里的播放位置

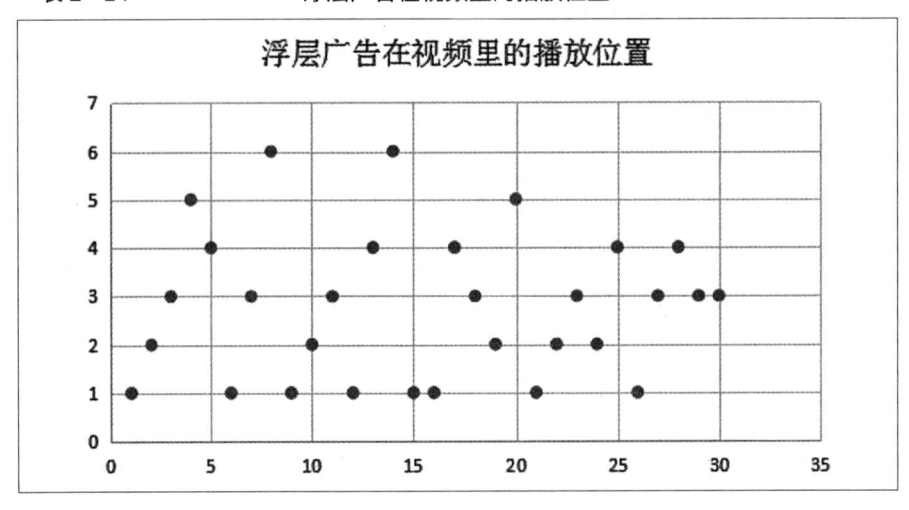

从表 2—14 中可以看出，在弹窗位置上，主要分布集中在左下角、右下角、右上角，其他位置均会有不同频次的弹出。说明对于在视频网站在视频播放中出现的广告的位置没有明确的限制和规范。

2. 小结：视频类广告现存主要问题

视频网站有很多图文类广告，比如弹出广告、浮层广告、暂停广告等，这些广告主要是通过出现在视频页面的某一个区域直观地展现商品的特点来引起消费者的注意，以便让消费者更准确地了解和感知商品特性。图文类广告的问题主要表现以在弹出式广告、浮层广告、按钮广告等为主的广告在播放时长、广告出现位置、出现频次、广告尺寸等方面缺乏标准。如表2—15。

表2—15　　　　　　　　视频类广告现存主要问题

广告形式	现存主要问题
弹出式广告	1. 广告出现次数过多，影响受众体验
浮层广告	2. 广告出现位置不一 3. 广告播放时长多种多样 4. 广告尺寸大小不一
暂停广告	广告尺寸大小不一

这类广告经常出现在视频播放中，不定时不定位置地弹出来N次，这种狂轰乱炸式的重复，浪费了受众的注意力，没有考虑到用户体验，容易引起受众的反感。比如，一些图文贴广告会出现在屏幕中上/下方或者左/右下方等，而这些图文贴广告并没有占比空间的标准，所以视频的字幕、关键人物或剧情会被大幅的广告区域给遮挡住，影响受众体验。再如，视频网站广告的形式之一视频浮层广告，它的特点是，广告内容与视频是同步出现的。当用户观看视频内容时，广告会出现在视频顶端或底部，且经过一段时间会自动消失。当用户把鼠标划向广告时，更大的广告画面会出现，点击广告时，品牌网站会被打开。这种广告的优点是它不会打断受众的观看过程。比如按钮广告、弹出广告、文本链接广告等，此类广告在视频播放的某一阶段弹出浮于视频内容之上，其所占区域有广告内容而定，一般几秒之后会自动关闭，不会对原视频造成过大干扰。当然用户也可以自己选择关闭广告。但需要注意的是，视频浮层广告的呈现形式使其必须占有视频播放内容的某一部分空间，影响受众观看视频。

同样以优酷、爱奇艺的电视剧和综艺为例。爱奇艺《老男孩》的为时不长的30多分钟的剧集中，弹出的图文广告出现频率高于6次，广告时长从 2 秒到 15 秒不等，广告位置在左上、左下、右下等区域不定出现，而每个弹出广告的覆盖区域大小不一（是根据广告内容多少而定）。优酷的综艺《花儿与少年》丸美眼霜全程冠名赞助，因此在视频正片播放的过程中，丸美的广告在屏幕的左上、左下、右上、右下、中下等位置，以图文的形式，弹跳出 N 多次，甚至出现霸屏的现象。

（三）内容营销式广告现存问题解读

内容营销式广告的现存问题主要通过植入式广告、原生广告、冠名广告等广告广告形式表现出来，具体如表 2—16。

表 2—16　　　　　　　内容营销式广告现存主要问题

广告形式	现存主要问题
植入式广告	植入方式不当 植入频次过多
原生广告	表层原生 形式原生
冠名广告	广告重复过多 有一定程度的强制性

植入式广告作为一种潜移默化的广告形式，是内容营销广告的常用形式，经常出现在剧集和综艺节目中，受到各大主流网站的青睐，并纷纷进行探索，积极利用植入式广告来宣传产品或者品牌。虽然经过不断地探索，很多植入式广告在植入方式上越来越与视频内容相契合，但还是存在广告植入与视频本身内容不太相符的现象。在综艺节目中这种表现尤为突出，很多赞助商的广告植入，强制性地在视频某个阶段、在视频网页某个区域频繁的出现，从台词植入、情节植入、到场景植入，满屏都充斥着同一产品的广告，这种狂轰乱炸式的植入让受众被动接受，在前期或许能赢得一些点击量，时间久了必然会遭到冷遇即用户的"自动失明"，长此以往，不利于视频网站广告的良性发展。例如，爱奇艺综艺《我们仨》，赞助商斯利安叶酸的广告，斯利安不仅在节目开端有

产品的冠名广告，还在整个节目播放过程中，以台词，情节等方式多次植入，满屏尽是斯利安叶酸的广告，适当的植入可以加深受众对产品的印象，但是尽管植入方式很恰当，频率过多的广告植入也会使得受众产生排斥乃至厌恶的情绪。

尤其是近几年兴起的原生广告，高度融合产品及内容，满足用户个性化需求的特点使得原生广告在产生至今的短短几年内已得到媒体与广告主的认可，呈现迅猛发展之势。主要靠广告营收的视频网站不断寻求广告形式的创新与突破，除了剧外原创贴、创可贴、移花接木等创意广告植入外，剧内原生广告的植入更是广告主的青睐。爱奇艺、优酷、腾讯等主流视频网站，从2016年开始陆续进行原生广告模式的探索，主要是根据网络视频内容和具体情节，结合品牌或产品的特性，在视频播放期间插入一段广告，这个小广告和剧情内容紧密相关，或者是广告的表演者本身就是视频的表演者，当视频播放到某个阶段时，插入一段以剧情为依据的广告，让受众很难察觉，直到广告末尾才会意识到这是一则广告。但目前国内视频网站原生广告的开发浮于"表层原生"，甚至陷入"形式原生"误区。为了追求即时快速的传播，抢占广告注意力资源，很多广告经营者通过简单粗暴的加工将硬广以"原生"的形式嵌入到用户的信息流中，在内容上极度缺乏创意，削弱了原生广告相对于传统广告的优势。

二　视频网站广告现存问题的全方位透视

基本前文关于视频网站广告现存的问题结构化分析，笔者根据前文研究的不同广告类型的高频个性问题，总结归纳出视频网站广告存在的主要问题。一方面，广告制作规范及监管问题突出：如广告播放内容选择、播放时长规范、播放频次等都缺乏统一的标准的规范；另一方面，广告伦理问题变得更加复杂：视频网站广告传播的隐蔽性与现行广告法要求的可识别性相冲突；其广告追求的精准定向投放以获取用户信息为前提，用户隐私因此受到威胁。具体表现为以下几个方面：

（一）广告形式纷繁多样，缺乏共识性标准

视频网站广告借助新颖多样的形式进行信息的表达，融合图文、视频、音频等形式于一体，将表现形式从之前单纯的文字和图片上升到更高的领域，广告形式更加多样直观立体，也更具有真实感。从图片广告、文本链接广告、banner广告、按钮广告、浮层广告、暂停广告到视频贴片广告、画中画、剧情植入式广告、微电影、原生广告等等，视频网站广告形式纷繁多样，缺乏相应的广告形式监管和规范，广告主在运用时自成一派，没有统一标准，导致视频网站广告市场广告形式泛滥成灾、难以监管和规范。

（二）广告内容与视频内容不符，影响受众体验

视频网站在对广告内容的选择上具有"唯广告主性"。使得视频网站存在广告内容与视频本身内容严重不符的现象，强制植入被动接收，影响受众体验。视频网站的视频贴片广告、视频浮层广告这两个其与视频本身内容不太相符，对受众体验的考虑不够，强制性地在剧情某个阶段、在视频网页某个区域出现，让受众被动接受，影响广告效果。这种强制植入方式在前期或许能赢得一些点击量，时间久了必然会遭到冷遇即用户的"自动失明"，长此以往，不利于视频网站广告的良性发展。

从爱奇艺、优酷等视频网站的众多广告案例可以总结出，视频网站广告内容的选择分为两大类，一类是依据广告主的意愿呈现的广告，一类是结合广告主的广告内容和视频内容的本身特色进行广告内容的筛选。首先，依据广告主的宣传内容为依据的内容选择模式是视频网站最普遍的。在中国，视频网站一开始营收主要来源就是广告收入，视频网站作为一个中介，一方面向广告主出售消费者的注意力资源，另一方面向受众出售信息资源。而广告位的出售恰恰是视频网站的主要收入，因此，广告主的宣传内容必然是视频网站首要思考的问题。电视剧《老男孩》前贴视频广告涵盖很多行业，比如汽车、食品餐饮、日用家居品、首饰等行业，这主要是以广告主的广告竞标和投入为依据。其次，结合视频内容特色选择广告内容是视频网站在时代背景变化下做的反思性探索，

比如关键词匹配制度的创新，比如《老男孩》的中贴视频广告会选择男主刘烨代言的奶粉广告，这在广告产品代言人的选择上契合了电视剧主演，提升了受众对于中插广告的可接受度，但这只是流于广告形式上的创新和极少数的探索。

（三）广告呈现形态缺乏共识性的标准和具体的规范

1. 视频网站广告播放时长没有统一规范

广告监管机制在对视频网站插入广告内容的时长上并没有统一规范。视频网站广告的播放时长取决于其采用何种广告形式，不同的广告形式，播放时长不一样。视频网站广告形式多种多样，同一类型的广告有不同的表现形态。一个几分钟的短视频会插入一段 15 到 30 秒的视频广告，或者视频区域的图文信息广告停留时间也很长才能关掉，这不禁让人联想到"广告中看视频"的场景。此外，同一种广告形态没有统一的播放时间规定，"唯广告费受用性"特征明显。比如，视频网站的前贴广告的播放时间设置，完全是根据广告主的投放预算而定，忽视视频内容播放时间的长短和受众的可承受度。视频网站的视频贴片广告，又分为前贴片视频广告、中贴片视频广告、后贴片视频广告，这些广告的时长从 5 秒到 100 秒不等，笔者随机抽取优酷《烈火如歌》的几集剧集，发现其视频贴片广告的时长多种多样，有 15 秒、30 秒、45 秒、60 秒、65 秒、70 秒、75 秒、78 秒、80 秒等不一的时间设置。视频网站图文广告包括弹出广告、浮层广告、角标广告、按钮广告等，其播放时间从 2 秒到 15 秒不等，在《老男孩》的剧集中，弹出的图文广告的时长有 2 秒、3 秒、5 秒、7 秒、8 秒、10 秒、15 秒等无统一规范的时长设置。但是，一般的图文广告在视频网站页面或者视频播放区域上呈现的时间为 5 秒左右，而视频广告的播放时间为 5 到 30 秒不等，10 到 15 秒是常见视频广告的播放时长。

2. 视频网站广告尺寸和播放位置没有统一规范

广告监管机制在对视频网站插入广告尺寸大小和出现位置上并没有统一规范，视频网站有很多图文贴广告、弹出广告、浮层广告等，这些广告主要是通过出现在视频页面的某一个区域直观地展现商品的特点来引起消费者的注意，以便让消费者更准确地了解和感知商品特性。一些图文贴广告会出现在屏幕中下方或者左/右下方等，而这些图文贴广告并没有占比空间的标准，所以视频的字幕、关键人物或剧情会被大幅的广告区域给遮挡住，影响受众体验。

同理，视频网站广告的播放区域大小也是取决于其采用何种广告形式，不同的广告形式，所占播放区域不一样。在视频网站广告中视频贴片广告大都是以全屏和画中画的形式展现的。但是以弹出广告、浮层广告等为主的图文广告的呈现区域大小取决于其文案内容的多少，这类广告的覆盖区域没有统一的规范，因此在屏幕上显示的图文广告大小不一。此外，在视频网站的图文广告在播放位置的选择上没有共识性的规范，有出现在屏幕中上/下方的，有在左上/下方弹出的，有浮于屏幕的右上/下方的。比如《老男孩》第22集中的弹出广告，广告在视频的左上方、左下方、右下方、右上方、中下方等位置出现的频次分别为4次、3次、3次、2次和2次，总而言之，视频网站的广告在播放区域和位置上具有无序性和无规范性。

3.视频网站广告播放频率没有严格统一规范

广告监管机制在对视频网站插入广告频率上并没有严格统一规范。广告的重复是加深消费者印象的途径之一，也是广告运营商惯用的广告方法，在视频网站广告中亦是如此，一个产品或者品牌的广告经常会在一段视频中重复出现N次，这极大的考验着受众的注意力，甚至会引起受众对其的反感。视频网站同一广告形态的播放频次没有确切的规定，其与广告主的投放计划、媒介排期、投入资金和视频内容播放时间的长、短等因素密切相关。比如在随机抽取的《老男孩》的几集剧集中，视频贴片广告在第1集、7集、15集、22集的出现频次分别为1次、2次、2次、3次；而图文广告出现的频次分别为3次、5次、4次、7次。

（四）特殊广告形式强制播放，用户被动接受性强

网站主页广告、网页嵌入广告、视频贴片广告等广告形式，带有强制性传播的性质，普通用户往往不能选择跳过，缺乏交互性，没有考虑到用户体验。

首先，网页嵌入广告作为打开视频网站首先呈现的广告形式之一，一般分为两种，一种是打开网页的同时自动播放视频广告，另一种是用户根据自己的需求选择点击播放按钮播放视频广告。前者有着强制性的特点，容易引起用户反感，后者以用户喜好为依据，通过鼠标点击来实现交互，总的来说，网页嵌入式的视频广告整个过程在一个页面完成，用户属于被动接收，影响其体验。

其次，视频贴片广告作为视频播放过程中常出现广告形式，相较于网页嵌入广告来说，更加考虑用户的需求，也带着强制性的特点。视频贴片广告指的是在视频播放过程中出现的广告，可以在视频前、中、后进行广告贴片。贴片广告播放环境虽然为视频缓冲时间，但普通用户往往不能选择跳过，有着强制性的特点，缺乏交互性，没有考虑到用户体验，容易引起受众的反感。当然，也有一些贴片广告用户可以选择跳过，也可以根据自己的需求来点击页面，进入广告内容中进行交互，但这种情况鲜有，并且是针对会员收费制的优惠。

（五）广告精准投放，侵犯了受众的合法权益

在精准投放提高广告效率的同时，也侵犯了受众的合法权益。在专业视频网站上，视频内容多是按照频道分类进行放置，实际也就锁定了相关类别兴趣爱好的人群，将产品的目标受众从众多网民中筛选出来，针对这些信息再进行精准的网络视频广告信息的投放，从而提高网络视频广告的针对性。一方面，相比于电视广告的大众传播特点，网络视频广告精准投放，有更强的针对性和更为准确的诉求对象；另一方面，这也侵犯了消费者的隐私权、自主选择权等合法权益。

综上所述，目前国内的视频网站都在独立探索其广告的发展，尚未形成关于视频网站广告的共识性标准，因此在开发制作中出现广告"雇主受用性""盲目精准推送""广告播放时间空间无序性"等问题，背离了广告的理念初衷。国内的视频网站广告虽然发展较快，但也存在严

重的质量问题：形式纷繁多样，缺乏统一标准，应用泛滥成灾；广告播放时长、播放区域大小、播放频次无序等，而这些问题归根到底是视频网站广告监管的缺失、不全面和视频网站广告运作的不规范造成的。因此，国内的视频网站广告市场需要一种规范系统的法则和程序去指引自身的发展。

第三节　视频网站广告监管现状的反思

随着互联网的快速发展，新兴媒体的广泛运用，视频网站广告作为互联网广告的一种，凭借其海量的受众群、独特的媒介特性、多样的广告形式、高度针对性及独特的交互性功能等优势而得到了快速发展。广告的媒介和形式都发生了较大的变化，但是，我国现行的广告监管体制具有滞后性、不全面性，对于一些新问题、新情况缺乏规范，已不能完全适应广告业发展的客观需要：一方面是全面而又专业性的广告立法的缺失，另一方面是广告监管运行机制存在具体的困境。如何对视频网站广告市场进行有效的监管，做到活而有序，管而发展，是摆在广告监督管理机关面前的一个重要课题。

一　体系化和精细化的监管标准的缺失

（一）静态稳定的广告监管体系难以跟上动态易变的广告发展

我国视频网站广告是依托视频网站这一媒介平台的发展而逐渐成长起来的。社会经济的进步，信息网络技术的发展，视频网站日益扩大的受众规模促使其广告市场的规模迅速扩大。优质而又稀缺的视频内容可以吸引大量的受众流量，这是驱动视频网站广告产业各环节紧密合作进行流量变现的主要力量。近几年，视频网站广告更是呈井喷式发展，然而相应政策与法律法规却难以赶上市场扩张的步伐。国家对于传统电视广告制定了一系列播放规范条例，但对于视频网站行业的广告内容鲜少有成型的规定。相应政策法规的缺失是视频网站广告混乱不堪、难以管理的主要原因之一①。

中国广告行业的发展起步较国外晚，发展不平衡，有其特殊性。近几年是广告行业发展的高峰期，互联网、移动互联网的发展更是推进了互联网广告突飞猛进的发展。广告业在短短的几年间，呈现了飞速发展的势头，出现了大量的新型广告形式和广告内容，从而使得先行法律法规所涵盖的内容无法适应现行广告行为管理的需要。由于法律的滞后性，对广告行为相关法律法规的制定往往发生在广告行为产生负面影响之后，难免造成一定程度上的社会资源损失，另一方面，由于互联网广告的即时性和易变性，在广告违法行为的调查取证阶段容易陷入困境，加之监管手段匮乏，以及广告监管的地域管辖限制等问题都削弱了广告监督的力度。我国《广告法》从1995年施行至今，只在2014年4月经过一次修订，而相关广告管理办法也只有《广播电视广告播出管理办法》（2011）、《互联网广告管理暂行办法》（2016），法律的权威性和稳定性决定了其相关法律规范的更新慢、更新少，加之广告管理侧重于事后的监管，而轻视事前的审查，这些体现出广告法律法规体系与广告业发展之间失衡的特点。对于视频网站的广告立法空白，呈现出广告监管的路径依赖性。这说明相关法律法规的缺失是导致视频网站广告监管出现困境的源头。

视频网站广告的研究更多的是业界的相关经营管理的探索：有关于视频网站广告的类型、特点、传播策略的研究，有关于视频网站广告的用户研究，更多的是针对视频网站广告某一形态的个案研究，如网络视频广告研究、植入式广告研究、视频网站前置贴片广告研究等，但是关于视频网站广告监管的专题性研究是空白的。此外，考虑到视频网站广告是互联网广告的一个分支，视频网站的诸多广告形态都是基于互联网广告的延伸和发展，因此，无论是从广告的经营管理还是从广告的行政监管来看，视频网站广告都是参考互联网广告的相关经验，尤其是关于

---

① 祝捷：《国内视频网站广告的运作与管理浅议》，《科技传播》2015年7月16期。

广告监管，视频网站广告监管存在明显的路径依赖。

（二）大而全的广告规范难以顾及细而杂的广告形态

互联网、移动互联网催生的网络广告的形态，日新月异，新颖多样，监管困难。近年来，相关部门逐渐意识到对新兴广告形态进行监管的重要性，然而庞杂多样的网络广告形态是监管的重难点。尤其是新媒体及网络广告呈现出各种各样的形态，并且形式多变，具有不稳定性，导致相关的法律法规很难及时有效地出台。但是，相关政府部门还是在进行及时有效的管控。例如，国家工商总局广告监督管理司发布2018年工作要点，其中指出要提升广告监测效能，组织开展对1000家省级以上主要媒体和1000家主要网站的广告抽查监测，推进移动端互联网广告监测能力建设，初步实现对1000个App和1000个公众号的互联网广告监测。然而，复杂多变的信息环境和传播生态，庞杂多样的新媒体和网络广告形态，一直是广告监管的重难点。

一方面，我国在进行广告的具体形态和规范上有所探索，但是还不够具体和细化，缺乏精细化的关于视频网站广告监管的规范条例。值得一提的是，互联网广告存在诸多不同于传统广告的特性，各级工商、市场监督部门在查办虚假违法的互联网广告案件时遇到了许多特殊问题和困难，亟需通过立法立规解决。因此，为了落实新《广告法》的特殊规定，规范互联网广告活动，加强对新兴广告形态的监管，保护消费者的合法权益，促进互联网广告健康发展，维护公平竞争的市场经济秩序，国家工商行政管理总局于2016年7月8日发布了《互联网广告管理暂行办法》，2016年9月1日起施行。但是视频网站广告作为以视频网站为媒介的广告，只是互联网广告的一种具体类型，因此对其具体和细化的广告规范是缺失的。

另一方面，我国各大主流视频网站对广告的研发都是独立进行的，在广告的内容选择、播放区域、播放时长等有关于广告的呈现形态等方面细节，大都是依照广告主或者广告制作商的单方面意愿选择的，缺乏统一的广告操作标准。加之，目前关于视频网站广告的监管大都是依照互联网广告的相关法律法规进行管理的，没有针对视频网站广告的专门性的、精细化的广告监管规范体系，难以做到视频网站广告有法可依、有章可循。

二 传统 1.0 的监管运行机制和 2.0 的广告形态之间的矛盾

（一）传统单一的广告监管形式难以应对新兴多变的广告形态

广告监管是指国家机关、社会团体或其他组织和个人，运用国家的广告法律法规，行业的规章制度等，对广告活动进行的监督管理[①]。按照广告监管的主体划分，广告监管分为：政府行政管理、企业的自我管理、行业的自我规范、社会监督等。政府、行业、社会三者互相协调监管，是美国、欧美等发达国家的主要监控手段。对于互联网广告的监管和立法的研究比较发达的是美国，其次是欧洲。国外对于互联网广告的监管和立法的研究主要分为两个方面：他律和自律，其中他律包括法律的出台、政府监管机构的监督、非政府组织的监管、技术控制等方面，而自律主要是指行业/企业自律。我国的互联网广告监管起步较晚，时间段集中在 2000 年以后，2010 年前后是监管的高峰期。

我国广告监督管理机关主要指各地县级以上工商管理部门，根据《广告法》的规定，行使对广告活动的监管管理的权力。《中华人民共和国广告法》第六条规定："县级以上人民政府工商行政管理部门是广告监督管理机关。"根据《广告法》和国家有关行政法规的授权，工商行政管理部门主要行使广告监督管理职能。在我国，国家行政监管是最为主要的监管方法，行业自律和社会监督是辅助手段，并且这两种辅助手段在中国发展不成熟，还处于探索阶段，因此呈现出监管手段单一和不成熟的特点。

（二）互联网 2.0 背景下广告活动主体身份多重，问责主体模糊

视频网站广告作为互联网广告的一种，其广告活动主体的多重身

[①] 王忆茹：《我国网络广告监管法律制度研究》，硕士学位论文，西南政法大学，2016 年。

份对现行法律带来很大的挑战。传统媒体广告的法律关系的主体是清晰的，包括广告主、广告经营者、广告发布者、广告代言人。视频网站因为其媒介特性，将两种或三种职权集于一身，广告主、广告经营者、广告发布者之间的界限变得模糊。当视频网站只是单纯地承接其他广告主广告发布的业务，那么视频网站的身份就是广告发布者；ISP（Internet Service Provider）多是集广告经营者与广告发布者两种角色于一身，视频网站在某种意义上就是ISP机构，加之视频网站因其媒介经营属性，它既可以通过其自身的广告部门承担广告制作经营的角色，又可以利用其平台属性进行广告发布的业务；当视频网站需要宣传企业自身产品或服务时，它则将广告主、广告经营者和广告发布者三种角色于一身。因此视频网站广告活动主体的多重身份属性，导致在进行广告监管时对问责主体身份定位模糊，从而使得广告主体权利义务关系的模糊化，给视频网站广告规制带来了很大的困难。

（三）视频网站广告形态各异，传统定性标准难适用

视频网站广告的专门性立法缺失，导致其缺乏对广告类型和形态的具体规范。而在行业内，视频网站的广告经营也是缺乏统一的标准，视频网站大都是各自为营，对广告的研发和管理也是独立进行的，在广告内容、广告形式、广告播放时间、广告覆盖区域等方面的选择，大都是以广告广告主和广告制作商的要求为依据，这使得视频网站广告缺乏共识性的广告形态规范和制作标准。总而言之，视频网站广告有诸多的广告类型，同一广告类型又多种广告形态，比如视频内广告有前贴片广告、中贴片广告、后贴片广告、暂停广告；网站内图文广告有浮层广告、弹窗广告、按钮广告、角标广告等。视频网站的特殊性及其广告形态的多样化、交叉性、模糊化，使得监管部门对形态各异但又交叉重叠的广告形式界定不清。那么对广告形态怎么界定？广告违法行为如何定性？对于这些问题，现行法律、法规都没有给出明确的答案。

（四）视频网站广告即时多变，违法广告取证难

视频网站广告的即时多变性，对广告监管工作提出了挑战。视频网

站广告的互联网信息属性使得其广告位可以多次出售，因此同一广告位可以出售给不同的广告主，前几秒在同一广告位播放的是一个品牌广告，下一秒此广告位可能弹出的就是另一个品牌的产品广告。由于网上广告信息可以随时任意修改，不留痕迹，当事人往往可以轻松地把之前发布的违法广内容修改甚至完全删除掉，这就对工商机关及时有效地固定证据提出了高要求。在实践中，执法人员可以采取网页直接打印后让当事人签字确认的方法固定证据，但这仅仅适应于较简单的广告，对于采用FLASH技术、音频视频技术的网页就很难以这种方式来固定证据了，这导致工商机关在查处违法视频网站广告时取证相当困难。

原有的按地域划分进行监管的广告监管体系已经无法适应视频网站广告规制的需要。互联网的超国界性、无地域性，给法律的使用带来了很大的问题；视频网站广告发布的特殊性，违法广告取证难，使现行的行政监管制度难以匹配。

第四节　视频网站广告监管的创新策略

视频网站广告井喷式的发展，国内广告监管体系的滞后性，使得广告法律法规体系的发展与视频网站广告发展出现失衡的状态。如何对网络广告市场进行有效的监管，做到活而有序，管而发展，是摆在广告监督管理机关面前的一个重要课题。

基于前文的问题研究和中国的特殊语境，本文提出从法律规制和监管运行机制两方面考察对应的问题，一方面提出对视频网站广告专门性立法和系统监管的宏观思路；另一方面，从广告形态的角度去研究视频网站的广告监管运行机制的具体路径，是一个新的方向，这将有利于视频网站广告传播形态的统一规范和监管。就宏观思路而言，梳理借鉴国内外行之有效的广告立法监管经验，结合中国的国情，相关部门要建立和完善相关的法律以保证视频网站广告有法可依、有章可循，适当地调整优化，化为己有。就具体策略而言，结合传播学5W理论，针对视频网站广告所存在的问题，从传者—视频网站广告行业自律（广告活动主体）、信息—广告内容匹配（广告内容审查）、渠道—广告制作流程严控（广告呈现形态）、受众—广告受众反馈（借力社会监督）、效果—建立成熟的广告效果评估和监管体系（广告全程监测）等方面提出了视频网站广告监管的可行建议和核心策略。

一　建立体系化和精细化的监管标准和规范

由于我国目前还没有制定专门调整规范互联网广告的法律，由此可知，更没有针对视频网站广告的专门性立法，因此规范视频网站广告的主要法律依据是《广告法》《互联网广告管理暂行办法》。而视频网站广告独有的特征，使视频网站广告在实际运作中出现的许多新问题是《广告法》和《互联网广告管理暂行办法》所难以解决的。

（一）填补视频网站广告立法空白，让广告监督执行有法可依

体系化和专门化的广告立法是视频网站广告监管的根本。一方面，随着科学技术的发展，发布广告的载体和广告的形式也向着多样化的方向发展。而法律作为权威的、稳定的行为规范，不可能预见到未来所有可能出现的广告形式，更不能够朝令夕改。因此，如果要做到所有广告的管理都有法可依，就要采取开放式的立法模式，对"广告"的定义既要有细化的规定，又不能限制得过于严苛，为日后出现的广告形式留有余地。基于现实考虑，国外的立法文件尽可能地扩大"广告"的覆盖范围，使所有广告（包括视频网站广告）都囊括在法律调节的范围内。另一方面，分工细化是广告业发展的趋势，也是广告业成熟的标志。与之相对应，法律规范也只有对不同类型的广告分别做出细化规定，才能使广告活动和广告监督执法有据可循。国外注重专门性的广告立法，细化特殊广告的法律规定，增强法律的可操作性。国外先进的立法对特殊类型的广告都有规定，从反不正当竞争、保护消费者利益、保护知识产权、保护隐私权等诸多角度对比较广告、虚假广告、见证广告、儿童广告等特殊的广告行为、广告宣传做出了详细规定。另外，还通过单独立法或者颁布

法律修正案的方式，对新兴的广告形式进行规范。因此，要借鉴国外专门性立法的经验，填补视频网站广告立法的空白，让广告监督有法可依、有章可循。

（二）细化广告监管的条例规范，具化对广告活动的监管

一是要明确广告活动主体的身份，必先要规范对视频网站广告活动主体的审查、登记注册政策。首先，对于视频网站的广告活动主体的身份要有严格的限制，由于视频网站广告可以集广告主、广告经营者、广告发布者三种身份为一体，使得违法广告行为主体的界定迷糊，广告主体的权利义务混淆不清，因而要严格限制视频网站广告行业的广告主身份，规定视频网站广告最多只能承担一种或者两种广告主体身份，避免广告活动主体身份混淆和违法追责主体不明确的现象。其次，广告活动主体的活动范围要有明确规定。广告代言人、广告主、广告经营者、广告发布者等广告活动的主体从事广告活动时必须符合国家规定。对于广告主来讲，广告主委托设计制作发布广告，应当以广告内容涉及的事项取得行政许可且与许可的内容相符合为前提。对广告的经营者来讲，广告的经营者必须取得合法的经营资格，即必须到工商行政管理机关进行工商登记，取得广告经营者资格。对于广告发布者来讲，从事广告发布活动，也必须具有从事广告活动的资格。

二是具化视频网站广告违法追责标准。让广告行为有据可依是进行广告监管的保障。国外的专门性立法体系、责任认定的"避风港原则"、管辖权的"滑动标尺法"、监管处罚的"纠正性广告制度"等从立法、执法追责、监管处罚等环节进行具体的规范，以提高广告监管的可操作性。因此我们可以总结行之有效的监管经验，在中国语境下对相关经验和思路进行符合现实状况的调适，对视频网站广告违法行为的管辖权限、责任问题、监管惩处等环节进行具化的规范。

三是针对不同广告形态立法，统一规范广告形式以便监管。总的来说，视频网站的广告形式可以按广告内容分为：图文信息类和网络视频类；按广告植入方式可分为：图文展示广告、banner、网页嵌入式广告、视频贴片广告、视频浮层广告、视频植入式广告、病毒视频广告、创可贴、原生贴等形式。这些广告形式很多是交叉重复的，并且只是流于形式的创新，本质上没有改变，而各大视频网站在对这些广告形式的运用方面并没有统一的标准，只是凭广告主或自身媒介喜好来进行广告的运用和开发，导致广告形式泛滥成灾，因此亟需相关部门总结广告形式，删繁就简，全面涵盖，形成统一的广告形式规范。

四是严格市场主体准入制度。严控市场主体的数量和质量是严格市场准入制度的前提，加强市场主体的登记备案，是有效规范视频网站网站经营行为的保障。尤其要全面实施对视频网站的备案登记，并将备案信息包括网站名称、域名、IP地址、管理负责人、ISP提供商、服务器所在地地址、联系方式信息进行审核、登记备案，并向社会公开。任何人点击"红盾"都会得到当前网站的登记资料，以切实解决网络经营主体的真实性与合法性。

五是严格对广告发布的登记。广告发布登记，能够记录广告发布的具体情况，对于日后广告违法行为的证据收集、追责和惩处提供了现实依据和保障。

（三）丰富视频网站广告监管主体类型，加大协同监管力度

社会经济的发展催生了诸多行业，互联网、移动互联网的发展衍生出多种多样的广告形态，单靠政府的行政监管已经不足以达到对整个广告行业的管理。因此，在政府职能从管理型向服务型转变的过程中，除了要继续发挥监管职能以外，更要做好协调服务工作。一方面，政府要加大对广告违规违法行为的监管力度，另一方面也要协调市场广告主体之间的关系，促进广告主、广告发布者、广告经营者之间的协调关系，为良好的广告经营环境创造充分的前提条件。同时，也要调动社会各方面监督群体的积极性，以完善和弥补行政监管的不足之处。因此，政府依法行政监管为主，行业自律和社会监管为辅，充分利用社会各个监督力量，能够扩宽广告监管的范围，提高广告监管的力度。

广告管理组织和自律组织能够有效迅速制止违法广告的蔓延，提高

了对广告监管的效率。我国的特殊国情与不成熟不稳定的广告发展业态，决定了中国的广告监管模式是以行政管理为主的。在我国，政府行政监管是主要的广告管理手段。政府市场监督管理机构要严格按照法律法规进行监管；广告经营者应该在法律允许的范围类从事法律行为；行业协会在制定相关守则或进行相关制裁时，也要遵守相关规定；新闻媒体、消费者协会等社会监督群体同样应在广告法律法规的指导下，对相关广告行为进行监管。从发达国家广告监管的先进经验来看，强有力的行政手段、司法救济，加上完善的行业自律是有效促进广告业健康发展的科学管理模式[①]。国外尤其是发达国家的广告管理机构和广告自律组织在广告监管中扮演着不可或缺的角色。例如美国联邦贸易委员会不但对违法广告有特定的审判权，还可以向联邦地方法院申请发布禁令，阻止有问题的广告继续刊播。我国广告监管体系虽然有一定进步，但还是不能适应经济发展的要求，对大量的广告监管起来心有余而力不足。虽然早在20世纪80年代就成立了全国性的广告自律组织，但是我国广告监管体系仍是"重行政管理，轻行业自律"的模式，自律组织发挥作用有限，主要还是依靠国家工商行政管理部门对广告进行管理[②]。我国的广告监管基本上是由政府负责而行政管理本身也存在很多问题，需要改进。

另外，要重视社会监督的力量。视频网站的受众就是海量的网民，因此鼓励网民及时举报，以扩大监督面，提高视频网站广告监管效能。当然，这需要网民增强增强维权意识，一旦发现违法广告行为，要想向广告监督管理机构举报，甚至可以出台举报有奖制度，鼓励网民进行广告监管和维权。而相关监管部门要忠实履行应尽的审查义务，对违法广告行为进行监管、审查和追责。

[①] 李卓：《陕西省广告监管现状及存在的问题分析》，《山西师大学报（社会科学版）》2014年第1期。

[②] 王雪珂：《电视广告监管问题研究》，硕士学位论文，中国社会科学院研究生院，2011年。

最后，加强与其他职能部门的协调、配合。加大对网络市场的监管执法力度要加强与公安、通信、文化等相关职能部门的共同配合，通过互通信息和情况，增强对网络虚假信息的查处力度。同时，要通过人工分类搜索、动态巡查等方式加大网上巡查力度，积极开展实地检查，认真受理网络消费投诉，对企业网络运营违法行为予以查处，依法保护网络市场经营者和消费者的合法权益。

（四）提升广告监督主体的监管水平，提高广告监管的能动性

依照《广告法》，县级以上人民政府工商行政管理部门是广告的监管机关。但面对浩如烟海的网络广告，仅依靠工商行政管理机关现有的管理体制、技术手段和人员素质，要想管好这一块实在是勉为其难。

首先，努力提高监管执法人员业务素质。一些监管人员素质有限，对网络甚至是视频网站广告的认识不够深入，对视频网站广告监管的素质和能力有待提高。网络广告往往藏身于一个个相对虚拟的互联网页或者网站内，很难用传统的监管方法调查和取证。同时，互联网环境中的广告与信息也难以严格区分。因此，要大力加强网络广告审查员培训，引导执法人员深入研究互联网经济发展规律，深刻认识网络广告尤其是视频网站广告的本质与特征，丰富相关网络知识，提高鉴别能力，不断提高运用高科技手段加强监管的水平。其次，要积极运用新技术，完善对视频网站广告监测的措施。广告监测是通过人工或技术手段统计分析广告发布的实际状况，并将检测结果作为广告效果测定以及违法广告处理的依据。新《广告法》第四十九条第二款明确规定，工商行政管理部门应当建立健全广告监测制度，完善监测措施，及时发现和依法查处违法广告行为。广告行政监管机关通过广告行政监管和技术检测可以及时发现违法广告，总结违法广告的规律性特点，分析发布违法广告的走向；通过广告行政监测可以及时提出违法广告的社会预警和警示，提醒社会公众和消费者注意识别虚假广告；通过广告行政监测还可以发现现有法律、行政法规的不足和缺陷，及时完善相关法律规条。

二 建立和互联网 2.0 广告形态相匹配的监管机制

具体监管方面，本文在结构化梳理、明确各方责任利益和借鉴国内外具体经验的基础上，针对中国互联网广告监管实践中的现实问题，结合传播学 5W 模式，全面系统地从运行的机制层面提出视频网站广告监管的具体对策建议。

美国学者 H·拉斯维尔于 1948 年在《传播在社会中的结构与功能》一篇论文中，首次提出了构成传播过程的五种基本要素，并按照一定结构顺序将它们排列，即 who（传者—控制研究）、what（信息—内容分析）、which channel（媒介渠道—媒介分析）、to whom（受众—受众分析）、what effects（传播效果—效果分析）、形成了后来人们称之"5W 模式"或"拉斯维尔程式"的过程模式。本文将拉斯韦尔的 5W 模式运用到对视频网站广告监管规范和监管的整个运行机制中，从广告活动的主体分析进行控制研究，主要侧重广告行业主体的自律；从广告的内容选择分析进行内容研究，提出要根据网站的视频内容进行视频网站广告的内容甄选；从广告经营的媒介平台分析广告制作生产流程，主要从广告内容覆盖区域、播放时长和频率、广告出现位置等广告呈现形态的具象方面进行探究；从广告受众的研究进行受众分析，主要是利用受众体验和"画像"进行分析；从广告传播的效果监测进行监测效果探析，借力大数据收集视频网站广告形态"画像"和监管广告违法行为。

（一）监管主体多元联动：监管模式健全和行业自律并重

广告行业的活动主体作为广告内容发布的控制者和直接经手方，它们是广告发布的把关人，因此广告主的自律和业务素质从源头上影响着视频网站广告的质量。广告业自律是广告业发展到一定阶段的必然产物，它对提高广告企业的服务水平，维持广告活动秩序，有着不可替代的作用。目前我国广告业正处在初级发展阶段，随着社会主义市场经济的发展，广告管理法规在进一步完善和健全之中。国家广告监督管理部门对广告的监管主要依据是现行的法律法规，更多的是一种事后的监管，而广告业自律则作为行业内部的一种自我约束，对广告行政监管是一个非常重要的补充。在这种状况下，广告业自律的作用显得更加重大。实行行业管理，加强广告法规的研究和确定行业自律准则，是我国社会主义市场经济发展的需要。在国际上，国际广告自律组织对促进各国广告经验的交流、统一国家间的广告行为准则、制定共同遵守的基本原则等起到了桥梁作用①。在国家内部，发达国家的广告自律组织在指导成员遵纪守法、查处、纠正成员违法行为起了很大作用，有些国家甚至以广告自律组织自我管理为主要监督管理手段。在我国，广告自律组织的成员大都是广告市场主体（广告主、广告经营者、广告发布者），因此视频网站广告要重视行业自律，发挥行业自律组织在互相监督违法现象、纠正违法行为等方面的作用。

中国广告协会是我国广告行业自律监督的核心组织，在行业自律中起着核心作用。新《广告法》第七条规定："广告行业组织依照法律、法规和章程的规定，制定行业规范，加强行业自律，促进行业发展，引导会员依法从事广告活动，推动广告业诚信建设。"中国广告协会自1994年以来，颁布了一系列自律性文件，从广告内容、广告行为、自律措施、规则体系构建等方面进行了具体的规定，为维护广告业秩序和促进广告业健康发展起到了积极作用。但是随着我国广告市场的日益活跃，广告形式越来越多样化，单靠中国广告协会一己之力很难全面深入地对视频网站广告进行监管。

其他广告自律性组织是对中国广告协会的补充和辅助。行业组织承担着抓自律、促发展，指导、协调、服务、监督的基本职能。广告业自律通过促使广告经营者加强自律，正确、科学地运用广告，恰当地进行广告操作，杜绝广告中的不当竞争。广告业自律促使广告主正确使用广告来获取利润，避免不正当竞争行为的出现。因此要重视并鼓励其他广告自律组织的发展，推动视频网站广告业的自我约束、自我完善，维护

---

① 李晓文：《广告监管法律制度研究》，硕士学位论文，山东大学，2008年。

广告市场秩序，树立良好行业风气。

（二）创新广告选择机制：广告内容与视频内容双向匹配

广告内容作为广告的核心和灵魂，决定着广告的呈现方式和形态以及广告内容与视频内容的契合度，如果广告主的广告内容的准入门槛低，会使得视频网站广告市场泛滥，尤其是只注重广告资源的引入，忽视对广告内容的审查，会影响受众的观看体验。因此不仅要从法律层面规范对广告主的广告内容审核，还要视频网站广告行业主体自觉形成共识性的行业规范，互相监督，树立高要求广告引入制度，选择优质的广告内容，规范视频网站广告参差不齐的现象，创造优质的用户体验，完善视频网站广告监管机制。

凤凰网在广告引入机制几方面进行了很多创新性的探索，其中与广告主"双向匹配"的运作机制是其他媒体需要学习和可以复制的地方。凤凰网2013年试行原生广告，经过了四年的探索和理念的不断升级逐渐摸索出一条成熟的操作模式，即打通了广告目标确定、广告主关键词匹配、目标受众定位、广告信息制作和广告效果评估这六个环节，从而使自身的原生广告具有传者双向匹配地位平等、信息极具价值、受众精准定位、渠道多元联动以及效果可估可评的传播特点。这对于视频网站广告的制作流程规范具有借鉴意义。

凤凰网对广告主进行严格筛选，打破传统的"价高者得"，创立了"关键词"系统，品牌的关键词如果不符合网剧的调性，就不能与网剧建立合作关系。以朋友圈广告为例，目前合作的广告主来自数码、电商、移动应用、汽车、游戏、日化、教育、服装、金融、食品、婚纱、动画、剔牙用品、通信、餐饮、房地产、零售、交通等18个行业，几乎涉及了社会生活的方方面面。微信对广告主设置的低准入标准虽然有利于丰富自身的广告主资源，增加收入，但不利于对于自身形象的建构。同时，广告进入门槛的放宽，不仅会造成广告位置的拥挤，还会造成虚假广告、低俗广告、劣质广告的出现，如此不仅广告效果大打折扣，引发广告主对媒体广告价值的怀疑，还会降低媒体的公信力，影响品牌自身的长期发展。原生广告种类繁多，但均表现出与视频内容的高度融合性，广告即内容，对用户而言，是有价值的资讯，不影响用户使用体验。品牌理念及核心卖点与内容契合，能增强品牌记忆度和曝光度。因此，基于企业或品牌自身形象的维护对广告主和广告内容进行有选择的匹配，是其他视频网站在广告开发制作过程中需要借鉴的首要方面。

（三）严控媒介渠道：广告呈现形式和制作流程规范

视频网站平台是广告内容呈现的载体和受众了解广告信息的媒介平台，因此视频网站要严控渠道流程，针对视频内容的特色，规范与之相对应的广告播放时间、空间及频次的比例关系，规范视频网站广告市场无序现象，传递给受众规范标准的广告内容。

目前国内主流视频网站都进行了大量的广告制作和操作探索，都是依据自身广告传播的需求进行临时性的片面性的探索，普适性不强。因此，在广告播放的内容选择、广告播放时长与视频内容播放时长的占比关系、广告播放区域大小与视频内容播放页面之间的占比关系、广告播放频次等方面缺乏统一的标准，导致国内视频网站广告市场呈现出无序混乱的状态。针对不同网站视频内容的特色，规范与之相对应的广告播放时间、空间及频次的比例关系是亟待解决的问题。因此，相关部门和行业组织应当积极合作，探索出一套规范的广告制作及操作流程，从而规范视频网站广告市场。

1. 规范视频网站广告播放时长

视频网站作为进行视频播放、转播的主要平台，其广告业务飞速发展，尤其是视频贴片广告因其视频广告时长，可以全面立体展示广告产品或服务信息的特点，受到广告主的追捧和青睐。但是在发展的过程中也伴随着视频贴片广告播放时长不规范和视频贴片广告播放时间过长的问题，严重影响了受众正常收看节目，需要予以规范。近年来我国视频网站广告有了较快的发展，为扩大品牌宣传，树立企业形象发回来积极作用。但是视频广告在发展中也出现了一些问题，如视频网站广告的贴片广告时间长短不一，甚至一些贴片广告时间过长，这影响了受众正常观看视频。

国外很多国家都对于电视广告播放时长进行规定，在传媒业最发达的美国，电视台、电台的广告内容均由美国联邦通讯委员会管理，它有一支庞大的审查队伍，对广播电视广告进行全面审查。该委员会对电视广告时限管理非常严格：在黄金时段（指每天下午6时到晚上12时，由各电视台任选3小时的播出时间），每30分钟节目内广告插播不得超过两次；如节目时间超出60分钟的，则每增加30分钟，可增加广告插播两次。每60分钟的节目中，电视广告时间不得超过9分30秒。非黄金时间的电视广告也被限播，每60分钟的节目中，其广告不得超过16分钟。此外，与许多西方国家一样，美国也要求必须在节目"自然中断"时才能插播广告。在欧盟，规定广告总时长每小时不得超过12分钟，两次广告时段的最短间隔依节目内容不同为20至30分钟。不过，欧洲各国针对自身的不同情况，规定会稍有偏差。如德国，国有电视台在周一到周六的全天内，只可以播放总共20分钟的广告，晚上8时之后不允许播放任何广告。对于电视广告的播放频率，无论国有还是私营电视台，每小时内最多只能播放总共12分钟的广告，每次播放广告时间不得超过6分钟，在两次播放广告的时间段内至少要有30分钟的间隔。英国也有"12分钟限制"，而与其比邻而居的爱尔兰则只能容忍10分钟的广告时长。

俄罗斯联邦中央和地方对广告的时长限制非常不同，分别为4分钟和15分钟，但由于电视收视率低迷，联邦中央还在考虑进一步缩短这个时长。大洋洲的澳大利亚和新西兰广告时限则是每小时15分钟，观众对此纷纷抱怨："广告多得实在令人难以忍受。"长而滥的广告插播在哪个国家都不受欢迎。巴基斯坦也对每小时广告总时长超过12分钟的非国有卫星电视台进行了惩罚。事实上，世界各国对电视广告时间的限制和规定虽各有不同，但每小时总时长12分钟是个较为普遍的约束。

为了促进贴片广告业的健康发展，维护广大消费者，国家相关部门分别对电视贴片广告和电影贴片广告进行了相关监管规制的探索，国家工商管理总局和国家广播电影电视总局于2009和2010年下发了《关于进一步规范电影贴片广告和映前广告管理的通知》和《广播电视广告播出管理办法》，但是只有《广播电视广告播出管理办法》中对电视广告时长进行了规范，而未对一部电影所承载的贴片广告总时长进行规定，而目前观众对电影贴片广告抱怨最多的就是时长，这不能不说是管理上的一个缺失。2010年1月1日起，国家广电总局2009年发布的《广播电视广告播出管理办法》正式实施。该《办法》将每套节目的商业广告播出量由原来"按天计算"调整为"按小时计算"，并规定每小时不得超过12分钟。这对长期霸占荧屏的插播广告起到约束作用。新《广告法》规定："广播电台、电视台发布广告，应当遵守国务院有关于时长、方式的规定，并应当对广告时长作出明显提示。"国家广电总局2010年颁布实施了《广播电视广告播出管理办法》，即国家广播电影电视总局令第61号。2012年又对该办法进行了补充规定。对广播电视广告播出的具体要求是：广播电视广告播出不得影响广播电视节目的完整性，广播电视广告播出应当合理编排。其中，商业广告应当控制总量、均衡配置。除在节目自然段的间歇外，不得随意插播广告。播出机构每套节目每小时商业广告播出时长不得超过12分钟。其中，广播电台在11:00至13:00之间、电视台在19:00—21:00之间，商业广告播出总时长不得超过18分钟。在执行转播、直播任务等特殊情况下，商业广告可以顺延播出；播出电视剧时，可以在每集（以45分钟计）中插播2次商业广告，每次时长不得超过1分30秒。其中，在19:00至21:00之间播出电视剧时，每集中可以插播1次商业广告，时长不得超过1分钟；播出商业广告应当尊重公众生活习惯。电视台每套节目每日播出的烈酒类广告不得超过12条，其中19:00至21:00之间不得超过2条。在电影、电视剧中插播商业广告，应当对广告时长进行提示。

虽然对视频网站广告的规制也可以《互联网广告管理暂行办法》、新《广告法》为依据，但是针对视频网站广告时长的规定是缺失的。因此视频网站的广告可以借鉴电视广告的相关规范，对特定视频市场内的视频贴片广告的播放时长和频率进行规范。

2. 规范视频网站广告尺寸大小

视频网站广告的特殊性在于其移动性和易变性，视频网站的广告基于不同终端有不同的呈现形式，一般而言，电脑网页端和移动端是视频网站广告投放的主要终端，电脑终端页面尺寸大小不同、不同手机移动终端网页尺寸也形态各异。中国网络视频播放的终端类型多样、体系繁杂，终端不同，在视频网站页面投放的广告尺寸大小也是不一样的。而视频网站的广告在尺寸大小限制上，缺乏基于不同终端的广告尺寸大小的具体规范。对于视频网站的广告而言，视频广告在广告尺寸大小上是以全屏的形式呈现的，因此其广告尺寸的大小只需依照视频播放终端的最大屏幕显示尺寸制作即可。但是视频网站上还存在很多形态各异的广告形式，比如图文链接广告就有：弹窗广告、浮层广告、按钮广告、旗帜广告等，这些广告形式存在交叉重复的现象，但却存在一些微小的差异，主要体现在广告尺寸的大小不一。由于视频网站存在诸多不一的广告形态，导致在进行广告制作时，没有统一的规范，只是按广告主和广告经营者的需求来进行制作，因此需要对这些形式的广告进行尺寸的规范。

首先，基于电脑端的视频网站广告尺寸大小可以参照互联网广告尺寸大小的规定。我国互联网广告发展相较于其视频网站广告快，并且互联网广告覆盖广、形式多样，因此在对广告尺寸的大小的制作上有一定的规范基础，电脑网页端的视频网站广告制作可以互联网广告尺寸大小为规范基础。

其次，移动端的迅速普及，使得视频网站广告在制作时面临着不同终端页面尺寸不一的挑战。因此亟需出台针对不同终端的视频网站广告的尺寸的详细规定，以规范不同视频网站终端广告尺寸大小。

再次，如前文所述，同一终端的视频网站广告形态多样，很多广告形态虽然在广告名称上不同，但是实质上一些广告形式在表现形式上是大同小异。加之有很多新兴的广告形式，是现有广告规范无法涉及的，所以要化繁为简，统一规范广告形式，同时制定对应的广告尺寸大小范围。

3. 管控视频网站广告播放频率

视频网站已经成为广告发布的重要媒介，利用视频网站广告平台提供信息服务和发布广告成为了视频网站的主要任务，广告收入也迅速成为这些企业的主要收入来源。公众有权利免费试用网络，但同时就得允许互联网广告的存在。这与看电视一样，观众免费看电视的同时，就得容忍电视广告。但是在实践中，视频网站广告违法、影响用户正常使用网络等问题较为越来越突出。视频网站以弹窗广告为代表的图文类广告，因为其广告时长较短，一般都是在 5—15 秒之间，但是广告尺寸较小，不像全屏广告一样特别干扰受众的观看体验，因此可以在视频播放区域的周围多次出现。但是如果某一段广告内有很多的弹窗广告，那么就意味着广告弹出的频率过高，频繁弹跳出来的广告虽然没有占用过多的广告位置，但是多次动态的弹跳形式的广告，强迫用户浏览观看，严重影响了用户对网络的正常使用，侵犯用户合法权益，必然会使受众产生厌恶和抵触的情绪，反而影响了广告的传播效果。

对于弹窗广告的规制，相关部门也进行了相关探索，新《广告法》第四十四条第二款明确规定，利用互联网发布、发送广告，不得影响用户正常使用网络。在互联网页面以弹出等形式发布的广告，应当显著标明关闭标志，确保一键关闭。但是针对广告的显著性和可关闭性的规范，并未对视频网站弹窗广告的播放频率进行规范。因此，本文提出应当结合视频播放的总时长，进行弹窗广告播放频次和频率的规范。

4. 规范视频网站广告播放位置

视频网站的弹窗广告、浮层广告从以往的出现在视频左方向，到现在弹出在视频周围任意可以出现的位置（左上、左中、左下、右上、右下、右中、中上等），只要是可以利用的、没有明显占用视频正片播放位置，这些广告形式大都利用了，在节目剧集播放中和综艺节目的播放中，常常见到此类广告形式。这些广告形式在屏幕中不定位的出现，干扰了受众的视线和观看体验，因此要规范视频网站广告的播放位置，避免出现视频播放屏幕满屏弹跳广告的乱象。

（四）提升监管效果：智慧化和精准化的大数据监测体系

1. 借助大数据，收集监管视频网站广告形态"画像"

视频网站的输出一般有两个端口：视频网站页面（基于互联网技术）和移动端视频网站 App（基于移动互联网技术）。互联网和移动互联网技术的支持，使得视频网站的广告形态，新颖多样，具有即时性、多变性及不可控性，这也是导致对其的广告监管呈现滞后性、不全面性的原因。因此，应当借力大数据的优势，收集不同的广告形态，总结其个性及共性，形成系统规范的广告形态"画像"，一方面，通过数据收录新的广告形式，进行规范管理；另一方面，通过大数据监控不合理不合法的广告形态，规范视频网站广告市场，维护各方利益。

2. 借力大数据，建立可监控不间断的广告监管体系

视频网站广告的监管难以规范化一直是制约其发展的重要原因。首先是因为传统的广告监管体系已难以适用，其次是视频网站广告的发展应用一直处于不断地变换之中。而借助大数据，可以对视频网站的广告进行可监控不间断的监管。借助大数据进行事前、事中、事后的全程监测，实时监控视频网站广告变化，总结经验，完善监管。

第三章　社交媒体广告监管

伴随着用户对社交媒体使用率的提升，社交媒体广告成为广告主们所开辟出的新型自留地，信息流广告、内容置入式广告、用户体验式广告等等，不仅赋予传统网络广告更多新型营销模式，满足广告主对广告传播效果的更高追求，也使得消费者不再视广告为"猛兽"，可以主动参与到广告的传播中。社交媒体广告的出现打破了传统互联网广告中广告与消费者二元对立的僵局，为互联网广告带来了新的希望。但是就在社交媒体广告一路高歌猛进的快节奏发展态势之下，却不断显露出诸多阴影问题，譬如广告可识别度低、用户隐私、广告低俗等弊端，这些频发的隐患问题在挑战广告监管体系的同时，也严重威胁到整个社交媒体广告行业的正常良性发展，导致整个社交媒体广告行业处于裹步不前的状态。

第一节　社交媒体广告相关概念及其类型体系建构

技术的发展，往往会导致媒介生态环境的变迁。在新媒体技术的驱动下，我国的媒介生态空间发生了质的改变。传受主体地位不断趋于平等、话语体系日渐平民化、传播终端也逐渐走向多元化。这种现实语境，也促使极具交互性、便捷性的社交媒体成为互联网媒体中重要的媒体类型之一，其急剧增强的传播力和影响力与其他互联网媒体相比，早已是不可同日而语。

广告的本质便是促进产品销售，这一属性就要求其必须跟随用户的注意力来转移，而社交媒体所具有的庞大用户基数以及强大互动性的优势，在很大程度上便使得社交媒体广告备受广告主青睐。从早期发展中对传统互联网广告的直接嫁接，到现下对内容置入、用户体验等方面的创新，社交媒体广告已成为互联网广告的中坚力量。因而，对于社交媒体广告的监管研究是本文的核心内容，而明确社交媒体广告的概念认知、发展脉络以及其独特价值是本章开篇的基础。

一　社交媒体广告的概念界定

媒介是连接产品和消费者的重要渠道和平台。本文以广告传播的媒介载体为切入视角，将社交媒体广告从互联网广告中单独抽离出来，对其进行有针对性的研究。

当今社会，社交媒体作为互联网络中信息传播的重要力量，其凭借着不断壮大和发展给我国广告营销传播带来了新的发展机遇。故而，要想对社交媒体广告有个全面且精准的认知，首先便需要对社交媒体的属性进行明确定义。对于社交媒体，美国学者安东尼·梅菲尔德认为社交媒体是具有参与、公开、交流、对话、社区化、连通性特点的一系列在线媒体的总称，它赋予了每个人创造和传播内容的能力[1]。清华大学教授彭兰认为社会化媒体的主要特征有两个：一是内容生产与社交的结合，也就是说，社会关系与内容生产两者间是相互融合在一起的；二是社会化媒体平台上的主角是用户，而不是网站的运营者[2]。

结合国内外学者们对社交媒体概念的认知和判断，可以发现，虽然学者们对于社交媒体的定义存在多种表述方式，但也只是侧重点和分析角度的不同，本质上仍为同样的内涵。本研究从社交媒体的平台属性出

---

[1] antony Mayfield, "What is social media?" (Friday, 01 August 2008), https://www.icrossing.com/uk/ideas/fileadmin/uploads/ebooks/what_is_social_media_icrossing_ebook.pdf, 2019-08-04.

[2] 彭兰：《社会化媒体、移动终端、大数据：影响新闻生产的新技术因素》，《新闻界》2012年第16期，第3—8页。

发，对社交媒体做出如下定义：社交媒体是用户彼此间进行语言（聊天）及行为（点赞、转发）交互的平台和渠道，人们可以以之来发表自己的意见和观点、分享自己的经验和思想，它允许人们在网络世界中形成多元互动的关系图谱。在当前社交生态体系中，既存在强关系属性的社交媒体平台（如微信），也包含弱关系属性的社交媒体渠道（如微博）。

在对社交媒体的属性拥有全面了解的基础后，社交媒体广告定义也自然显现明了了。社交媒体广告是指基于社交媒体这一平台渠道，借助其社交互动、自发传播等天然媒介特质以及精准投放等技术特性所进行的广告传播活动，其载体形式复杂多样，具有文字、图片、视频、H5等多元载体形式，同时，从其演进形态来看，以横幅广告、开屏广告等为代表的社交媒体展示类广告在继承传统互联网广告呈现形式的基础上融入了社交媒体广告精准投放的大数据技术特性，实现互联网广告的再生长；而以信息流广告、内容置入式广告为代表的社交媒体原生类广告则是将社交媒体的交互属性和技术特性进行糅合，达到对传统互联网广告范式、逻辑的颠覆呈现，实现自我新生。当然，单纯仅以社交媒体为渠道，将广告信息放置其中来提高广告关注度的并不算真正意义上的社交媒体广告。

二 社交媒体广告的发展历程

社交媒体广告作为依附于社交媒体存在和发展的新型广告形态，其发展历程必然与社交媒体平台的成长息息相关。本文对社交媒体广告发展脉络的梳理便是基于社交媒体平台的发展状况开展的。

（一）SNS网站：社交媒体广告蛰伏期

自Facebook等国际社交网络诞生且获得大好发展的前景后，国内各类社交网络产品也受其影响相继成立，正式拉开中国社交网络发展的帷幕，譬如，2005年的人人网、2008年的开心网。社交媒体与其他网络媒体最大的不同就是在于其将媒体属性放置次要位置，更为注重社交互动属性，并将基于关系图谱的社交属性架构在媒体属性之上，SNS网站便是首批可称为社交媒体的先例，它们基于兴趣、地域等各类关系，打造出人与人之间可以频繁互动的社交媒体。

自然，在 SNS 网站平台上所传播的广告也相应地被称为社交媒体广告的早期形态。这一时期的广告形式主要有图文链接广告、富媒体广告、公共主页广告（如图 3—1）、软文广告、游戏植入广告以及活动定制等，形式极为多元化，且由于我国 SNS 网站大多为具有真实社交关系的实名认证平台，凭借着技术的支持，社交网站可以将从每位用户所提供的信息中精准详实地了解到他们的基本属性，进而针对每位用户的爱好、兴趣等偏向以及实际行为，为其定制特定的广告活动和内容，使广告传播定位更加准确，用最低的广告成本直击目标消费者，达到了广告的最佳效果，满足了众多广告主的营销需求。

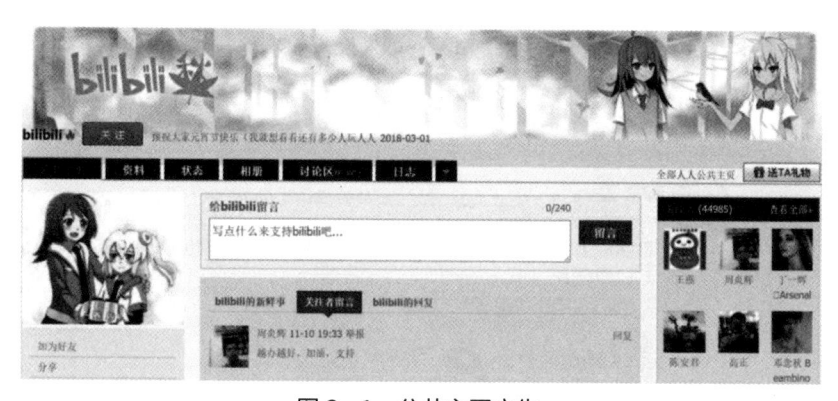

图 3—1　公共主页广告

（二）移动即时通讯工具：社交媒体广告成熟期

继社交网站后，在互联网技术和移动通讯技术的带动下，QQ、微博、微信等适用于手机移动端的即时通信工具应运而生，成为现代交流方式的新象征。同时，由于移动即时通讯工具是基于地理位置服务（LBS），且使用人数庞大，这就为社交媒体广告的再次发展带来契机。

如果说，在社交网站当道时期，社交媒体广告还是以传统互联网硬式广告为主、少许社交属性萌芽的广告形态为辅的话，那么，在移动即时通讯这一阶段，社交媒体广告开始全面展示出不同于传统互联网广告的新型形态。植入式广告和口碑营销广告成为这一阶段社交媒体广告的主流形式，在腾讯 QQ 空间中，无论是空间背景的植入，还是在各类小游戏中的道具植入，广告都是以一种柔和的方式巧妙参与到用户的日常行为场景中。同时，在 2012 年迅速崛起的微信平台也因其高度的私密性和强关系成为口碑营销广告的主要阵地，微信平台上的好友关系都是通过手机通讯录而建立的，这种极具亲密性的关系网络，使得借助口碑营销的广告能够有效扩大潜在用户，获得理想的营销效果。不同于微信这类强关系互动网络的社交工具，微博则是一种低门槛的"广场化"社交工具，受众面广且杂，其相对应产生的广告便是以名人广告为主，通过选择拥有众多粉丝量的大 V 或者官方微博，以之为意见领袖，来进行内容式或其他形式（如微博小尾巴设置，图 3—2）的营销推广，进而达到广而告之的有效营销传播目的。这一时期，社交媒体广告在移动即时通讯类社交平台中得到稳定成熟的发展。

图 3—2　微博小尾巴设置

（三）社交平台泛化：社交媒体广告爆炸期

在新媒体技术和社交概念的双层推动下，这一阶段的社交媒体平台不断泛化，除了QQ、微博、微信等通讯类社交媒体外，陌陌、探探等主打陌生人交互网络的社交工具也应运而生，在该类社交媒体中，其基于地理位置为本地线下商家提供线上广告展示空间，在"附近的人""附近动态"以及"好友动态"等模块中置入信息流广告实现精准投放。同时，结合人们碎片化的用机习惯，抖音、快手等短视频类社交平台也得到迅猛发展，这类社交媒体上的广告突破了传统的图文广告，以极具内容创意的视频形式丰富了社交媒体广告的形态。此外，互联网的社交属性还在各个垂直领域的应用中蔓延，譬如，小红书、网易云音乐等，基于用户自我创造内容，从而通过裂变式的传播方式引发人们的广泛分享。

而社交媒体平台的泛化，必然会使以之为载体的社交媒体广告更为多元化，甚至催生出新型广告形态。原生广告就是这一阶段的社交媒体广告所存在的新型广告形式，其是在置入式广告的基础上而来的，由于社交媒体平台的泛化，导致社交媒体中的植入式广告形式也在不断丰富，广告愈加在内容和形式上趋同于社交媒体原本的资讯传播，进而诞生出原生广告。原生广告最大的优势在于其在内容或是形式上趋同于社交媒体原有的信息呈现，能够给予用户极佳的感官体验和较高的卷入度。故而，能够达到很好的营销效果，在社交媒体广告发展的轨道中产生划时代意义。譬如，以"宝马""可口可乐"和"VIVO"为主的首批原生广告在2015年登陆微信朋友圈后，其强悍的营销效果吸引不少广告主和社交平台重金试水，如微博等平台上的热搜推荐，知乎问答中的广告推广（图3—3，图3—4），掀起了新一轮的社交媒体广告发展浪潮。由此可见，社交媒体广告在这一社交泛化的趋势下获得了爆炸式的发展。

三 社交媒体广告的独特价值

由于我国互联网媒体平台对用户采取的服务模式一般为免费的，这就致使其在发展过程中必须考虑如何从其他方面谋得盈利，以维持平台的正常运营。而作为信息传播渠道的媒体平台天然具备了海量用户资源的优势，正好契合广告主对消费者资源的强烈需求。故而，广告类服务模式便成为互联网媒体获得利润的重要手段和途径。

图 3—3　微博热搜推荐

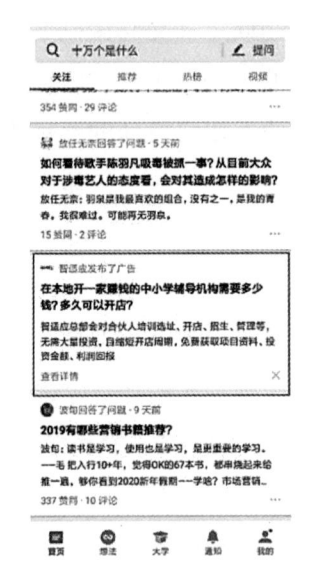

图 3—4　知乎问答中的广告推广

从理论上来讲，对广告的点击与否或是关闭与否，理应都是由用户自主决定，但纵览我国传统互联网媒体平台上所出现的广告形式，如弹出广告、全屏广告、漂浮广告等，总是以一种强制性的方式来迫使用户被动接受各类广告的熏染，虽然会在短期内提高广告的点击率和到达率，但也引起用户的强烈不满，导致传统互联网广告的传播效果和接受度相对较差。面对如此惨淡的广告生态环境，社交媒体的出现，为广告产业的发展带来新的希望。

社交媒体广告是基于社交网络的一种信息传播模式，与单纯注重广告信息传递的传统互联网广告有本质上的区别。在社交媒体环境下，广告的营销生态环境发生了根本性的改变，形成了以用户交互网络为基础，以个性化推荐技术为发展、以用户良好体验为目的的新型营销模式，成功将传统互联网广告碾压，成为互联网广告发展的主流趋势，受到广告主的青睐。

1. 触发互动与分享

在社交媒体时代，社交已经成为人们网络化生存的基本状态，通过社交媒体平台上的各类功能设置，具有不同属性的用户可以按照兴趣、价值、认同等因素聚集在同一"天空"下，形成以个人为连接节点的社交地图。社交媒体广告较之传统互联网广告的首要优势就在于其可以触发用户对广告的互动与分享等交互机制，将广告信息转变为人与人之间的交流内容，从而使广告传播速度如同病毒般裂变，达到广泛传播。

关系网络可以创造出如此快速裂变的传播效果，早在几十年前就已得到实验的验证。在1967年，哈佛教授斯坦利·米尔格拉姆（Stanley Milgram）进行了一系列连锁信实验，证明了平均只需六个人就可以联系任何两个互不相识的美国人。后来，人们将这一理论称为"六度分隔理论"（six degrees of separation）。该假设认为，一个人凭借着自己的关系网络，最多只需经过六步，就可以找到世界上的任意一个人。该理论也被称为"小世界问题"。虽然这一假说过于绝对化，但是却充分表达了一个重要概念，即两个毫不相关的陌生人通过关系图谱便可产生联系和交互，这正是社交媒体运营背后的逻辑。而社交媒体广告作为依附于社交媒体平台而存在的广告形态，自然也具备了社交媒体这一"连接"属性，达到传播价值最大化。以微博广告为例,当某一用户被一条广告所吸引时,他就会通过点赞、评论甚至是转发的行为来表达自身对广告的态度,而这位用户的行为则会被那些将其作为关注对象的用户所注意到,进而就扩大了这则广告的传播范围。此时,广告所取得的效果不再像传统互联网广告那样一对一的形式,而是快速裂变到一对多、多对多的形式。

2. 极具精准度的个性化推荐

永无止境的科学技术,向来是人们认识世界和改变世界重要的驱动力。从历史发展轨迹中,便可窥一二。最初,人们使用机器生产代替手工劳作,在彻底解放了生产对于人身体束缚的同时,也将人类社会引入到工业社会阶段;随后,科学技术的再次发展,使得所有产业体系的整体水平得到大幅度的提升,整个世界也因之发生重大改变。同样,社交媒体广告的精准化推送也正是在信息技术发展的背景下产生的。

移动互联网技术、大数据技术的迅猛发展,为社交媒体广告的精准推送、个性化送达提供了技术支撑。在移动互联网大数据时代,用户在社交媒体平台中所进行的任何行为轨迹都会通过数据的形式被存储在服务器云端,社交媒体平台经过多维度的数据分析,便可针对每个用户进行肖像侧写及行为推算,再依据每个用户的兴趣爱好和消费需求推送相关的广告信息以引导用户发生消费行为。总而言之,社交媒体广告使得传统互联网广告在投放过程中毫无目的性的粗放式投放,转变为有针对性的个性化精准投放,实现了广告投放的有的放矢,对整个广告业的形态产生深远的影响。

3. 提供良好用户体验

经济学家阿·托夫勒在《未来的冲击》一书中提到,"经历了几千年的农业经济、几百年的工业经济和几十年服务经济后,体验经济是服务浪潮。"[1]社交媒体广告较之传统互联网广告的又一独特价值就体现在其对消费者所提供的良好用户体验。传统互联网广告的发展是从传统

---

① 阿·托夫勒:《未来的冲击》,孟广军等译,中国对外翻译出版公司1987年版,第78—81页。

媒体广告进化而来的,故而,其在演绎逻辑上依旧采用的是以渠道为主、以广告的点击率为衡量标准的传统媒体广告运作模式。为了能够提高广告信息的接触渠道和接触频率,不断使广告重复出现就成为大多数广告投放的策略选择,此种路径选择便导致大量"狗皮膏药"式的广告在网络世界中泛滥,用户们只能被动地接受广告信息,这种野蛮生长式的广告存在状态使得受众产生厌倦情绪,很难对广告产生较好的用户体验,有的用户甚至通过各自清洁工具选择屏蔽广告信息。同时困囿于广告载体和技术的限制,此时的互联网广告仍是采用单向传播,消费者和广告信息之间是单独对接的"终点"关系,用户只是广告信息的观看者,这在一定程度上也限制了广告传播范围进一步扩大的可能性。

而在社交媒体时代,广告的呈现方式不再像传统互联网时代那样,任用户怎样浏览翻阅网页,广告仍持续处于屏幕上固定位置,而是悄悄隐匿到社交媒体的内容生产中,以内容置入或形式趋于原生的方式,赋予消费者场景化的阅读空间,让广告传播更为人性化。同时,社交媒体广告的信息传播为双向传播模式,用户可以是广告信息的观看者,也可以是其传播者,甚至是其创造者,面对喜欢的广告推送用户可以点赞、转发并进行评论,对其不感兴趣的广告信息,用户也可忽略它的存在。无论是点开,亦或关闭,广告信息的主动权一直掌握在用户的手中。这就要求广告的制作必须足够优质,才能提高广告在用户心中的接受度,触发用户主动接受相关广告信息。

四 基于传播形态的社交媒体广告类型体系建构

广告作为一种客观存在物,其动态发展过程始终是依赖于媒介载体形态的演进而发生改变的。目前,随着媒介载体在技术层面的颠覆性突破,社交媒体打破原有传播生态,将互联网的能指范围直接从物的连接衍生到人与人之间的网络交互,实现真正意义上的"万物互联"。在此媒介形态演化的基础上,社交媒体广告随之诞生,并呈现出与传统互联网广告具有本质区别的交互属性。但世上任何事物的发展都存在一个不容忽视的规律,即新事物的发展不可能一蹴就成，其必定存在着对原有事物的直接借鉴过程，也就是麦克卢汉所说的"后视镜思维"[①]。在这种规律的作用下，社交媒体广告在发展之初也先是对传统互联网广告的简单借鉴，其创新性仅体现在技术特质和物质形式等表层方面，对于这类广告形态，笔者将之归纳为社交媒体展示类广告。随着营销生态的发展，社交媒体广告不断趋向成熟，其开始摆脱原有的路径依赖，逐渐衍生出与其创新性交互特性相耦合的传播形态，笔者将其概括为社交媒体原生类广告。

罗杰·菲德勒曾针对媒介形态的发展和变化提出了"共同演进和共同生存"这一理论命题，其认为新技术所催生出的新媒介是对旧媒介的修正，且并不会取代旧媒介，两者处于共同生存的状态。那么，在该经典理论的逻辑演绎下，与之相对应的广告生存形态也应是如此，社交媒体展示类广告与社交媒体原生类广告会继续共同存在，一同构成社交广告形态系统。

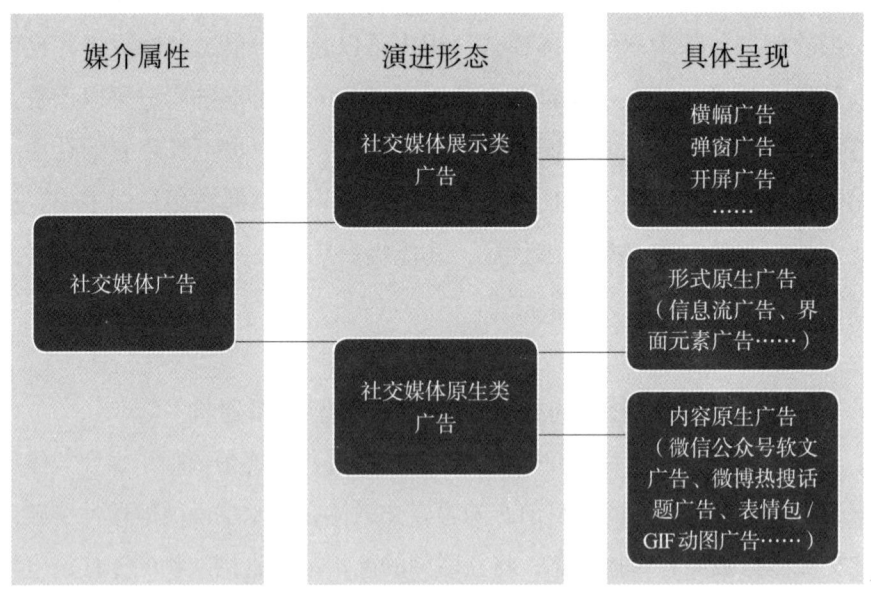

图 3—5 社交媒体广告分类的逻辑框架

[①] 保罗莱文森：《数字麦克卢汉——信息化新纪元指南》，何道宽译，社会科学文献出版社 2001 年版，第 248 页。

（一）社交媒体展示类广告

展示类广告，顾名思义，便是将包含产品或服务信息的广告内容按照指定大小的方框展示在用户面前，其大多为静态或动态的具有落地链接的展示性图片、文字、视频、H5 等，用户可以通过该展示性图片、文字、视频、H5 等广告直接跳转到相关产品的销售页面，实现完美的营销闭环。这类展示性广告表现形式较为多样，在"方寸"间便直观明了地呈现出产品或服务信息，快速便捷地帮助受众获取产品或服务的相关传播内容。较为常见的形态有：旗帜广告、横幅广告、开屏广告、插屏广告、弹出式广告、全屏广告等。不同于传统互联网中的硬性展示广告，社交媒体中的展示广告虽然也是以直观展现产品或服务信息的形式来吸引用户的注意和消费，但因其基于个性化智能推荐系统的助力，社交媒体的展示类广告可以在用户使用社交媒体的整个行为中，随时跟踪用户，使相关信息内容的推送更为精准。在当前主流社交媒体的广告形态中，横幅广告、开屏广告等是较为典型的展示类广告形态。

1. 横幅广告

横幅广告（banner），又被称为旗帜广告，是互联网络中最为传统也较为常见的广告表现形式，其存在形式主要是以 JPG、GIF 等格式为主的静态或动态图像。这类广告形式在被广泛应用在各类网页外，通过对其尺寸、像素布局等外在要素的调整和改良，其也被迁移至社交媒体平台中。同时，基于地理定位技术和大数据算法，社交媒体中横幅广告的内在特性也发生彻底改变，其广告内容会依据用户属性的差异来展现不同的产品和服务。譬如，在微信公众号内容下方内所出现的横幅广告，就因其凭借着个性化推荐技术，即使是同一时间、同一公众号，在面对不同属性的用户也会呈现出不同的广告内容，同时，这类广告契合微信阅读场景，对用户的干扰影响较小，且制作简便，已然成为当下微信公众号平台中较为频繁使用的广告形式。

2. 开屏广告

开屏广告，也叫启动页广告，其经常出现在 App 开启时的 3—5 秒时间内，用户可以选择"跳过"按钮或是等到其自行关闭后进入 App 主页面，广告内容多为品牌展示或是活动宣传等。一般而言，每个社交媒体平台一天会有多个广告位，广告内容会随机轮流播出。在社交媒体应用开启这一时间段中，由于用户注意力较为集中且人群覆盖面大，因此，开屏广告逐渐成为广告主们进行产品推广和品牌传播的流量必争之地。

3. 弹窗广告

弹窗广告是指用户在使用网络应用的过程中突然自动弹出半屏或全屏的悬浮广告，其常用的表现形式主要为静态图片、动态图片、H5 等三种方式。不同其他广告被动地等待用户的点击浏览，弹窗广告总是以跳出的方式主动地将自身内容展现在用户面前，往往让用户猝不及防，产生具有冲击性的视觉传播。因而，在广告点击率、浏览量等效果方面具有良好的表现，深受网络广告主的喜爱。在社交媒体中，弹窗广告在原有优势的基础上还实现根据用户上网轨迹和关系图谱科学地分析用户需求，进而进行精准投放，达到广告内容和用户属性智能匹配的状态。

图 3—6　社交媒体展示类广告的三种典型形式

（二）社交媒体原生类广告

面对网络世界中去"中心化"泛化、受众的主体地位得到广泛彰显的传播环境，如何能使用户更为主动地参与广告传播过程中，提高用户到达率和转化率，已然成为广告主们的迫切需求。而基于社交媒体平台技术特质所诞生发展的原生广告恰恰能够满足了这些要求，助力广告实现"自我救赎"。原生广告是相对于展示广告而言的，它是指内容风格与页面一致、设计形式镶嵌在页面之中，同时符合受众使用原页面的行为习惯的广告[①]。在社交媒体平台中，原生广告展现的形式也十分丰富，其类型基本可分为形式原生广告和内容原生广告，而内容原生一般是基于形式原生而存在的。

1. 形式原生广告

形式原生广告是社交媒体广告对原生广告进行探索时的初期形态，虽然在内容方面，用户可以明显察觉到其所含有的广告性质，但单就其展现形式而言，由于与社交媒体平台的设计、风格等保持完全一致，降低了广告的打扰度和反感度，给予用户极佳的体验效果。

（1）信息流广告

信息流广告就是一种典型的形式原生广告，其以图片、视频、文字、H5等多种形式隐匿在社交媒体用户的好友动态中，凭借着其自身形式与社交平台信息的展现形式及风格较为融合的优势来进行广告传播活动，并不会中断用户对社交媒体的使用行为，同时这种以自然的方式将广告内容呈现给用户，从而触发用户主动关注、点赞、转发、购买，有效地提升了广告传播效果。在目前的社交媒体广告发展中，信息流广告是其极为重要的表现形式之一。

（2）界面元素广告

界面元素广告也是当前形式原生广告的重要内容，广告发布者通过将社交媒体某一界面中的一些固有元素设计成广告内容的样式，以吸引用户对该产品或服务的关注。譬如，在OPPO R11新机发布时，其就将

---

① 喻国明：《镶嵌、创意、内容：移动互联广告的三个关键词——以原生广告的操作路线为例》，《新闻与写作》2014年第3期。

新浪微博"发现"页面的导航图标设计成OPPO的品牌色和广告语，直接覆盖当天使用微博的所有用户群体。但这类原生广告只是单纯的图片广告，用户无法通过点击图片来访问链接相应的广告页面或网站中，故而其转化率有待商榷。

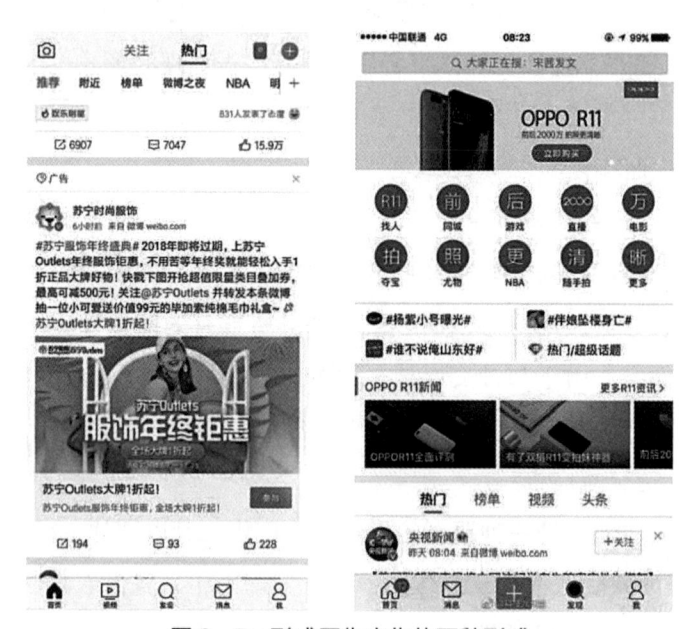

图 3—7　形式原生广告的两种形式

2. 内容原生广告

随着原生广告在社交媒体平台的不断深入，其不再拘泥于形式上的融合，而开始进一步在内容上与原本的传播内容趋同，进而形成了内容原生广告。在社交媒体平台中，用户体验式广告、内容置入式广告等，则是内容原生广告的主要展现形式，这类原生广告将自身打造成社交媒体中内容传播的一部分，品牌深度地参与到内容提供的信息中，通过将广告内容与传播受众间达成高度匹配，使产品或服务信息更加灵活巧妙的触达到用户，从而引起用户的兴趣，甚至推动用户产生二次传播等行为。这类内容置入的原生广告经常出现在微信公众号、微博话题热搜等社交平台中。

（1）微信公众号软文广告

微信公众号软文广告在社交媒体广告营销中起着举足轻重的作用，其往往是借助一个时下热点话题或是有趣味性的故事来引出所要推广销售的产品或服务，让消费者在潜移默化中改变对广告的抵抗态度，接受广告的相关信息。同时，软文广告内容主题的设定都是基于微信公众号本身所积聚粉丝群的特征开展的，其通过明确目标受众的基本诉求点，找到与之相匹配的传播形式和内容，使传播效果更为精准化。譬如，"匡扶摇"以轻漫画的形式在微信公众号上给罗莱家纺画了一组名为《人们参差入眠的晚上》的漫画，直接击中人心的柔软，也彰显出罗莱家纺的柔软；"六神磊磊读金庸"则是通过将产品信息融入到金庸故事中来吸引用户关注广告的产品和服务。

图3—8　微信公众号软文广告和微博热搜广告

（2）微信公众号软文广告

微博热搜话题广告是指将相关产品的传播内容设置成话题，并投放至热搜榜单中，从而增加广告出现频率的一种内容原生广告形式。在新浪微博平台中，为了方面用户们对热门话题进行关注和讨论，新浪官方便开辟出一块热门话题榜单将平台上比较受关注的话题进行实时化的集中呈现，可想而知，这一区域的用户流量不容小觑，而在热门话题榜单中进行广告植入，明显可以增强广告的受关注度，引起用户的点赞、评论以及二次传播等交互行为。

（3）微信公众号软文广告

表情包/GIF动图广告凭借着其强大的社交基因，也日益成为众广告主们进行产品传播的重要形式。在碎片化的阅读时代，无论是在微信聊天过程中，亦或对微博内容进行配图中，用户们更倾向于采取视觉化的表情包来表达自己的思想，这就为广告的发展提供了新的传播领域。许多广告商在进行表情包广告营销时，会选择与已经备受用户喜爱的IP形象进行跨界，如此制作出的表情包可以在较短的时间内迅速传播微信、微博等社交平台中。譬如，荣耀畅玩7X手机就选择与"国民IP"的"长草颜团子"进行联合，通过制作出IP形象与手机特性相融合的表情包，使用户在社交过程中也可以加强对荣耀手机的熟悉感，提高其产品曝光率。

图3—9　表情包/GIF动图广告

第二节　对社交媒体广告问题现状的实证分析

为了尽可能地提高广告的到达率和接触频率，传统网络广告对于广告效果的优化总是过度依赖网络平台的渠道规模，往往只是采取简单粗暴的覆盖式轰炸手段，而这种粗暴式的广告形式严重干扰了用户获取信息的时间和精力，导致广告和用户之间形成二元对立的对抗性关系，自然而然，良好的广告传播效果也就无法达成。传统网络广告的演绎逻辑所形成的如此缺陷和弊端致使整个广告产业面临着极为恶劣的生态环境。而在内容和形式上均有所创新的社交媒体广告的出现，则将此僵化的广告生态格局直接打破，为整个互联网广告业带来新的出路。

但在社交媒体广告蓬勃发展的向阳态势下，其仍旧不可避免地产生了一系列其他问题，譬如，广告内容相关性较差、广告被识别性不强、用户隐私矛盾以及流量数据作弊等，这些不良状况的发生都与当前社交媒体广告监管的不力息息相关。

一 社交媒体广告存在问题的结构化分析

自社交媒体广告出现以来，尤其是以信息流广告为代表的原生广告的广泛应用，广告成为社交媒体平台商业化发展的主要手段。但经过长期的发展，原本为广告商们十分看好的社交媒体广告，却不断显现出一些不容忽视的问题，尤其是过度追求广告的精准投放而侵犯消费者隐私的问题，给社交媒体广告业的良好持续发展带来阴霾。

为了真实了解和分析社交媒体广告现存的问题，本章节基于前文对社交媒体广告的划分形态，分别对社交媒体中的展示类广告和原生类广告进行实证研究，以期为我国社交媒体广告监管在之后的完善进程中给予有根据的现实性依据。

（一）展示类广告问题探究：聚焦呈现方面

在社交媒体展示类广告中，由于社交媒体平台的泛化以及其强交互的特质，导致社交媒体展示类广告在载体使用方面图文影像并存，在呈现形式方面，开屏广告、横幅广告、插屏广告等繁多方式交叉出现。同时，社交媒体展示广告主要是以自身外显形式来吸引用户，故而，在其展示方面所存在的问题比较突出。为了能够较为科学性地了解社交媒体展示类广告所存在的问题，本文以选取最能够代表社交媒体展示类广告的横幅广告作为研究对象，在人人网、微信、微博、QQ等日常使用频次较高的社交媒体中随机选取50个横幅广告，以SPSS为研究工具，从广告展现的尺寸、存在的位置以及广告是否可关闭这三方面对其进行量化分析。

研究假设：本次研究围绕社交媒体展示类广告的展示情况，作出如下假设：h1：对社交媒体展示广告的位置没有严格要求和规范；h2：对社交媒体展示广告的规格无严格限制和制约；h3：对社交媒体展示广告是否可关闭无严格限制和约束。为了验证以上假设，本部分主要采取随机抽样的方式，借助专业数据分析软件对数据样本进行分析，其具体分析结果如下：

1. 对以横幅广告为代表的社交展示广告尺幅的分析

本部分共随机抽取 36 个样本，其中移动端的样本数为 21 个，PC 端的样本数为 15 个。图 3—10 是对社交媒体展示类广告中的横幅广告的尺幅情况进行数据统计结果，横坐标为广告的横向尺寸，纵坐标代表广告的纵向尺寸，同时，分别以圆形和正方形来标识 PC 端和移动端的广告，对于不同广告所出现的频次，则用三种不同的颜色来表示，如下：

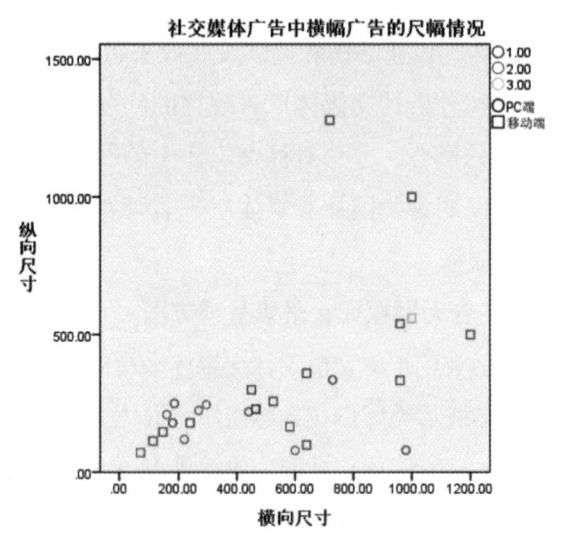

图 3—10　社交媒体广告中横幅广告的尺幅情况

从该数据分析图中可以看出，无论是 PC 端的社交媒体，还是移动端的社交媒体，每个平台中横幅广告的尺幅都各不相同，而对于尺幅相同的广告，其出现频次最多也只有 3 次。该数据分析图充分表明了在社交媒体中，其横幅广告的尺幅大小并没有同一且明确的要求和规范。

2. 对以横幅广告为代表的社交展示广告位置的分析

连接和互动是社交媒体的基本要义，这也注定了各类社交平台会产生大量的信息，无论是移动媒体，还是 PC 平台，其所包含的丰富内容总会以滚动条的方式展示在同一页面中，因而，本文对于横幅广告在社交媒体页面中所处的位置分析是以屏次位置（从页面顶部至底部为一屏，并以此类推为二屏、三屏等）为划分单位，对其进行数据分析。

本部分随机抽取 41 份广告屏次位置的数据样本，其中移动端的数据为 26 份，PC 端的数据样本为 15 份。图 3—11 为针对社交媒体广告中横幅广告的屏次位置情况所开展的具体分析，横坐标为广告在社交媒体中所出现的屏次位置，纵坐标为某一屏次位置所出现的频次。同时，以蓝色和绿色来区别 PC 端和移动端的社交媒体横幅广告。

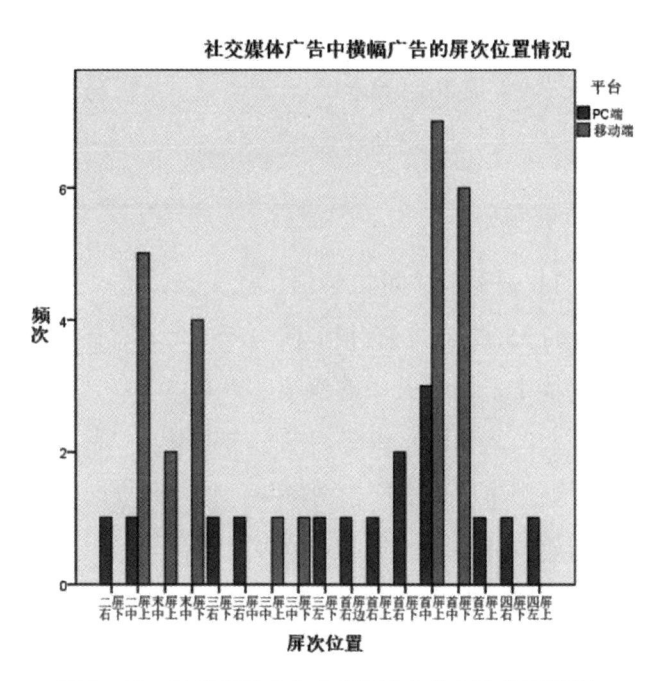

图 3—11 社交媒体广告中横幅广告的屏次位置情况

从图 3—11 数据分析中可以看出，虽然横幅广告在首屏中上或首屏中下位置出现的次数较多（最高达 7 次），但从总体上来看，社交媒体横幅广告的屏次位置比较分散，共出现 14 种屏次位置的分布方式，并没有呈现出集中于某一屏次位置的趋势，这也就意味着社交媒体中横幅广告的屏次位置没有严格的限制和制约。

3. 对以横幅广告为代表的社交展示广告是否可以关闭的分析

本部分随机选取 42 个数据样本，其中 15 个 PC 端横幅广告样本，27 个移动端横幅广告样本。表 3—13 便针对社交媒体横幅广告是否可以关闭进行统计分析，具体结果如下：

表 3—1　　　　社交媒体广告中横幅广告是否可关闭情况

广告是否可以关闭 * 平台交叉列表

计数

		平台		总计
		PC 端	移动端	
广告是否可以关闭	不能关闭	7	20	27
	可以关闭	8	7	15
总计		15	27	42

从表 3—1 的数据分析中可以看出，社交媒体中可关闭的横幅广告占总体横幅广告的 35.71%，仍有很多横幅广告无法直接关闭，尤其是在移动端的社交媒体中，不可关闭的横幅广告高达 74.07%。在 2018 年所新修订的《中华人民共和国广告法》中明确规定，"利用互联网发布、发送广告，不得影响用户正常使用网络。在互联网页面以弹出等形式发布的广告，应当显著标明关闭标志，确保一键关闭①。"虽然横幅广告不像弹出式广告那样被人们所厌恶，但是要想尽可能地提高用户体验，

---

① 中国人大网：《中华人民共和国广告法（2018 年修订）》2018 年 11 月 5 日，http://www.npc.gov.cn/npc/c12435/201811/c10c8b8f625c4a6ea2739e3f20191e32.shtml，2019 年 3 月 26 日。

给予用户根据喜好进行关注或屏蔽广告的权利是极为重要的。而该图表也直接证明了当前社交媒体中横幅广告是否可关闭并没有受到严格的限制和约束。

4. 小结：社交媒体展示广告现存高频问题

横幅广告是展示类广告中极具代表性的形式之一，以之为基础来研究社交媒体展示类广告具有明确的科学性依据。这类横幅广告经常以文字、图片或者 flash 等形式直接出现在社交媒体平台中，同时，由于其广告尺幅、所展示的位置等没有同一标准化尺度，导致社交媒体中各类大小的横幅广告让人眼花缭乱，严重干扰用户获取信息，甚至中断用户进行社交等行为。开屏广告也是社交媒体平台中较为常见的展示类广告形式，它通常是出现在 App 开启后的 3—5 秒时间内，但也正是这 3—5 秒的时间段，严重影响了用户体验，毕竟对于目前普遍存在的手机软件重度用户者，一天启动个二十次，每次启动多花三秒，就是大约多花费一分钟。更别说一些开屏广告还特意将"跳过"按键进行延迟设置，致使用户出现审美疲劳，对其产生厌恶感。

本部分以微博、微信、QQ、豆瓣等多个主流社交媒体平台的数据样本为主，对其进行实证量化研究，分析目前社交媒体平台中展示类广告所出现的症状，最终得到以下结论：社交媒体展示类广告的问题主要集中在广告的尺幅大小、广告所处的屏次位置以及广告是否可关闭等方面没有统一化标准或是缺乏有力监管。

（二）原生类广告问题剖析：关注内容维度

社交媒体作为互联网中一种全新的媒体类型，其改变了传统互联网广告的生态环境，在这种新型生态环境下应运而生的原生广告越来越成为社交应用平台商业化发展的选择。根据艾瑞咨询所发布的《2018 年中国网络广告市场年度监测报告》来看，我国 2018 年原生广告市场规模将达 2419.9 亿元，占据网络广告总规模的 49.2%，较 2017 年增长 40.9%[1]。可见，

---

[1] 艾瑞咨询：《这些营销数据你知道吗？——2018 中国网络营销微报告》2018 年 11 月 22 日，http://www.cnad.com/show/526/296654.html，2019 年 3 月 26 日。

原生广告已然成为社交媒体新的盈利模式和增长点。但在社交平台和广告主一味地将原生广告视为自身"不可错过的未来"的同时,作为被原生广告作用的用户却对原生广告产生规避反应。在艾瑞咨询所发布的《微信朋友圈广告用户感知调查报告》中,有超过45%的受访微信活跃用户无法接受朋友圈广告[①]。因而,若不能深入了解用户对原生广告的接受情况,只是单纯依赖点击率和浏览量等指标,就无法真正认识到社交媒体原生广告的价值以及其今后的发展空间。

为了探析社交媒体原生广告在目前发展过程中的问题所在,本部分以社交媒体原生广告为研究对象,采用调查问卷的定量研究方式回收到318份问卷,剔除问卷回答矛盾性、问卷填写时长过短等无效问卷后,笔者以268份问卷结果作为此次研究样本,借助SPSS数据分析软件,从其广告表现、内容质量、风险感知等方面,将用户之于社交媒体原生广告的现状进行满意层次的评估。

基于原生广告在广告表现、内容质量、风险感知三个维度对用户产生影响,本部分提出以下研究假设:h1:社交媒体原生广告数量过多影响用户正常使用社交媒体软件;h2:社交媒体原生广告内容质量不高引起用户规避反应;h3:目前社交媒体原生广告的个性化推荐引起用户对隐私问题的担忧。

具体分析结果如下:

1. 社交媒体原生广告数量与用户的平台体验关系

从表3—2中可以看出,用户对所接触到的社交媒体广告总体数量认知为过多的情况为131次,占总量的48.9%,远超于认为数量合理的43.3%;同时,共有255位用户认为社交媒体中的原生广告影响了自身正常使用社交媒体软件,占总量的91.4%。

---

① 艾瑞数据:《60%用户每天收到朋友圈广告,仅4.2%用户购买商品》2015年1月27日,https://www.toutiao.com/i1039344984/,2019年3月26日。

表 3—2　　　用户对社交媒体原生广告数量及平台体验的描述性分析

2. 基于您在社交媒体中所看到的原生广告，您认为其总体数量如何？

		次数	百分比	有效的百分比	累积百分比
有效	过多	131	48.9	48.9	48.9
	合理	116	43.3	43.3	92.2
	很少	21	7.8	7.8	100.0
	总计	268	100.0	100.0	

8. 基于您在社交媒体中所看到的原生广告，你认为其是否影响你正常使用社交媒体软件？

		次数	百分比	有效的百分比	累积百分比
有效	很有影响	79	29.5	29.5	29.5
	稍有影响	166	61.9	61.9	91.4
	丝毫没有影响	23	8.6	8.6	100.0
	总计	268	100.0	100.0	

表 3—3　　　社交媒体原生广告数量与用户的平台体验的相关性

相关

		2. 基于您在社交媒体中所看到的原生广告，您认为其总体数量如何？	8. 基于您在社交媒体中所看到的原生广告，你认为其是否影响你正常使用社交媒体软件？
2. 基于您在社交媒体中所看到的原生广告，您认为其总体数量如何？	皮尔森（Pearson）相关 顾著性（双尾） 平方和及交叉乘积 共变异 N	1 106.851 .400 268	.438** .000 43.015 .161 268
8. 基于您在社交媒体中所看到的原生广告，你认为其是否影响你正常使用社交媒体软件？	皮尔森（Pearson）相关 顾著性（双尾） 平方和及交叉乘积 共变异 N	.438 .000 43.015 .161 268	1 90.299 .388 268

** 相关性在 0.01 层上顾著（双尾）。

基于表 3—2 中用户对社交媒体原生广告数量认知以及原生广告对平台体验影响的描述性分析，笔者对两者的相关性进行了研究，如表 3—3

所示，两者的皮尔森相关性位 0.438，远在 0.01 的显著性水平上，且右上角有标示"**"，可以表明，社交媒体原生广告数量与用户平台体验间呈显著正相关，即原生广告数量愈多，用户的社交媒体平台体验所受影响愈大，这也直接证实了假设 1 中提出的社交媒体原生广告数量过多影响用户正常使用社交媒体软件。

2. 社交媒体原生广告内容质量与用户接受程度关系

表 3—4　用户对社交媒体原生广告内容质量及其接受程度的描述性分析

3. 基于您在社交媒体中所看到的原生广告，您认为其总体内容质量如何？

		次数	百分比	有效的百分比	累积百分比
有效	很好	47	17.5	17.5	17.5
	一般般	170	63.4	63.4	81.0
	不好	51	19.0	19.0	100.0
	总计	268	100.0	100.0	

9. 您对社交媒体中原生广告的总体态度？

		次数	百分比	有效的百分比	累积百分比
有效	乐意接受	52	19.4	19.4	19.4
	无所谓	131	48.9	48.9	68.3
	不能接受	85	31.7	31.7	100.0
	总计	268	100.0	100.0	

如表 3—4 所示，笔者通过对所搜集的数据进行分析后发现，用户对于社交媒体中原生广告的内容质量评价呈"不好"或"一般般"的频数分别为 51、170，比重则分别为 19% 和 63.4%；用户对社交媒体原生广告总体态度倾向为不能接受的频数为 85，占比为 31.7%，明显高出次数为 52 次（占比 19.4%）的"乐意接受"态度。

一般而言，广告内容质量越糟糕越会引起用户的回避反应，如表 3—5 所示，用户对社交媒体原生广告内容质量与其接受原生广告程度间的相关性为 –0.151，在 0.05 的显著性水平之上，证明了两者间具有明显负向相关性，也就是说，目前社交媒体原生广告内容质量不高引起用户的广告规避反应。

表3—5　用户对社交媒体原生广告内容质量及其接受程度的相关性分析

		3.基于您在社交媒体中所看原生广告,您认为其总体内容质量如何?	8.基于您在社交媒体中所看到的原生广告,你认为其是否影响你正常使用社交媒体软件?
3.基于您在社交媒体中所看原生广告,您认为其总体内容质量如何?	皮尔森(Pearson)相关 顾著性(双尾) 平方和及交叉乘积 共变异 N	1 97.940 .367 268	-.151 .014 -14.164 -.053 268
8.基于您在社交媒体中所看到的原生广告,你认为其是否影响你正常使用社交媒体软件?	皮尔森(Pearson)相关 顾著性(双尾) 平方和及交叉乘积 共变异 N	-.151 .014 -14.164 -.053 268	1 90.299 .388 268

＊相关性在 0.05 层上顾著(双尾)。

3. 社交媒体原生广告的个性化推荐与用户对隐私问题担忧的关系

表3—6　社交原生广告与用户自身需求的相关性及用户对个人隐私忧患的描述性分析

6．基于您在社交媒体中所看到的原生广告,您认为其是否与你自身消费需求相关?

		次数	百分比	有效的百分比	累积百分比
有效	完全相关	20	7.5	7.5	7.5
	基本相关	118	44.0	44.0	51.5
	基本不相关	112	41.8	41.8	93.3
	完全不相关	18	6.7	6.7	100.0
	总计	268	100.0	100.0	

7．基于您在社交媒体中所看到的原生广告,您认为其是否有侵犯到您的个人隐私?

		次数	百分比	有效的百分比	累积百分比
有效	是	95	35.4	35.4	35.4
	怀疑	126	47.0	47.0	82.5
	没有	47	17.5	17.5	100.0
	总计	268	100.0	100.0	

从表3—6可以看出，用户在社交媒体原生广告与自身消费需求是否相关这个问题上，认为"完全相关"和"基本相关"总频数为138，占比51.5%，还有48.5%的用户认为现在的原生广告与自身消费需求毫无关系或基本不相关。可见，目前我国社交媒体原生广告的精准推荐还需要进一步的努力发展。对应到用户对原生广告是否侵犯个人隐私的忧患情景下，有35.4%和47%的用户认为或怀疑原生广告已经侵犯到其个人隐私方面。这表明虽然原生广告精准推荐的效果并没有达到很大优化，却激起人们对于原生广告侵犯个人隐私的忧患。

在针对原生广告的实证研究中，虽然已得出广告内容与用户需求的相关性不高这一现实问题，但这也只是部分用户的反馈，因此，笔者进一步采取个案研究方式，拟选择时下较为典型的社交媒体广告对这一结论进行证实或证伪。《啥是佩奇》是为电影《小猪佩奇过大年》进行宣传推广的社交媒体视频短片广告，在其发布首日，微博中关于"啥是佩奇"的话题阅读量就有11.8亿，讨论量也高达76.8万，一度霸居微博热度榜的榜首位置。可见，这一视频短片也是2018年具有代表性的社交媒体广告之一。因此，本课题以之为研究客体，试图通过对与这一社交广告产生互动行为的用户进行大数据分析，以此来研究社交媒体广告内容与用户间的相关性。

本部分基于《啥是佩奇》这则社交媒体广告所抵达的受众与实际目标受众在年龄、地区、标签、性别、评论内容等用户属性维度的不同，提出以下研究假设：《啥是佩奇》这则微博广告所抵达的受众群与实际目标受众群并不吻合。

本书以首次发布这一社交广告的官方微博下的参与用户为研究对象，借助爬虫工具，在经过数据清洗和筛选后，笔者选取3795份用户条目作为本次研究样本，从年龄、地区、标签、性别、评论内容等维度，对其所传播的用户进行肖像描写，并将之与猫眼票房中的实际观看人群进行比较，分析两者是否相契合。

具体分析结果如下：

a. 用户性别对比分析

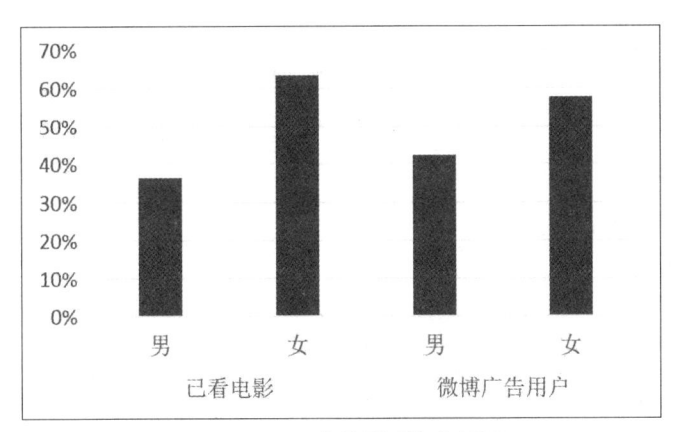

图 3—12　用户性别对比分析图

笔者通过大数据工具提取了与《啥是佩奇》这条官方微博广告产生交互行为（主要为转发、评论、点赞三种互动模式）的 3795 名用户，将其性别分布情况与已看电影的用户性别情况（数据来源：猫眼票房）进行对比，可发现，实际上对该影片感兴趣的男女比例分布为 36.5% 和 63.5%，而其微博广告所作用到的男女比例却分别为 42.3% 和 57.7%，两者相差较远。

b. 用户的地域分布情况

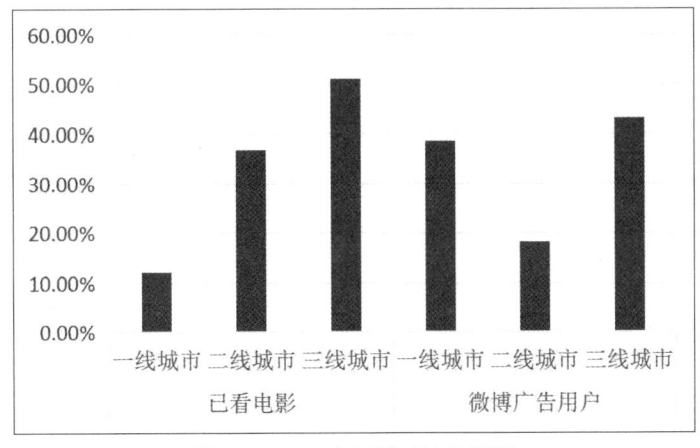

图 3—13　用户区域对比分析图

笔者将所提取的3795名用户的地域信息进行梳理，研究发现，用户位于一线城市、二线城市以及三线城市的比例分别为38.7%、18.1%以及43.2%，同时，笔者继续将分析结果与已看电影用户的地域情况进行对比，结果如图3—13所示，两者用户在各个城市的分布情况均差距较多，可见，其社交广告用户的抵达率与实际用户并不是很契合。

c. 评论内容词频分析

图3—14 用户评论内容词频分析图

笔者对该3795名用户的微博评价内容进行文本分析，发现其中的高频词汇主要有"小猪佩奇""老人""宣传片""家人""感动"等，更多的是讨论宣传片的内容，而对于《小猪佩奇过大年》这部影片的谈及度却较低。

d. 用户的标签属性分析

在对于用户的标签属性分析方面，笔者将这3795名用户信息中的标签设置信息进行搜集并梳理，结果分布如图3—15所示，其中有151名用户（约4.06%）是对电影感兴趣的群体，有132名（约3.54%）用户的标签是与宝宝、育儿等内容相关，由于这部电影是儿童动画电影，其针对的群体则是有小孩的家庭成员。但在这些标签分类中，与之相关的标签属性（即影视、宝宝这两种标签）在总体中所占比重为7.6%。

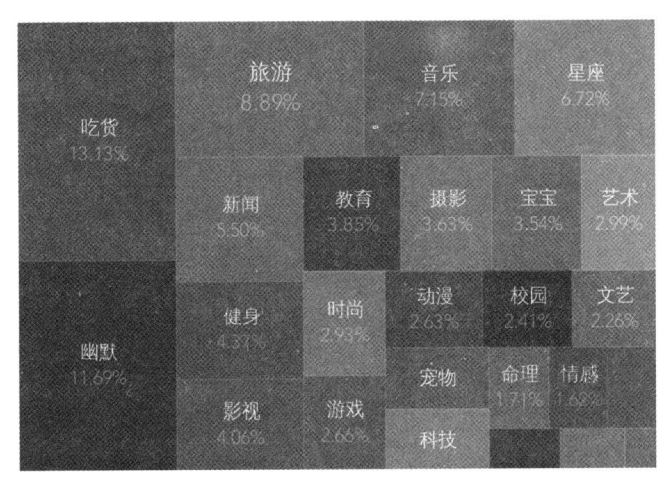

图3—15 用户的标签属性分析

从以上性别、地区、标签、评论内容等多维度的分析情况来看，《啥是佩奇》这则社交媒体广告所传播到的用户人群与其实际目标用户群间契合度并不是很高，由此可见，虽然《啥是佩奇》一经发布就呈现出"刷屏"之态，但其实际效果可想而知。而这种一味追求社交传播效果，而忽视产品内容与用户需求相关性的情况也是当下社交媒体广告所存在的一大问题。

4. 小结：社交媒体原生广告现存高频问题

社交媒体原生广告与传统网络媒体广告相比，其最大的特点在于操作简单、准入门槛较低。在社交媒体广告交易平台中，有发布广告需求的人只需简单地注册申请，便可以自己根据平台中广告标准制作、发布原生广告，致使目前原生广告泛滥，影响人们日常对社交媒体的正常使用，也造成社交媒体异化。同时得益于大数据技术和算法应用的发展，当广告主发现社交媒体中的原生广告可以进行精准化定向投放时，广告从业者开始重点关注用户在网络上留下的踪迹，通过各方面无节制的挖掘，向受众推送其自身相关消费需求，却忽视用户的真实体验和感受，导致用户对个人隐私侵犯产生很大担忧意识。此外，缘于自身属性的要求，原生广告的形式较为隐形且多元化，在某种程度上是摆脱了广告对其形式的束缚，加剧了用户对于广告可识别的困扰。

二 社交媒体广告高频问题归纳

基于前文对不同广告类型高频个性问题的实证研究分析，笔者按照社交媒体广告"广告生产—发布—投放效果"的生产链运作模式的思维逻辑，对其在整个实施过程中所存在的共性问题进行归纳，主要表现为以下几个方面：在广告制作方面，社交媒体广告的尺幅大小、屏次位置、出现频率等都没有统一衡量尺度，且广告的可识别性差，导致广告处于混乱无序状态，无法给予用户良好的感官体验；在广告发布方面，社交媒体广告的内容发布与用户间的相关性较弱且两者互动模式单一，在造成用户注意力浪费的同时，也极有可能发生侵犯消费者权益的危害；此外，对于社交媒体广告的投放效果而言，社交媒体的社交功能异化、个人隐私受侵犯、数据流量造假等，都是社交媒体广告目前发展所存在的问题。具体表现为以下几个方面：

（一）广告呈现：尺幅、展示位置、出现频次、辨识度等缺乏量化规范

1. 广告尺幅和展示位置处于离散状态

在社交媒体广告中，展示类广告是其重要的存在形式，这类广告以开屏广告、横幅广告、插屏广告等多种方式直接将产品相关信息呈现在社交媒体屏幕中的某一具体区间，但其所呈现的广告尺幅和广告位置都没有统一的规范，有的广告像素尺寸较大，有的广告像素尺寸却极小，即使在同一社交平台、同一展示位置中，其广告的尺幅大小都会呈现不同的像素尺寸，且其广告尺幅的大小与广告内容或是广告主题等因素毫无相关性，基本上无任何规律可循。同时，社交媒体广告的展示位置也是极为混乱的，有的出现在社交媒体平台打开即可见的首屏位置，有的位于拉动滚动条或手指下滑才可抵达的二屏、三屏或是末屏位置，而且在每一屏次页面中，广告也有可能处于"上下左右"不同的空间位置上，且其位置的分布与其广告形成的其他因素也没有什么实质性的关系，简单来说，一则社交媒体广告的呈现位置会有一万种可能。作为社交媒体

重要呈现形式的原生广告，更是由于其形式趋同于社交媒体本身形式的特点，而因社交媒体平台的不同拥有不同的广告位置和尺幅大小。可见，社交媒体广告在呈现尺幅和屏次位置方面处于无序游离状态。

2. 广告出现频次缺乏具体的量化规范

除了广告在某一页面中所占比重没有统一度量外，社交媒体广告在发布过程中的广告外化表现问题还体现在广告的出现频次多少不一方面。一直以来，广告收入是社交媒体平台最为重要的盈利模式，广告出现的频次愈高，社交媒体所获得的收益就会随之越多，自然高频次的广告呈现是广告主与社交媒体平台共同喜闻乐见的现象，但是广告的大量出现却又给支撑社交媒体盈利的庞大消费者带来不可消除的负面影响，譬如，用户对社交媒体正常使用受到干扰、用户使用社交媒体的时间遭到浪费，久之便会引起消费者对广告强烈的回避反应。且基于前文对社交媒体广告所进行实证分析，广告出现频次对用户之于社交媒体广告总体态度具有很强的正相关作用，而目前的社交媒体广告出现频次已是远超过用户的期待阈值，导致很多用户对社交媒体广告都持有消极态度，但是对于此种问题，相关的广告法律条文却没有对其进行具体量化的规范措施。

3. 广告辨识度不明

伴随着移动网络技术的发展，社交媒体在高歌猛进的同时，其广告进行信息传播的载体形式也日趋多样化，从早期"图片+文字"为王转为现在图片、文字、视频、H5等多种形式于一体，尽可能地为用户展示新颖的广告形式，增强用户的点击率。同时，广告的形式样态也得到进一步优化，从早期一眼可识别的横幅广告、旗帜广告、插屏广告的形态转化为现在的以展示类广告为辅、以形式和内容均趋向于社交媒体原本内容的原生广告为主的新型社交媒体广告形式，广告的可识别性在很大程度上遭到"打折"，同时基于社交媒体强交互的平台属性和UGC的内容生产特点，其所产生的社交媒体广告的辨识度较为模糊，这种隐形不外显的广告行为与现行广告法中所规定的互联网广告必须具备可识别性的要求完全相悖。

（二）广告内容：与用户间的相关性不高且两者互动模式单一

在社交媒体泛化的现行阶段，无论是广告主和品牌方所成立的广告制作团队，还是第三方专业广告营销机构，都渴望能够生产出有噱头、有话题度的广告内容来触发用户们主动进行"二次传播"，以借助较高的互动话题量来达到病毒营销的效果。这本是无可厚非的，但产品传播声量的提升并不是广告的最终目的，只有广告内容与用户需求相关，进而引发用户产生购买行为的广告才是有效广告。然而，在当下的社交广告营销中，大多数广告从业者却忽视了这一目的，轻视对目标用户的具象化肖像描写，而往往用较高的转发量、评论量等数据来当作检验广告是否有效的评判依据，《啥是佩奇》便是这类社交广告营销中的典型代表，虽然其在微博平台的传播过程中一度成为网民们讨论的热点话题，却最终因传播人群与实际目标群体的不契合，使得其产品《小猪佩奇过大年》在影片票房中遭遇"滑铁卢"。

社交媒体是基于关系图谱所形成的虚拟社群，在该社群中，每个人可以以互联网技术为基础，借助社交平台的网络拓扑结构属性，形成传者间、受众间、传受间等多层面、可持续性的互动传播机制。在此网络交互的背景下，广告不仅可以向用户传播产品或服务的相关信息内容，更重要的是，可以与用户进行互动交流，通过互动的方式组织产品与目标消费者间强关系的建构，进而增加用户对该产品或服务的好感度和黏性，使其转化为该产品或服务的忠实消费者。但实然状态却与之不同，纵观当前在社交媒体平台上所出现的广告，大多数广告的互动模式都较为单一，主要集中为用户与用户间的交流，他们彼此通过评论留言等形式产生交互行为。而本应由广告与用户进行的互动模式却较少出现，常见的"点赞""转发"等行为也只是用户单方面的"自嗨"，并没有实现社交广告真正的交互功能。

（三）广告效果：流量作弊、隐私忧患、媒体异化等问题频发

1. 流量数据作弊频发

社交媒体广告所存在的问题不仅表现在广告内容制作和广告发布过

程中的显现维度，还体现在广告投放时所产生的流量作弊、隐私忧患等隐性方面。广告主或品牌方之所以会在社交媒体中投放大量的广告，最根本的原因在于其所拥有的庞大且高含金量的用户群体，这种因果链的资本逻辑便会导致一些微博和微信公众号"大V"，甚至是第三方广告投放机构，为了能够吸引广告主投放广告而专门买流量来假意营造出自己在某一领域中的"意见领袖"地位，以赚取更多的广告费用。在淘宝或是微博中经常会出现明码标价的粉丝买卖交易单（如图3—16），随着所购买业务的不同，提供的粉丝服务也不相同。除了常见的僵尸粉外，还有可以假装成用户或是消费者的"水军"，对博主或是公众号所发表的内容进行点赞、转发并发表虚假评论，以此来展现其超高的人气声量，吸引广告主进行广告投放。而且，这种"水军"类型与"活粉"基本相同，相关监管部门很难对其进行有效的监督管制，导致目前广告市场中的粉丝买卖行为泛滥。譬如，在2018年六月份，由蓝标公关所组织的新BMW2系旅行车丽江试驾活动中，就有十多位嘉宾通过数据作假变身为所谓的"达人"企图欺骗品牌方。这种流量作假行为违背了商业道德和广告伦理，最终制约社交媒体广告的可持续发展。

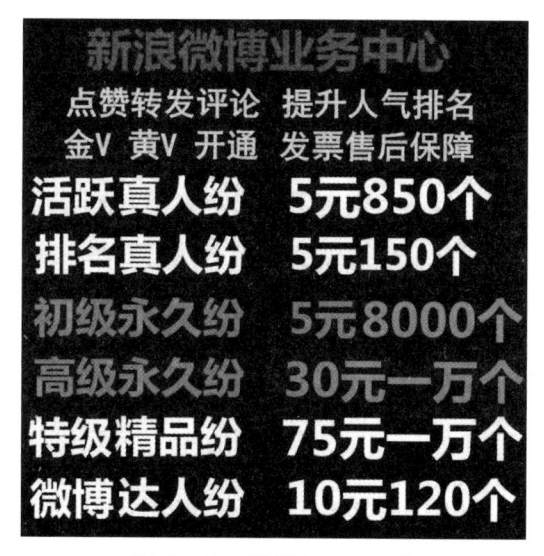

图3—16　粉丝买卖交易单

2. 广告精准投放引发隐私忧患

美国广告学者雪莉·贝尔吉曾提出："广告商根据受众需求使他们的讯息针对某一个受众群……让每一个主顾的产品与一个十分确定的受众群相匹配，这样一来，每一美元的广告费都不白花[①]。"而这一愿景在依托大数据和算法技术的社交媒体广告中充分得以实现，社交媒体广告较之传统互联网广告最大的不同就在于其广告投放都是基于用户注册的资料信息和行为数据轨迹所进行的精准投放，从而达到"千人千面"的效果，这也就注定了其在进行广告投放过程中必须依赖于技术对用户数据的挖掘和分析。而社交媒体广告采用大数据技术追踪、记录并且分析用户的消费需求就难免会在用户不知情的情况下无偿使用到用户的相关隐私数据，譬如在 2018 年 3 月份发生的 Facebook 数据泄露事件，便是社交媒体在大数据技术的裹挟下对用户隐私造成严重侵犯的事件。更有甚者，一些社交媒体在用户注册初期就要求用户必须填写详细的个人资料，且强制使其同意社交媒体平台对其资料信息的使用权。所谓隐私权，即是自然人所享有的私人生活与私人信息秘密依法受到保护，不被他人非法侵扰、知悉、收集、利用和公开的一种人格权[②]。而社交媒体广告对用户数据的分析和商业化运用明显构成了对用户隐私权的侵犯，势必会激发用户对广告的消极态度，十分不利于社交媒体广告未来的发展。

3. 广告信息负荷超载造成社交媒体异化

社交媒体之所以能够在当下得到迅猛发展，其背后的本质逻辑在于社交媒体的信任机制与我国长期形成的"熟人社会"相贯通。在社交媒体交互、共享等特性的推动下，人们在网络空间中再次形成基于地缘或兴趣缘的"部落化"关系格局，如此，若想让社交媒体保持良好的生态环境，就必须加强对其信任机制的建构，否则极易造成网络社群巴尔干

---

① [美]雪莉·贝尔吉：《媒介与冲击》，赵敬松译，东北财经出版社 2000 年版，第 267—268 页。

② 张新宝：《隐私权的法律保护》，群众出版社 1997 版，第 19—20 页。

化。而社交媒体广告数量频多、种类繁杂的情况的出现就约束了原本较为单纯的人际交往行为，导致社交媒体的信任模式被打破，其生态环境面临异化风险。

同时，随着社交媒体的深入发展，其从最初的社交属性平台逐渐演化为以社交功能为主，辅以媒体属性、电商营销属性的综合平台。但究其本质而言，可以让用户创建各种交际关系的社交功能才是其他延伸功能的基础，也是社交媒体存在的意义。但在当前社交媒体中，繁杂多样的广告信息占据了社交信息传播大量的媒介资源空间，反客为主地演化成社交媒体的主流，使其原本的社交属性遭到异化。

第三节 针对社交媒体广告特有问题的监管对策

事物的发展往往会推动其监管的前进，而完善的监管又会倒逼事物的快速发展，二者为相辅相成的共生关系，一旦某一方停止发展，势必会威胁到对另一方的成长。社交媒体广告与其监管间便是如此，只有二者处于同步发展的状态，才能助力社交媒体广告长期良性地成长，否则，便会给社交媒体广告的成长带来极大的挑战。如今社交媒体广告的飞速前进与其广告监管的原地停驻，就导致了社交媒体广告横生出广告外在表现（尺幅、位置及出现频次等）缺乏统一规范、内在内容和用户需求相关度低、隐私问题、数据作假、社交媒体异化等各种乱象问题。可以说，社交媒体广告监管问题的根源在于社交媒体广告自身属性与社交媒体广告监管体系间的不对等。因此，在本章节中，笔者基于上文中所展现出的广告具象高频问题进行"对症下药"，有针对性地提出社交媒体广告监管的应有之义。

一 社交广告外在呈现的标准形态
（一）广告呈现尺幅和位置固定化
就目前社交媒体广告的尺幅情况来看，由于我国缺乏相应的制度规范和行业准则，且基于终端配置和广告形态的不同，社交媒体广告往往会呈现出大小各异的尺幅情况，更有甚者，同一终端配置和同一广告形态下的社交媒体广告的尺幅也是各不相同。以移动端微信公众号内文章底部的横幅广告为例，通过笔者的实证研究，发现其一般会出现582×166 piels、960×334 piels、114×114 piels、465×230 piels这四种规格不等的尺幅情况，加大广告监管的执法难度。但纵观国外在网络广告外在呈现方面的监管情况，美国交互广告署（IAB）和欧洲交互广告协会（EIAA）早在2010年就颁布了对网络广告设计尺寸的规格标准，以之来将网络广告呈现标准规范化。同样，面对日新月异的社交媒体广告形式，我国也应对其进行统一规范，尤其是在这一领域完全处于空白的移动社交媒体广告，使其更为系统和规范。由于终端设备显示器和分辨率的不同，社交媒体广告在屏幕中所占的比例大小也会有所差别，故而，笔者以为，对于社交媒体广告的具体规范标准可以依据报纸广告在版面中的尺寸划分逻辑，以屏幕尺寸为单位，以整屏、半屏、四分之一屏等方式计算，统一各类广告的呈现规格。譬如，对于移动端微信公众号文章底部或中间所出现的横幅广告可以统一规定为465×230 piels，明确规定出其在屏幕尺寸中所占的比例。

  一直以来，广告出现的屏次位置与广告的传播效果有着密不可分的关系。在传统互联网广告的位置投放中，由于最受用户关注的资讯往往处于首屏中部位置，就导致出现在首屏中部或是相近位置的广告总会得到消费者更多的注意力。但对于社交媒体广告而言，情况则未必如此，原因在于社交媒体中的信息呈现出强交互、多容量的状态，每个人所关注的焦点也不尽相同，面对如此传播形态，其内部广告的投放更多是基于潜在目标消费者的关注点而进行的精准投放，所以广告的屏次位置就不再像以往那样集中于首屏页面，而是呈现无规律的分散游离状态，在干扰用户使用社交媒体平台的同时也导致广告监管难度加大。因此必须明确规范社交媒体广告的屏次位置，比如可以将信息流广告的位置明确固定在从屏幕上端往下数的第二条信息位置中，同时，也可以将微信公众号推送条的某一位置明确规定为广告推广内容，并要求社交媒体平台不得在除此之外的其他位置推送广告，从而达到将以往很难监管的"直接或间接推销商品或服务"的软文也列入广告范畴的目的，以实现对社交媒体广告的有效监管。

（二）广告出现频次定量化

广告投放中，并不是说广告出现次数愈多，广告的CPR（点击通过率）就会愈高，过多的接触反而会使用户产生厌烦心理。这一论点在上一章节的实证研究已得到充分的证实，在上文的问卷调查中，有48.9%的人认为社交媒体广告总体数量过多，且有91.4%位用户认为社交媒体中的原生广告影响了自身正常使用社交媒体软件。可见，当下社交媒体广告的出现频次和数量已经远远超出用户阈值，严重影响到用户自身体验和社交媒体平台的发展。因此，必须对社交媒体广告的出现频次和总体数量进行有效控制，在提高广告有效频次的同时，也要保证用户良好的自身体验，防止社交媒体功能异化。

针对社交媒体广告出现的总体数量过多这一问题，社交媒体平台应该严格控制用户在使用社交媒体过程中所接触到的广告次数，通过互联网技术，将用户在五分钟内所看到的广告信息限制在三条左右。具体流程为，当用户打开社交媒体平台时，广告位代码和服务器开始展开协同合作，首先，广告位代码会将用户的cookie信息传送给服务器，其中自然也包括对用户设定的广告接收频次和广告时间限制周期；其次，服务器通过将用户接收广告的频次、时间限制周期以及其他定向条件进行智能匹配，从而回传适合的广告进行投放，而在五分钟内所接触的广告频次超过所设定的3次的用户将不会再被广告位代码所投放。通过这种网络技术，社交媒体广告可以实现精确的频次控制，严格限定用户每日所能接触到的广告数量。同样，社交媒体广告主也需要在广告投放系统中对自身所投放的社交广告频次进行控制，规定每个用户在一天时间内对自身广告的有效接触频次限定在3次左右。这样既可以确保已接触到该广告的用户不会因广告多次重复出现而产生厌烦情绪，也可以在预算不变的情况下，让更多的受众看到该广告，增加用户的触达数量。

（三）广告可识别标准统一化

虽然社交媒体广告是通过网页这一载体来向公众传递产品信息的，但其形式却是繁杂多样，既包含以信息流广告为主的原生广告，还融合插屏广告、横幅广告以及开屏广告等多种方式的展示类广告。故而，即使《互联网广告管理暂行办法》开宗明义地要求广告必须具有可识别性，但仍会出现各类社交广告可辨识性程度不一的问题，而那些难以识别的社交广告在某种程度上就易造成对用户的欺骗和误导。因此，笔者以为，无论是内容和形式均与社交平台契合的原生类广告，还是横幅、开屏等形式的展示类广告，在充分尊重广告本身内容特征的基础上，必须对其可识别标准进行具体、细致的统一化规定，使用户在接收任何形态的广告时都可以明显识别出其广告属性，这也是保障社交媒体用户的消费者权益的必要途径。具体而言，对于文字类社交广告，相关广告从业者可以在文字开头部分直接标出"此文为推广软文"等相关信息，让用户可以轻易地识别出其为广告产品；对于图片类社交广告，广告主或是广告制作者可以将标有"广告推广"的标识以同样大小的比例安置在所有图片类社交广告的固定位置（譬如，统一规定在图片右下角标识），方便用户可以一眼就识别出该图片的广告性质；同样，对于视频类或H5类社交广告，相关广告从业者也可以采用恰当的方式，对公众进行告知。譬如，在广告播放前或播放后用固定的2秒时间播出"此为广告推广"的静态画面，或是在广告播放过程中，在画面的固定位置贴出固定大小的"广告推广"的标记，使所有视频类或H5类社交广告的可识别标准为统一规格。

二 社交广告内容渠道监管的多边延伸

（一）正向审查和反向投诉全面倒逼广告内容生产优质化

笔者基于对原生广告内容质量所进行的实证研究情况发现，有82.4%的用户认为社交媒体中原生广告的内容质量并没有达到一个比较好的状态，因而，对于其内容质量的改进仍是当下社交媒体广告所要关注的焦点。众所周知，任何事物的优化管理系统都包含正向引导和反向制约两方面，而对于社交媒体广告内容的规制也可从这两个维度切入。

首先，在正向监管方面，笔者认为可以设立社交媒体广告的预先审查机构，采用技术智能监管和人工监管的双层模式对社交媒体广告内容质量进行全面把控。目前，由我国行政部门所进行的广告预先审查范围只限于特殊商品领域，譬如，药品、医疗器械、农药和兽药等方面，而对于其他行业的广告预先审查监管，却只是简单地依赖于广告主、广告经营者、广告发布者的自我审查，这种自查自纠的方式极易导致广告经营者为力求自己利益最大化而不惜牺牲广告内容质量。而借助预先审查的系统化监管方式，便可从根源上遏制社交媒体广告从业者的"可乘之机"。当然预先审查机构对于社交媒体广告的预判并不是逐条进行的，毕竟以每天来说，整个社交媒体平台所诞生的广告就是以千为计量单位的，如果要求预先审查机构对所有的社交媒体广告进行逐一审查，显然是不科学且不现实的。因而，预先审查机构可以采用技术智能监控，设置统一评判标准的准入门槛算法，并将其强制应用于所有社交媒体广告投放平台中，以之来拦截所有不符合规范的社交广告投放内容。对于一些算法无法识别的广告投放内容，可以再次跳转为人工审核监管。如此，便可将所有准备投放的社交媒体广告内容全部网罗到监管范围中。但需要注意的是，正如有"网络栅栏"必然会有"翻墙软件"那样，对于社交媒体广告内容的技术管制，也必然会使一些利益至上者想方设法钻取技术上的漏洞，对此，社交媒体广告内容的预先审查技术必须是动态发展的，通过设置周期性的完善更新不断应对新情况的发生。同时，在反向监管方面，广告监管者可以借助社交媒体平台的交互属性，为用户开辟出反向反馈渠道。譬如，在所有广告的固定位置设置"投诉"或"不喜欢"按钮，并规定当用户对某条社交广告的投诉次数超过该广告每日浏览量的四分之一时（或者用户对该广告的不喜欢次数超过其每日浏览量的一半时），广告被强制关闭且不允许其重新投放，若相关广告从业者对其有异议，可申请进行人工审核，以防止某些恶意投诉的情况发生。虽然在当前某些平台的社交媒体广告中也存在"关闭该条广告"的按钮，但也只是某些社交平台为优化用户体验的一种自查行为，并没有对广告投放者设置相应的惩处措施，也没有限制该条广告再次投放的机制，这就导致一些广告投放者所投放的内容即使被用户屏蔽了，也会在极短的时间内再次上线并出现在用户视线范围内。通过这种反向投诉的方式，统一设置用户可反馈动作渠道，并规定强制性的惩处内容和机制，在优化社交媒体广告监管机构工作内容和方式的基础上，也有效地倒逼广告生产者提高社交媒体广告的内容质量。

（二）填补广告定向投放监管空缺以矫正社交广告内容精准化

社交媒体广告投放内容与用户需求是否相关本应属于广告企业自身发展的商业性问题，但在社交网络空间中信息海量化的既成现实语境下，若两者不相关，则易造成消费者筛选信息的难度加大和社交媒介资源过度浪费。因此，增强广告投放内容的精准化，提升其与用户间的相关性，也应纳入社交媒体广告监管的有效范围内。

当前我国对于社交媒体广告定向投放的监管主要依赖于各个社交平台的自我监管，而这些平台在满足用户需求方面主要采取的方式是运用大数据信息技术收集用户信息来进行定向广告投放，这本应可以很好地解决广告投放内容和用户需求相匹配的问题，但由于我国各个社交媒体平台数据算法能力的不足以及各自数据资源的孤立，使得广告内容无法真正触及到特定的消费人群。对此，笔者以为，要想达到社交广告内容投放的有效性，就必须将用户属性与广告内容紧紧地耦合起来。具体思路为，首先，监管部门可设立数据共享平台，推动各类社交媒体打破原有的"数据孤岛"，实现跨平台的数据资源共享。互联网络自诞生之初，便是人们进行信息分享的重要工具，在社交媒体时代，更应是如此。但由于技术手段的不足、商业利益的干扰、对用户数据安全的担忧等多方面因素，导致各社交平台一直处于自我封闭的状态。对此，相关监管机构应推动各社交媒体平台构筑联合共赢的发展模式，通过数据交易将用户在不同社交平台上的数据信息进行多维度挖掘并开展有效的整合归纳，打造又细、又准、又全的用户数据矿场。在 2018 年 7 月，Google、Facebook、微软和 Twitter 四家公司就在数据共享方面联手开展了一项名为"数据传输计划"（Data Transfer Project）的活动[①]，该项目通过设置通用的 API 接口，扭转目前各平台中应用接口的不统一性导致数据各自独立的局面，使得数据资源可以在各平台中自由流通。虽然目前这种模式还只是处于刚刚起步阶段，但对于促进我国社交媒体用户数据资源达到互通共享的状态而言，却是一个很好的借鉴方向。在用户数据共享的基础上，广告监管机构可进一步要求广告投放者制定合理有效的大数据算法规则，以用户本身的身份属性信息为根基，并辅以其行为轨迹、兴趣爱好等多种条件规则，形成用户数据的完美闭环，进而得出用户的精准画像。最后，根据大数据得出的用户肖像，广告从业者准确调整广告的呈现风格、广告的表达形式以及各个最佳投放时间段，从而完美实现社交媒体广告内容投放和用户需求相契合的目的。

（三）完善社交广告信用评价制度以审视社交广告互动规范化

在社交网络时代，信息传播活动的接收者发生明显的地位变化，其不再是单纯地一味接受信息，而是开始具有自主选择信息的权利。因此，以消费者为核心，将其纳入到广告创意的场景且与之产生互动交流的社交媒体广告才能够更好地被用户所关注和接受。

针对目前社交媒体广告较为单一的互动模式，笔者提出，社交媒体广告必须从形式和内容全面切入，丰富社交媒体广告的互动模式。在形式维度上，基于社交媒体平台本身所开发的"点赞""评论""转发"等交互功能，广告投放主体在接收到用户的互动信号后需积极对用户进行反馈（譬如，对用户的留言进行回复），完成双向互动过程，提高广告与用户的关系强度，增强用户对该产品的认知度、好感度。同时，广

[①] 爱范儿早报：《谷歌、微软等公司联手打造"数据传输计划"》，2018 年 7 月 23 日，http://www.techweb.com.cn/internet/2018-07-23/2688395.shtml，2019 年 3 月 26 日。

告的互动性也可从广告传播的渠道形式上切入，就目前社交媒体广告而言，更多的是对广告的展示陈列，这种方式依旧是依赖于原有的传者逻辑，不太适合当下社交媒体传播语态。在新形势下，社交媒体广告不仅是在微博、微信等社交媒体平台中进行展示类呈现，更应该抓住各类社交媒体中具有交互分享机制的互动单元，如借助微博的话题榜单元，将自己的广告隐匿其中，让微博用户可以自发地参与到与品牌或产品的互动中，形成有效关联，从而成为该产品的粉丝。在内容维度上，广告制作者可以从自身广告呈现切入，借助呈现场景的构建（譬如，类似H5游戏型的互动场景）或是技术的支撑（譬如，类似屏幕滑动的前端呈现）"邀请"用户参与体验广告，共同完成信息传播。在这个过程中，用户既是参与者，也是接收者，其在参与过程中会无意识地加深对该产品的记忆点，从而对其产生认同感。此外，广告投放者也需从广告内容文本的生产切入，围绕产品所要传播的产品特性，借助可以引发用户参与的热点话题或可以产生同理心态的情感痛点，制作出具有传播力的广告文本内容，使用户可以在潜移默化中接收到该产品的传播要点，进而对其产生强烈的黏性。

三　社交广告投放效果监管的革新路径

（一）重构社交广告评估体系，从根源上拒绝流量作弊

在当下社交媒体广告行业中，流量作弊已然成为一种较为普遍的潜规则现象。之所以会出现这类问题，主要原因在于广告投放信息对于广告主的不透明、广告效果过度追求数据指标的强考核。具体表现为，广告主在将某一广告投放任务委托给第三方专业服务平台后，广告投放所涉及到的投放平台（腾讯广点通、新浪粉丝通）、社交媒体传播平台以及用户等各个主要环节对于广告主而言都是非透明、难以掌控的；而同时，我国社交广告行业对于广告效果的评估又主要是以广告浏览量、互动率、跳出率、到达率等硬性指标结果为主。这两种情况的产生就为流量作弊提供了很大的灰色可操作空间。

自然，对该问题的根治也需从这两方面切入，一方面，广告主在将相关广告投放任务委托给第三方平台时，可以要求第三方投放平台增设监管模块并将该模块的权限给予开放，以便广告主随时检验广告投放的科学性及其传播效果的有效性，一旦发现异常数据情况，可及时向第三方平台了解情况，从而杜绝流量作弊的现象发生。同时，广告主也可以采用其他独立于第三方平台的监管工具（譬如，Track Master、Ad Monitor、Double Click 等），对社交媒体广告的投放数据进行实时监测追踪，甄别虚假注水数据。另一方面，社交广告行业必须建构合理的社交广告评估体系，这也是从根源上遏制流量作弊的有效方式。一般情况下，广告主对于广告效果的评判标准都是基于某一特定的时间段内广告在浏览量、互动量、到达率等指标数据情况来衡量的，这种静态且二维化的评估体系使得支撑这些数据背后的元内容无法呈现，广告主自然也无法对这些指标结果进行证实或证伪。故而，笔者以为，完善且合理的社交媒体广告评估体系必须是动态且三维化的，它可以将每一层数据背后的支撑逻辑归纳其中，形成从元内容到最后数据显示的层层树状演绎，从根源上防止广告投放平台对广告主提供虚假数据，让流量作弊无任何可操作的可能性。

（二）寻求数据技术与隐私的平衡点，防止伦理忧患

虽然目前社交媒体广告对用户定向投放的广告存在两者相关性不强的问题，但相较于传统互联网广告而言，社交媒体广告可以依据大数据算法和 LBS 定位等技术掌握用户对某些产品的关注度或是需求情况，并基于不同的潜在消费需求向不同属性的受众定向推送和传播符合各自需求的广告信息，从而实现广告传播效果的精准度。概而论之，社交媒体广告通过大数据等技术实现更为精准地投放，但在当前阶段下，大数据技术在数据收集、存储及使用的过程中，仍存在着较多的弊端，譬如，用户隐私信息的侵犯及泄露等伦理问题，给用户的生活和工作带来了严重的影响。因此，找到数据技术与隐私的平衡点才是防止伦理问题频发的有效途径。

首先，在用户隐私受侵犯方面，我国相关部门或是社交广告行业内部必须建立用户个人信息分级制度，将用户的个人信息具象化地分为一般信息、敏感信息以及绝对不可使用信息等多种层面，再根据信息不同的隐私程度来规定社交媒体平台和投放者对相应等级信息数据的使用程度。对于社交媒体平台的一些"过界"行为制定强制性惩治措施，防止各个社交媒体平台受利益驱动而产生某些越轨行为。其次，在用户隐私遭泄露方面，社交媒体平台在确保数据可用性的同时，需要对用户数据进行"隐藏"。由于社交媒体的交互性属性，大多数用户数据的信息形式为图结构或是关系型结构，攻击者只需借助某一点或边的一些属性数据，再经过相应的数据分析与信息整合，便可准确获知用户的隐私信息。基于此，社交媒体平台要针对数据信息形式的特点，在元数据部分就采用"数据交换""分解""泛化"等隐匿的方式，将用户基本信息和属性进行匿名保护，尤其是对用户间的各类关系进行匿名保护，实现数据匿名化的隐私保护，从根源上防止用户隐私信息泄露等伦理问题产生。

第四节　新媒体背景下广告监管体系完善的整体建议

传受主体地位不断趋于平等、话语体系日渐平民化、传播终端也逐渐走向多元化的现实语境，促使极具交互性、便捷性的社交媒体成为互联网媒体中重要的媒体类型之一，其极具增强的传播力和影响力与其他互联网媒体相比，早已是不可同日而语。自然，以之为载体的社交媒体广告成为当前广告发展格局中的一种主流形态，这也是笔者在前文中开展实证研究，并以其所得出的问题对我国社交媒体广告监管提出相应的颗粒化、具象化的可执行对策的缘由。

但技术的发展，往往会导致媒介生态环境的变迁。在新媒体技术的驱动下，我国媒介生态的变化一直处于高频活跃状态，而广告作为依赖于媒介属性发展的客观存在物，其形态演进及动态发展也随之趋向于多样化和高频化。可见，社交媒体广告也只是广告在当前发展形态中的一种存在状态，就广告发展的共时性而言，除社交媒体广告外，短视频电商广告、视频网站广告等都是当下广告发展格局中的组成部分，就广告发展的历时性而言，广告未来形态会呈现出更为多元裂变的状态。因此，笔者基于前文对社交媒体广告监管的研究进行整体反思，认为当前我国广告监管可以从制度与实践运行两方面着手。在监管制度方面，通过制定专题性法规条例来应对不同广告形态的存在，并明确各类违规违法广告的量化标准，为广告监管运行提供可执行性的制度依据。在监管运行方面，可以从监管主体、监管对象、监管手段等多维度构筑完善的广告监管实施运行模式，以契合广告动态高频化的演进趋势。

一 广告形态多样化下的监管制度匹配

面对当前广告形态多元化的整体形势，建设与之相匹配的广告监管制度是维护广告生态健康首当其冲的要义，也是监管实施过程中必要的指导依据。而目前我国对于各类网络广告的管制主要依赖于新修订的《广告法》以及《互联网广告管理暂行办法》，对于各类广告形态特质并没有相对应的管制条例，使得各类广告在实际发展中的诸多问题得不到根治。以社交媒体广告而言，其所具备的原生属性、病毒传播等特性并没有在已有法规条例中进行约束，因此，基于广告形态多样化的现实图景，全面完善广告监管的相关法规条例是目前亟待解决的重要论题。

（一）针对不同广告形态制定专题性法规条例

我国相关专题性广告法规条文的空缺是导致目前各类广告乱象横生的根源，毕竟维护用户合法权益不受侵犯、促进网络广告良性发展的最重要的凭证便是相应的专题性广告监管制度体系，虽然我国新修订的《广告法》和《互联网广告管理暂行办法》将互联网广告纳入了监管视阈范围内，但其中并没有对各类具体形态的广告进行全面制度规定，相较于在新技术推动下所诞生的社交媒体广告这一类新型广告发展形态，其内容稍显滞后。以社交媒体广告必须具备可识别性这一要求为例，在新修订的《广告法》中明确提出广告应当具有可识别性。但是在目前所发展的社交媒体广告中，其最极为重要的一种广告形式——原生广告——却凭借内容和形式趋同于平台风格，以"隐匿"的形式得到广告主的青睐而快速发展起来的，这与"广告必须具备可识别性"的要求相悖，但如何对原生广告的准入原则进行定义，如何处罚违背"广告必须具备可识别性"这一要求的行为，在新《广告法》及其他相关广告法律条文中并没有明确提出。由此可见，对于社交媒体广告专题性法律的缺失导致其监管工作无章可循。因此，十分有必要通过专门立法的方式，扭转各类网络广告制度监管无法落实的困境。对于各类网络广告专题性法律的制定，笔者认为，可以借鉴美国、欧洲、日本等对各类网络广告监管所制定出台的相关法律，界定各类广告范围、明确其市场准入原则、对广告内容和行为进行明确规制，逐渐发展出符合我国各类网络广告制度监管的专题性法律，加强对广告有针对性的监督管理。

1. 界定各类广告范围

对各类网络广告范围的明确界定，意味着该项专题性法律必须对该广告类型的监管主体、监管对象、监管方法、监管惩处措施等所有基本问题做出绝对化、无歧义的规定。例如，在对社交媒体广告的监管对象主体进行明确定义时，不能单纯将社交媒体广告监管对象主体认定为广告主、广告经营者、广告发布者三个独立的个体，而必须将互联网服务商及信息服务提供者纳入监管对象主体范围内，依据其在社交媒体广告操作流程中的角色行为进行相对应的法律责任认定。当某一违法广告发生时，其广告主、广告经营者、广告发布者不仅要承担各自的法律责任，作为中介机构的网络服务提供商也应该受到合理惩罚。

2. 明确其市场准入原则

在美国社交媒体广告监管的法律规制中，明确要求广告必须预先经过美国联邦委员会的审核登记后，才可以被允许进入互联网广告市场中。这种事前审查环节有效规避了违法广告的产生，减轻了监管人员在事后对违法现象的审查、惩处等工作压力。因此，在对各项网络广告进行专项制度制定时，要明确规定其市场准入条件，要求只有在各地相关监管部门备案登记且经过审查后才可以进入市场。在由北京市工商行政管理局办公室发布的《北京市网络广告管理暂行办法》中就对广告监管对象进入市场准入条件进行了明确规定[①]，可以说是奠定了我国网络广告进入市场的许可标准。那么，通过将这些已经获得实践检验的规范性文件写入到各类网络广告专题性法规条例中，并在全国范围内推广是很有必要的。

3. 对各类形态的广告内容和行为进行明确规制

就拿社交媒体广告来说，随着移动通讯技术的发展和大数据技术的推动，社交媒体应用移动化和全民化的趋势得到进一步发展，导致当前社交媒体广告的内容和形式愈加样化和复杂化，按照广告的载体形式可分为：图文广告、视频广告、H5广告等；按照广告的内容对象可分为：金融广告、医疗广告、食品广告等；按照广告呈现状态又可分为：信息流广告、内容置入式广告、展示类广告等。这些多元化的广告形式和表现导致广告监管不能面面俱到，易发生广告乱象泛滥问题。因此，必须采用法律的方式，从社交媒体广告的形式、表现以及是否具备真实性和明确性等多方面规定违法违规社交媒体广告认定标准，制定详细且具象的规定措施，将所有各类形态广告的各种存在样式全部网罗，提高法律的严谨性和统一性。

（二）明确各类违法广告的量化标准

一项完善的法律体系，在具备专题性法律条例等上位法后，还需要明确各类违法广告的惩治措施。如果说专题性法律条例存在的意义在于为该类型广告产业链中所有行为提供正向引导，那么具象化的惩治制度的实用价值就在于通过明确的强制性事后惩罚手段使所有违法行为再次趋于正向。这就要求其必须具备可操作性和全面性，以便执行者在面对任何违法行为的社交广告时都有法可依。而现实情况却是，虽然在新修订的《广告法》以及随之而后颁布的《互联网广告管理暂行办法》中

---

① 中国网：《北京市网络广告管理暂行办法》2002年9月2日，http://htzl.china.cn/txt/2002-09/02/content_5197629.htm，2019年3月26日。

对我国各种广告形态的违法违规乱象有所管制监督，但也只是零星片语且执行空间的弹性很大，根本无法对其进行彻底的事后监管。以社交媒体广告不得影响用户正常使用为例，在新修订的《广告法》中明确提出以互联网为渠道和手段而发布的广告必须遵守不得影响用户正常使用网络的权利。同时，各类广告都应具备明显的关闭标志且可一键关闭[①]。但是广告达到什么程度才是不影响用户正常使用网络的阈值却没有明确定义，对影响用户正常使用网络的广告如何惩治也没有提出可操作性措施，导致在现行的社交媒体中，影响用户正常使用网络的广告泛滥。同时，在相关法律条文中也缺乏对社交媒体广告绝对化用语范畴的制定，使得不同个体对社交媒体广告实施监管过程中的违法行为有着不同认知判断，尤其是在对原生广告的是否具备可识别性、内容置入式广告是否过于隐匿以及"网络水军"营销等的判断上存在较大差距，最终造成广告监管责任主体在对社交媒体广告进行管控的过程中模糊了自身权责范围。可见，针对各类广告形态专门制定可操作性且条理性的惩罚规范是极为必要的。

以社交媒体广告的违规行为监管为例，笔者基于在前文中对社交媒体广告所做的实证研究，认为当前社交媒体广告市场所出现的乱象问题主要集中体现在广告呈现（尺幅、位置、频次、辨识度等任意分布）、内容发布（广告与用户相关性不高且互动模式单一）、投放效果（流量作弊、个人信息泄露、社交媒体异化）等方面，而不同问题往往会相对应地产生不同程度和不同角度的危害效果，尤其是在作为网民消费碎片化时间的主要渠道的社交媒体中，高频的信息传播、庞大的用户基数，导致其负面影响效果会加倍放大。因此，必须依据违法情节和危害效果的等级情况明确规定各类违法违规广告所应承担的法律责任。对违法情节和危害效果不严重的社交媒体广告，进行相应的金额惩处；而对于各

---

① 中国人大网：《中华人民共和国广告法（2018年修订）》2018年11月5日，http://www.npc.gov.cn/npc/c12435/201811/c10c8b8f625c4a6ea2739e3f20191e32.shtml，2019年3月26日。

类违法情节严重且危害效果巨大的社交媒体广告应进行明确特殊规定。当然，对于社交媒体广告的违法情节和危害效果也必须进行具体量化，其细化的惩罚分类制定可以借鉴我国对于网络诽谤罪的界定[①]，通过将违法违规广告的浏览总量、浏览总时长、点击总次数以及用户转换总量等多方面的数值进行层级划分，明确规定各等级的惩处方式，为社交媒体广告的违法犯罪行为提供有针对性的规制尺标和量化标准。

二 广告动态高频化下的监管运行耦合

技术的发展往往呈现出指数级的增长态势，广告动态演进也是如此。对于广告动态高频化的发展，仅仅只有制度方面的监管是不行的。以法促行，以行践法。在将束之高阁的制度重新完善使其完全适用于各类广告形态的监管后，对于其的实践运行便成为社交媒体广告监管体系中最为重要的环节。针对目前社交媒体广告监管在实践运行中的不足以及广告动态高频化的发展导向，本部分将基于实践活动的核心组成部分，从监管主体、监管对象、监管手段三方面入手，对于广告监管主体而言，不仅包括分工明确的行政监管主体，还有社会与受众作为辅助者来加强广告监管的有效性，形成以常规的行政监管为主，社会监管为辅的多样化监管主体。对于广告监管对象而言，其可以通过成立自律委员会等方式，以自律求发展。此外，针对广告监管手段单一落后的现状，则要加强广告监管中对各类新技术的运用，丰富广告监管手段，真正做到监管更强、更有效，使之完美契合广告发展演进的动态化过程。

（一）监管主体：分工明确且主体多元化

1. 明确行政监管分工权限，形成监管合力

一直以来，我国对于广告监管实施主要采取的方式都是属地原则，即各个地区（县级以上）的人民政府工商行政管理部门来负责管理监督各自地区的广告行业发展。因此，除我国工商总局颁布的《广告法》外，

---

① 王军：《传媒法规与伦理》，中国传媒大学出版社2010版，第36页。

我国各个省市也有其自身的广告监管制度，在每个省市中，其工商管理部门或其他相关机构按照当地自身所制定的广告细则对当地广告的违法行为实施惩处。但在移动技术和网络的飞速发展下，越来越多的网络广告尤其是形态多元化的社交媒体广告出现在人们的视野中，它们在传播过程中跨越了时空和地域的制约，呈现出与传统广告完全不同的属性特质，对于这类广告的监管治理自然需要多地协同配合，若是仅依靠某一个省份单独治理，极易发生异地取证难等问题，但即使是多个省市进行合作也会因各个省市发展情况不同，导致根据自由裁量权所实施的惩处细则不同，引起群众的质疑。除了各个省市监管主体权责混乱外，在各个省市内部的责任主体的权力也是相互交叉缠绕的，一般而言，每个省市对广告监管的责任主体不仅包括工商行政管理部门，也包含网信办以及食品、药品、金融等相关政府机构，各个责任主体业务的交叉混合，造成多头管理、监管责任划分模糊，易发生重复监管导致的资源浪费现象。可见，依旧采用审查传统广告的制度体系去监管社交媒体广告，就会导致社交媒体广告问题得不到有效规制。因此，对于监管主体的改进，必须对从行政监管内部着手，整合多方力量，形成分工明确的监管合力。

首先，要建立工商管理、网信办、通讯部门以及食品、药品、金融等相关机构间的横向协作管理机制。通过合作监督机制的建构，明确社交媒体广告在行政监管中的运行流程，定义各个负责部门在社交媒体广告内容监管方面的工作内容，开展跨部门、跨机构的广告监管行动；同时，也要对各自所监测的广告信息进行共享，有效整合监管资源以提高广告监管的效度和力度，实现违法违规社交媒体广告在预防、监测、惩处各阶段的环环相扣。比如，互联网监管中心在查得违法广告信息后，将其广告主、广告经营者以及广告平台的相关信息传递给工商管理部门，再由工商管理部门按照违法情节的严重程度对其进行处罚，当其违法内容涉及到刑事犯罪等严重问题时，再由公安部门进行相应查处。

其次，对行政监管内部的改善也要建立跨区域的纵向监管部门合作机制。我国对于广告行政监管所采取的方式为属地原则，以国家工商行政管理总局的统一领导为基础，由各个省市的分级工商部门依据各地的实际情况开展广告监管工作，较为地域化。而以跨地域传播为主要传播形式的社交媒体广告以及其他形态的网络广告，极可能出现广告经营者的注册地、服务器所在地和违法行为发生地都不在同一地域的情况，从而对各地工商行政部门广告监管的准确、全面造成负面影响。通过组建跨地域的监管部门合作机制，针对违法广告共享抽查信息和共同制定监管措施，开展多地域联合执法活动，进一步构建全方位分工合作监管机制，巩固监管成效。

最后，需要对相关广告监管主体进行综合素质的培养。社交媒体广告及其他新型网络广告不同于传统互联网广告，无论是其形式、内容，还是传播模式都极具复杂性，对于本就承担着大量的广告监管任务的行政人员而言，这就无疑又加剧了其监管的难度。因此，必须加强监管人员专业素养的培训，尤其是工商管理部门人员。就社交媒体广告而言，其具体途径为：定期邀请业内专业人士举办社交媒体广告培训活动，了解社交媒体广告的传播特点以及实际操作流程，以便于监管的顺利开展；经常性地开展《广告法》《互联网广告管理暂行办法》等相关专题学习活动，加强执法人员对相关法规条例的学习，形成以专业素质来提高相关工作的监管效率的良好状态，进而加强我国对社交媒体广告的监管力度。

2. 加强社会监管的专业化、全民化，实现社会共治

社交媒体广告和其他类型广告多元化、复杂性的现实语境，也需要多维度的广告监管主体。目前我国广告监管主要依赖于行政部门的监管，造成虚假广告、隐性广告、个人信息泄露等问题经常发生。因此，除了对行政监管的大力注重外，我国也应加大社会其他方面的监管，包括成立第三方专业的审核监管机构和加强网民对社交媒体广告监督等方面。

由社会第三方建立专业的审核监管机构，在促进我国广告监管体系更为公正、多元化的同时，也为我国行政监管提供了切实可行的审核标准，极大减轻了行政监管部门的工作压力。成立一个专门监管该类型广

告的第三方专业审核机构，具体途径主要为以下三点：一是在法律允许的范围内行使审查权。第三方审核机构不同于具有强制性的行政监管，在审查过程中需要把握监管的尺度和范围，保证自身监管行为的有效合法性。二是对机构成员的选择必须严格把控。作为第三方审核机构，就要明确将自己与广告监管对象主体相区别，自身内部成员也应与其他广告从业者无直接利益相关关系，通过选择专业能力强、责任意识高的监管人员进行完全中立的专业审核和评价工作。三是与政府形成良性互动。第三方机构只是社会监管的组成部分，不能直接对违法广告进行处置，通过将相关情况反馈给行政监管部门，由监管部门依据法律对其做出处罚措施，以实现自身广告监管的有效性。

网民往往是关注到违法广告行为的一线目击者，将其纳入监管主体的范围内是应对广告动态高频化下广告监管的有效模式。在加强网民对某一具体类型广告的监管之前，必须对其进行专业深入的广告教育，由政府组织相关公开教育宣传活动，使用户对违法的广告表现具有明确的认知，并健全投诉举报受理机制，对用户们采取激励措施，向积极监管该类型广告的网民给予一定量的物质奖励，充分调动网民对广告监管的积极性。以社交媒体广告监管为例，用户一旦在社交媒体平台中发现相关违法违规行为，便及时通过"举报"等通道向社交媒体平台进行反馈，或是直接通过热线电话向监管部门投诉，可以及时为监管部门提供第一手的线索资料，促进我国社交媒体广告良好健康的发展。因此，以社会共治的方式处理广告动态发展过程中的各类问题是长期有效的监管措施。

（二）监管对象：以自律求发展

一般而言，广告监管的对象主要包括两方面，一方面是对于广告参与主体的监管，另一方面是对广告自身的监管。尽管各类广告形态可以借助多元化的监管主体来开展监管，但由于当前各类新型广告生产本身的纷繁复杂和极高的自由度，监管主体并不一定可以将所有广告监管对象全部网罗到监管范围内。譬如，在对社交媒体广告自身本体进行监管方面，社交媒体广告形态的蜕变转化为其监管增加了难度。就其可识别性而言，在微信公众号、知乎、豆瓣这类以分享内容为主的社交平台中，社交媒体广告在形式与内容方面完全趋同于一般信息的特性，使其完全可以混迹在海量信息中，让监管人员根本无法分辨出哪些是真实的知识分享，哪些是商家的广告推广，造成执法工作难以有序开展，而一些违法广告也成为"漏网之鱼"。同时，在对社交媒体广告参与主体进行监管时，虽然我国现行的《广告法》已将广告主、广告经营者、发布者同时纳入到监管对象的范围之内，但是令人遗憾的是，现行制度对三者间身份的认定仍显宽泛，没有意识到在社交媒体广告产业链中三者身份是交叉相容的。在传统互联网广告中，由于广告制作发布的流程十分复杂，广告主、广告经营者、广告发布者三者一般是完全独立分开的，各自相应承担着自己的职责，某一环节的问题可以直接追究到相应的监管对象。而在社交媒体广告中，由于社交媒介平台具有病毒式传播、庞大用户群以及UGC式自传播等特殊性，广告的制作、发布等流程得到简化，用户只需注册社交媒体的广告后台即可发布广告，而掌握海量用户流量这一核心资源的广告经营者往往会将经营者和发布者合二为一，为广告主进行程序化的广告投放。当然也有一些广告主通过自己注册微博、微信等社交平台，发布自身广告信息，这时的广告主自然是集广告主、广告经营者、广告发布者三者身份角色为一体。可见，在社交媒体广告中，作为监管对象的广告主、广告经营者、广告发布者等角色的界限日益模糊，导致很难明确认定广告主体，增加了社交媒体广告监管的不确定性因素。

对违法违规广告的治理是理所应当的，但其作为客观存在物，只有通过对其生产主体进行规制，才可以从根源上杜绝社交广告乱象。以广告主、广告经营者、广告平台以及互联网提供商为代表的人群正是各类新型网络广告制作过程中的直接参与者，也是违法违规广告出现的问题源头，通过借助监管对象主体自身的自律性从根源上弥补监管主体在广告监管工作中的不足，这种方式可以说是加强广告市场有序性的一种强有力的治理取向。

以自律求发展最常见的手段是建立行业自律组织。目前我国与广告具有较高相关性的自律组织分别为1983年所成立的中国广告协会、2001年所成立的中国互联网协会和2005年所成立的中国广告主协会,这三大全国性的广告自律组织在维护网络广告环境、治理违法违规广告方面做出了巨大的努力和改善,比如,由中国广告协会互动网络分会在2014年所制定的《中国互联网定向广告用户信息保护框架标准》和中国广告主在2016年所发布的《广告主自律宣言》,就有效地推动了我国广告产业的发展。然而与现实需求相比,我国这些广告行业自律组织在社交媒体广告监管方面还不尽如意,其所发挥的作用依旧依赖于个体自觉性层面,缺乏强制性规范。与之相反的美国、日本以及欧洲等国的广告行业自律组织却具有仅次于法律的权威性和威慑力,以美国广告协会(4A)为例,其作为全国性的广告自律组织,通过数量繁多的监督管理机构,制定详实的行业规范,所有的广告经营者在广告制作发布过程中必须严格遵守相关规范,否则将面临严厉处罚。这种有效规范市场秩序的组织机构堪称行业自律方面的规范。可见,我国完全可以借鉴美国及其他国家在广告行业自律组织方面的成熟经验,逐步形成一套适合当前各类新型广告发展及监管实际的自律机制。

1. 制定行业自律标准和惩罚性规范

法律法规所具备的强制力量使其权威性不容挑战,但对于行业自律组织而言,其并不属于国家机构,且受资本逻辑的驱动,其所具有的权威性很容易遭到广告经营者的蔑视和忽略,在此情况下建立相适应的行业自律惩罚规范,可以提高广告参与主体们对相关自律规范遵守,增强行业自律监管的有效性,做到违反必究。以社交媒体广告为例,其具体做法为:一是以国家相关广告法律法规为基础,建立明确统一的社交媒体广告制作发布标准。这一点可以借鉴美国互动广告局(IAB)对原生广告治理的办法,早在原生广告刚刚诞生并开始被人们所关注时,IAB就召集了164位专业广告从业者对其进行研究,并发布了《原生广告手册》,相对应地,我国广告行业自律组织也可以制作类似的社交媒体广告手册，让所有广告经营者拥有统一的运营标准体系；二是完善社交媒体广告责任主体的失信行为的惩戒机制。在工商管理部门的监督指导之下，通过广告行业间的惩罚处置，规制社交媒体广告中的不良商业行为，从而确保社交媒体广告活动中的各个参与主体可以自主遵守行业自律公约和其他相关管理准则，避免其形同虚设。

2. 建立行业信用体系

近年来，随着经济不断深化发展，对于信用体系的建设已成为稳定市场经济秩序、保障社会和谐的重要构成因素。在各类广告行业自律组织中，其作用尤为重要，不仅是对广告参与者行为的约束，也为不良广告内容和参与主体进行惩治提供重要的参照依据。对于各类广告标准化信用体系的建立，可以从以下几方面入手：首先是在自律组织中设立专门管理信用体系建设的分支机构，其次是由该分支机构对该类型广告主体的信用资质进行审核，包括其网络文化经营许可证、营业执照等登记材料的合法与否；最后是在分支机构对该类型广告主体信用的实践情况进行实时监督更新，包括其违反广告相关法律的情况（次数、程度、金额、范围）和体现社会责任的情况（参与的公益活动、广告制作水平、自我审查能力）。通过这些度量维度，建立具有层次化的广告信用体系，形成对各类广告行业自律监管的有益补充。

（三）监管工具：以智慧化技术占据广告监管主动权

从 2012 年开始，以社交媒体广告为主的各类新型广告的出现便开始改变着广告产业的发展格局，颠覆了传统网络广告的传播模式、逻辑范式。而对于以社交媒体广告为首的各类新型广告形态的监管，我国也采取了诸多措施，譬如，2014 年所成立的网信办、2015 年对网络信息泄露以及相关违法广告行为进行惩处的专项治理活动，以及在 2017 年 9 月正式开通的全国互联网广告监管中心等，这些举措在一定程度上帮助广告监管责任主体有效地遏制广告乱象的频发。但是不容忽视的是，广告形态不断创新、广告技术不断革新的现实图景，使得以往在传统广告监管过程中所形成的广告监督手段已不适合当下社交媒体广告等新型广告形态的监督管理体系。以对社交媒体广告联盟平台的监管为例，为了提高广告制作生产效率，我国以新浪微博、腾讯微信和 QQ 为代表的社交媒体广告联盟平台一直致力于平台技术的革新，寻求更为智能和高效的方式来推动社交媒体广告的制作、设计以及投放。与之相反的是，我们的监管机构依旧采取文本或是图像的事后人工巡查识别的手段，导致在面对每天不断迭生的海量社交媒体广告时，监管人员很难对每一则广告进行实时有效监管，即使在监管过程中有利用一些尖端云计算、分布式爬虫和智能语义分析、搜索引擎信息采集、SDK 定位采集、分光数据采集、数据协同采集等高科技手段[①]，也因技术可容纳数据量有限，无法对违法广告进行全面拦截，造成一些违法违规广告成为"漏网之鱼"，从而加大了监管难度。同时，广告经营者或是广告发布者在发布社交媒体广告时，为了能够最大化地获得营销目的，总会利用大数据技术或是算法技术，大量挖掘用户的个人信息，使得用户隐私被侵犯的问题频频出现，但是在监管过程中，由于社交媒体本身具备开放性和隐匿性的属性，违法广告的经营者或参与者往往会私自修改、删除广告后台中的电子文本数据，或者对其经营单位和地址进行造假，以逃避监管部门的惩罚，而相关监管机构的检测技术又比较薄弱，这些都会给监管部门的取证、查处等工作带来困扰，成为其监管过程中的难题。但技术带来的问题终将需要技术来解决，从以社交媒体广告为主的各类新型广告的发展态势来看，其是依赖于媒体类型演进和信息技术发展而诞生的，要对其实施有效的监管就必须借助高智慧化的技术监管手段。具体可从以下两方面着手：

1. 建立智慧化、公共性的各类广告违法数据库

一直以来，科学技术的发展是推动社会和产业前进的永动机。正如大数据、人工智能等技术在社会和企业的广泛应用中给予他们极大帮助

---

① 工商总局网站：《全国互联网广告监测中心震慑作用显现 违法率从监测前的 7.1% 降至 1.98%》2018 年 2 月 9 日，http://www.gov.cn/xinwen/2018-02/09/content_5265213.htm，2019 年 3 月 26 日。

那样，这些技术也为社交媒体广告监管提供了强有力的专业技术支撑，让智慧化公共数据库的建立成为可能。以社交媒体广告为例，为了尽可能地将网络中所有的社交媒体广告接入数据库中，在采用传统人工网络实时巡查方式的同时，积极探索社交媒体广告智慧巡查方式，具体分为两大步骤：其一，通过利用日益成熟的大数据技术、人工智能技术以及深度学习技术，主动对全网社交媒体广告进行24小时全天候的审核，对其中涉嫌违规的广告及时进行标识并接入到数据库中，不断丰富更新数据库的内容。其二，打破信息孤岛，将数据库权限设置成多人共享模式。数据库的建立不能只用于某一广告监管部门，目前正是由于广告监管各部门各自为战，缺乏相互协作、共同治理的监管机制，才导致广告监管效率低下。将数据库权限设置成多人共享模式，以便于各个监管部门从海量全面的数据信息中找寻出不同违法广告各自的特质，从而扩大违法广告识别的范围与精准度，不断净化社交媒体广告市场，构建良好的广告市场环境。

2. 对广告交易平台开展智慧化监管

程序化购买是目前新型网络广告的主流投放方式，这就使得广告交易平台成为广告产业链中的不可或缺的一环，因此，广告交易平台监管的重要性，自是不言而喻的。但如今的现实情况是，对各类社交媒体广告交易平台的监管主要是由其自身进行事前审核，相关行政部门事后监管时即使发现了违规广告并对其进行撤除等措施，这类广告也已在早期就产生了一定的传播效果；同时，由广告交易平台进行自审查，也往往导致流量造假等问题产生，因而必须以强有力的新型技术为保障，对广告交易平台实施智慧化数据监管机制，在平台申请广告交易行为伊始，便对其建立专型智能档案，通过网络爬虫技术对其事前、事中、事后实行智慧化的全程监控，将任何可能发生的违法行为进行提前过滤与拦截，建构广告在交易平台中的智慧化监管机制。

第四章　短视频分享平台广告监管

经历了从文字、图片到动态视频的升格，视频可以说是最受当下互联网使用人群喜爱的内容传播形式。与纯文字相比，视频更加生动形象，其在囊括巨大信息量的同时，也赋予受众极度自由的观看惯习（视频内容随意切换、分享行为无界限、终端使用便捷化）。以 YouTube 为例，每分钟视频上传的小时数约 100 小时；平均每位访客每月观看视频所花费的分钟数约为 311 分钟；每周在观看视频后，会做出各种分享互动行为的用户数约 1 亿人，每天用户利用移动装置观看视频的次数约 6 亿次；每月不重复访问网站的访客总数约为 10 亿人。作为一种低门槛的短视频分享网站，YouTube 极具人气的使用率使其多年始终稳居最具商业价值 App 榜单的前列。可见，相比于传统视频，短视频时间短、成本低、易制作、内容精简等优势更能吸引用户。

在移动互联网时代，传媒业进入了以互联网（固网）结合 PC 端为特征的新媒体以及联合移动互联与智能终端的"互联网+"两大发展阶段。网络技术的发展使得信息的传播越来越简单快捷，随着网络信息源源不断地增加，受众在原本固定的时间很难去了解全部的信息。这时，受众不得不在巨大的信息量面前做出选择，将自己的注意力分配在自己更感兴趣的方面。而短视频这种以"短平快"为特征的传播方式，能在有限时间里更直观地突出自己内容的趣味性、摄取用户碎片化的时间。

短视频时间短、质量优、内容立体式、场景多态化，互动性强等优势，使得它具有很大的商业价值，特别是在以碎片化时间为基础的商业模式发展越来越好的背景下，短视频平台成为广告主的不二选择。

第一节　短视频分享平台广告相关概念及其形态分类

自互联网诞生以来，信息的传播方式也伴随着互联网技术的发展而更新迭代。从最初单一的文字传播，到图文并茂，再到之后的社交媒体、音频视频的传播，移动互联网技术的发展不停为人们获取信息提供着新途径[①]。移动短视频是互联网催生的一种移动新媒体形态。短视频制作的成本低、门槛低，同时易于操作，满足了普通用户分享信息的需求，同时短视频长度按秒计算，时间短，在有限时间里将简单有趣的内容呈现给用户，成为当下用户所喜爱的获取信息途径。伴随着短视频的火热，短视频分享平台开始迅速发展。短视频分享平台是以互联网为媒介，由用户自主生产内容的一种手机应用平台。2014 年，在移动互联网技术发展的推动下，手机用户量剧增。这一年，形成了以抖音、快手、秒拍为代表的短视频分享平台。据极光大数据 2017 年发布的垂直短视频 App 行业报告显示，垂直短视频 App 用户规模达 1.31 亿人，平均每五个移动网民中就有一个是短视频分享平台的用户[②]。

一　短视频分享平台广告的概念界定

要探究什么是短视频平台广告，首先应当对短视频有个基本的概念。目前对此还没有合适的定义，学者苏落将其定义为："贡献者主要为品牌和网友，视频时间严格控制在 10 秒以下，主要用于社交网络上分享的视频"；SocialBeta 将其定义为"短视频是一种长度以秒计数，主要依托于移动智能终端实现快速拍摄与美化编辑，可在社交媒体平台上实时分享和无缝对接的一种新型视频形式。"[③] 王晓红、包圆圆、吕强将其

[①] 张羽：《移动短视频发展现状浅析》，《经贸实践》2018 年第 15 期。

[②] 极光大数据：《垂直短视频 App 行业报告》2017 年 3 月 8 日，http://www.199it.com/archives/571086.html，2019 年 3 月 26 日。

[③] SocialBeta：《短视频营销指南》2015 年 4 月 17 日，https://wenku.baidu.com/view/caac52ac84254b35effd341a.html，2019 年 5 月 7 日。

定义为："为用户提供及时摄取、快速编辑、同步分享等功能，试图做到视频交互的精细化和小巧化的产品。"①通过对以上学者概念的梳理，我们将短视频定义为"时长为几秒到几分钟的依托移动设备在互联网上传播内容的社交分享形式"，基于短视频的概念，我们将短视频分享平台定义为"依托移动设备，以短视频分享为主的社交媒体平台。"

二 视频网站广告的发展历程

短视频分享平台广告的发展，依赖于短视频分享平台的兴起。短视频社交工具起源于美国，2011年，iPhone上的软件Viddy正式发布。它能够将拍摄的瞬间转变成小视频，并且与Facebook、Twitter和YouTube等社交平台联合，可以一键发布所拍摄的内容。Viddy还有自己的社区，可以发布拍摄内容，并支持评论互动，其开创了短视频分享平台的先河。2011年3月，定位于"与好友及时分享视频"的社交型短视频平台socialcam上线。其发布后迅速火爆，一度成为iPhone App store下载量第一的应用。2013年6月，社交媒体巨头Twitter推出短视频分享软件Vine，每天的视频上传量约有4000万，Instagram也新增短视频分享功能。此外，Givit、Threadlife、Keek等短视频应用开始进军应用市场②。几乎是同一时间，国内有了秒拍、微视、快手等短视频分享平台。近年来，短视频应用飞速发展，截至2018年12月，抖音在App store上的下载量超过1480万，快手超过153万。潜在的消费人群为短视频平台提供了商机，短视频平台广告也一路飞速崛起。

三 短视频分享平台广告的特点

短视频分享平台是基于移动智能终端的应用软件。因此，它的诞生之初具有与其他手机App相似的广告表现形式，如横幅广告、通栏广告、

---

① 王晓红、包圆圆、吕强：《移动短视频的发展现状及趋势观察》，《中国编辑》2015年第3期。

② 严小芳：《移动短视频的传播特性和媒体机遇》，《东南传播》2016年第2期。

插屏广告、启动页广告、信息流广告、竞价排名广告、私信通知广告等等。随着短视频的发展，其时间短、内容包罗万象、投放精准、有效利用用户碎片化时间等优势使它能够承载更多的广告表现形式，如植入广告、故事性广告。从 2014 年短视频分享平台发展至今，已形成了明确的行业分类，如集拍摄制作、发布功能于一体的社交分享平台抖音、快手、美拍等；依托大数据技术为用户提供精准内容服务的西瓜视频、梨视频等，还有为满足用户摄影需求而专注拍摄、剪辑的小咖秀、VUE 等。短视频分享平台发展势态迅猛，越来越多的公司看到其中的商机想来分一杯羹，严峻的行业竞争不得不使得每个短视频 App 开始依托自己的平台优势寻找新的商机。如抖音利用自己的话题标签，帮助大品牌定制广告并从中获利。如 OPPO 定制的广告"#原来你是酱紫的"。总体而言，基于移动互联网技术的发展，短视频分享平台广告兼具视频广告与手机 App 广告的优点，同时在此基础上发展出自己的特点。广告变现形式的新颖多样以及广告投放平台——短视频分享平台优势使短视频分享平台广告在目前的商业广告市场中脱颖而出。其主要有以下几个特点：

（一）广告成本低，广告主皆能负担

在热门综艺节目中冠名、于黄金档电视剧中插播广告，其广告费用动辄几亿，如2017—2018年网络综艺冠名中位居榜首的便是由一叶子花费6亿元所冠名的优酷自制网络综艺节目《这，就是街舞》，浙江卫视《中国蓝剧场》独家冠名费则高达2.2亿元。广告主想投放广告必然要经过各种大小会议、市场评估等繁琐环节，且广告投放的效果也不能得到有效保障，一次错误的决定就有可能会使自己的利益受到巨大负面影响。许多小广告商也无法承担这些天价广告。相比昂贵的电视广告、冠名广告等，短视频分享平台广告费就低廉得多。目前，短视频分享平台广告费用可由广告主自由定制，按广告展示次数收费，广告主仅需为用户点击了的广告付费，这有效提高了广告费的投资转化率，节省了广告成本。对于一些无法负担广告费的广告主来说，短视频分享平台本身就为他们提供了一个展示广告的途径，只要开通自己的账号，他们就能制

作关于自己产品的短视频广告，并公开分享给所有用户。如抖音网红店"泡面小食堂"，其店内出售的一份泡面可高达40元，它通过个人账号发布泡面的制作过程吸引抖音用户前去店内品尝，再通过用户的口碑传播成功走红，成为一家炙手可热的网红店。

（二）制作门槛低，广告易于投放

从短视频的定义"时长为几秒到几分钟的依托移动设备在互联网上传播内容的社交分享形式"[①]中，我们可以看出短视频的制作区别于传统视频生产流程。对于传统视频生产而言，其需要昂贵的拍摄设备和复杂的后期剪辑的支持，即使制作完成，受视频格式、清晰度的影响，若想要正常播放视频，相关技术人员仍需进行大量的准备工作；而短视频制作只需有智能手机，人人便可制作出有内容、有特效的短视频。譬如，在"秒拍"App上进行短视频制作，只需打开"秒拍"选择"拍摄视频"，并按住手机中间的圆圈，视频就会开始拍摄。此外，用户还可以在拍摄几段视频内容后，任由"秒拍"App自身将相关视频剪辑成一份完整视频片段。若想让视频具有艺术性，用户还可选择风格迥异的滤镜和视频背景音乐，甚至是逼真的特效。不亚于视觉大片的短视频却只需简单几步就可制作完成，如此低门槛，使得人人皆可轻松拍摄出短视频广告。在短视频制作完成后，只要点击"发布"按钮，就可以一键发布，不需要任何后期解码编码处理。在发布时，广告主还可以编辑广告语，贴上话题标签为自己宣传。

（三）平台的内容形态本身适合投放广告

以往的视频广告困囿于告知型内容及固化的载体呈现形式，经常会在用户期望获得某一感兴趣的内容时，强制用户观看广告，从而造成用户的反感。譬如，非会员用户在视频网站观看感兴趣的视频之前，必须要强制接受几十秒的贴片广告。当用户迫切想要了解自己所感兴趣的视

[①] 王晓红、包圆圆、吕强：《移动短视频的发展现状及趋势观察》，《中国编辑》2015年第3期。

频内容时，或是正将感兴趣的视频观看到情节反转之时，却突然插播出一段与原本视频毫不相关的几十秒广告，这种干扰用户视频观感的行为，极易引起用户对相关广告内容的厌恶。而在短视频分享平台，广告更容易以原生内容的方式出现，无论是信息流短视频广告，还是自媒体的植入广告，其长度都与用户正在观看的短视频一致，内容形态也是完全接近，这种巧妙适应用户观看预期的方式，使用户更容易接受相关广告内容。如上文中所提到的抖音网红店"泡面小食堂"，其广告的内容形式更接近"美食制作"，且视频制作精良，从而在不引起用户反感之余，还获得了大批网友"奔现"。

（四）广告主可直接受到受众反馈

贴片广告、冠名广告、植入广告等传统广告投放可能要经过很长一段时间才能看出其效果，并且需要专业的市场调查公司的介入，而短视频分享平台广告则具有可直接接收到受众反馈的优势。短视频分享平台作为一种社交平台，其分享的内容必然是用户可以互相交流和沟通的。在短视频发布者发布一条短视频后，其他用户可以通过点赞、评论、分享来表达自己对这条短视频的看法。如果用户喜欢短视频可以将它分享给自己的朋友，短视频被观看的次数越多，获得的评论及点赞也会越多。通过短视频被观看、评论、点赞的次数及内容，作为广告主的视频发布者，则可从中直观看出受众对自己短视频的正向态度如何。

此外，诸如抖音、微视等短视频分享平台还通过给广告主定制标签来吸引用户参与，以达到良好的广告效果。这类广告效果的评估主要依据该标签下原生视频的数量以及视频总的播放量，从此相关数据中可反映出受众对此广告的态度。譬如，抖音为OPPO手机所定制的标签"#原来你是酱紫的"，其播放量总计15.2亿次，由此可见受众对这条广告并不排斥并乐于参与。

（五）广告形式丰富，给广告主多种选择

首先，短视频平台通过激励内容生产者，形成丰富的短视频内容，以此吸引用户持续性的使用，增加平台的自然流量；其次，平台通过整合其中的媒体和流量资源，向广告主售卖变现。如此，便形成一个较为完整且稳定的短视频平台商业营销闭环模式。在这样三方互相借力的商业生态圈中，广告主、平台方、内容方，三方相互依赖，相互促进，没有任何一方会强势到主宰话语权。这与"一家独大"的传统视频平台完全不同。在传统视频播放平台，由于内容生产的高门槛，使得内容版权方处于上游位置。广告主在投放广告时，受到了内容方的极大限制。譬如，综艺节目中的冠名广告，只有短短几秒的时间去展示产品名字；电视剧的植入广告，受剧情影响，植入的广告品种受到明确限制，广告的展示也只能依托电视剧情节，不一定充分表现出产品自身特性。但在短视频分享平台中，广告主可以依据自己产品的特点，选择由自媒体大V为自己的产品做广告，或是定制标签宣传自己的新产品，还可自己针对产品特性"量身定制"专属短视频广告以突出自己的品牌价值……可见，广告主有了更多丰富的选择。

（六）广告收费标准灵活，广告主选择多

传统视频广告的收费标准往往过于单一，广告主只能选择以广告播放时间长为标准的收费模式。常见的有电视广告、网站视频广告，譬如，央视四套《中国新闻》广告刊例的价格为5秒95000元/期；10秒142000元/期；15秒176000元/期[1]，这样的收费单价过于昂贵，且投放人群面向的是不聚焦的全国观众，只有大品牌或是想快速提升品牌知名度的广告主才能负担得起其如此高额的广告费。而在短视频分享平台中，其广告收费方式既有可供大广告主选择的CPT计费形式（按投放时间计费，譬如开屏广告）、CPM计费（按千次曝光计费，譬如信息流广告），也有可供小广告主选择的CPC计费（按点击计费）。这些以广告效果为标准的灵活计费方式极大提升了广告费的投资转化率，帮助广告主有效节约了广告成本。

---

[1] 中视海澜：《央视四套中国新闻广告价格》，http://www.zshl1235.cpooo.com/product/13418966.html，2019年5月7日。

(七) 广告受众数量庞大

从短视频营销兴起的背景中可见，短视频的用户数量非常庞大。2015年3月，秒拍旗下的短视频平台"小咖秀"便借助微博这一巨大流量池平台火速走红，在短短时间内，小咖秀的用户增长量超过了1000万。2016年2月，短视频平台"快手"的用户量超过5亿。2017年，短视频综合平台人均每日启动次数为8.1次，人均每日使用时间超过40分钟。由此可见，短视频平台的用户数量及其潜在用户量十分庞大，这本身就是短视频平台广告的巨大优势。

四 基于传播形态的短视频分享平台广告分类

短视频分享平台的广告，是网络广告的一个子集，因此想要对短视频分享平台的广告进行分类，首先要理清网络广告是如何分类的。根据网络广告的推广形式、推广工具、广告受众等多维度的不同呈现，网络广告催生出多种划分形式。在杨连峰主编的《网络广告理论与实务》一书中，根据网络广告的尺寸将其分为通栏广告、按钮式广告、矩形广告、全屏广告等；根据广告投放的形式将其分为旗帜广告、赞助式广告、邮件式广告、画中画广告、贴片广告等；根据网络广告制作形式将其分为文字链接广告、富媒体广告、静态图片广告、动态广告。[1] 在杨立钒主编的《网络广告理论与实务》一书中，根据网络广告的受众将其分为分类广告和定向广告；根据网络广告的推广工具将其分为搜索引擎广告、网络视频广告、电子邮件广告等；根据网络广告的表现形式将其分为旗帜广告、按钮广告、画中画广告等[2]。谭圆圆将网络广告的表现形式划分为文字广告、图片广告、音频广告、视频广告和Rich Media广告[3]。

---

[1] 杨连峰：《网络广告理论与实务》，清华大学出版社2017年版，第30—35页。
[2] 杨立钒：《网络广告理论与实务》，中国电力出版社2014年版，第5—16页。
[3] 谭园园：《网络广告形式及利弊分析》，《计算机与信息技术》2011年第10期。

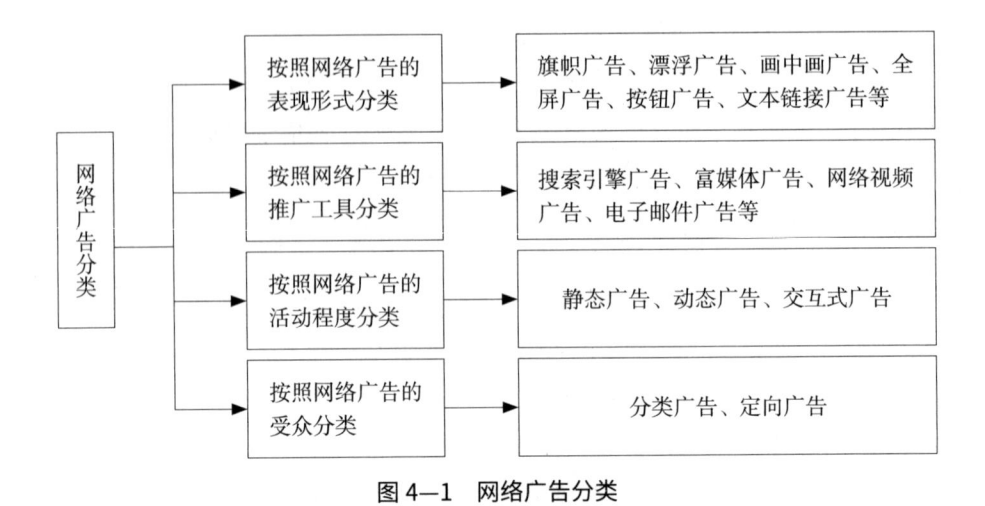

```
网络广告分类
├─ 按照网络广告的表现形式分类 → 旗帜广告、漂浮广告、画中画广告、全屏广告、按钮广告、文本链接广告等
├─ 按照网络广告的推广工具分类 → 搜索引擎广告、富媒体广告、网络视频广告、电子邮件广告等
├─ 按照网络广告的活动程度分类 → 静态广告、动态广告、交互式广告
└─ 按照网络广告的受众分类 → 分类广告、定向广告
```

图4—1 网络广告分类

基于以上学者的研究和对相关文献的阅读，以及对短视频分享平台的研究，本文总结出了以下几种短视频分享平台广告的主要表现形式：

(一) 观看体验型广告

观看体验型广告，是以广告主投放广告，用户观看为主的广告形式，主要包括启动页广告、横幅广告。

1. 启动页广告

启动页广告又称为开屏广告，其是指打开手机App时，出现在手机App首页全屏展示的广告，内容一般为产品展示或品牌宣传[①]。广告有静态与动态之分，一般时长3—5秒，广告的右上角有"跳过"键可以实现广告跳过功能。启动页广告是短视频分享平台最常见的广告形式，自从有手机App以来，启动页广告就诞生了，从开始的静态广告到现在的动态广告，随着互联网技术的发展可能还会有新的更吸引消费者的广告形式。启动页广告具有强制每个用户观看的特殊权力，即使能跳过广告，在用户打开App按下"跳过"键时，还是不可避免地会看见启动页

---

① 吴梦琦、樊懿琴：《阅读类App广告及其传播效果研究》，《现代营销（下旬刊）》2018年第10期。

广告。它所具有的强大曝光率使其成为各大广告主投放广告时必不可少的选择。如图4—2便是在抖音平台所出现的启动页广告。

图4—2 启动页广告

2. 横幅广告

横幅广告是网络广告最早采用的形式，也是目前最为常见的典型形式之一。第一个成功地利用互联网发布横幅广告的便是"热线（Wired）"网站，其通过在显示页面上方的一小块版位置入图片式广告，开创了在当时而言影响用户体验较小的横幅广告先河。随着网络广告及其生态环境的变化，横幅广告也在不断进行演进。从其呈现形态上而言，横幅广告由早期的静态图片逐渐发展到当下以动态的GIF/视频为主要表现形式的广告，但无论其外在形式如何演变进化，横幅广告始终是以网页版块为立足点，通过借助显示页面的固定位置标示出自身广告牌属性。且一般的横幅广告都会以广告中的产品（或服务）官网及销售平台（譬如天猫旗舰店）网页为跳转落地页，使用户在点击广告后可直接进入购买或了解产品环节，进而达到营销闭环。在短视频分享平台，横幅广告是必不可少的广告形式之一，它会出现在用户的主页的固定位置，一般伴随短视频平台活动、推送等循环滚动出现。横幅广告位置醒目，伴有特色鲜明的广告语，会引起用户的注意，但不能强制关闭。如图4—3便为抖音首页中的横幅广告。

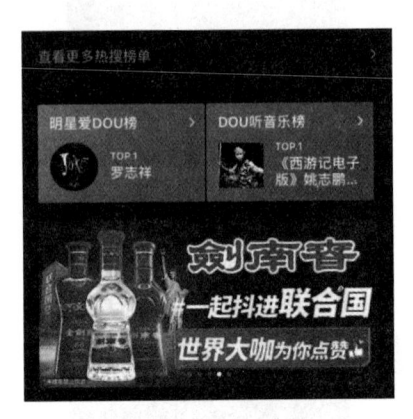

图4—3 横幅广告

（二）社交体验型广告

社交体验型广告，一般是指携带社交属性基因的广告，这类广告因具备互动社交等功效而能得到用户的关注和参与，较常出现在以社交为主功能的平台中。而短视频平台中的社交体验型广告，便是基于短视频分享平台的社交属性而增强用户体验的一种广告形式。目前其主流的呈现形式主要包括信息流广告、DUO+广告、竞价排名广告、植入式广告、原生广告等多种形态。

1. 植入式广告

植入式广告是指将产品品牌、服务、代表性的视觉符号及传统广告片有一定策略性地恰当融入电视节目、电视剧、电影等各种媒介内容中，通过其场景的再现镜头，使得受众对产品或品牌留下印象，继而达到营销目的[①]。植入广告有很多形式，如在电影的台词、演员的表演道具、

---

① 杨珂：《中国电视剧植入广告存在的几个问题——以中国版〈深夜食堂〉为例》，《视听》2018年第11期。

电影拍摄的背景中植入广告，这种广告形式能降低消费者的排斥感，潜移默化影响消费者的购买行为。

在短视频分享平台，当一名草根用户成为达人时，就可以通过植入广告来实现流量变现，最简单的方式便是在自己拍摄的短视频中植入广告。譬如，英语老师杨家成（抖音账号为：@MrYang 杨家成英语）自2017年底开始，便陆续在抖音上发布说唱、教授英语知识等的相关短视频，其轻松幽默的风格加上干货满满的分享，使得他在一年内一跃成为短视频分享达人，积累了超过623万粉丝。在抖音短视频平台中走红后，英语流利说、唯品会、天猫超市等多家广告主纷纷与他合作，在其短视频中植入自己的产品广告。

图4—4 植入式广告

2. 原生广告

原生广告可以说是目前各类社交平台广告中最为流行的一种广告形态。其从用户的媒介使用习惯切入，与媒介环境相融合，为用户提供没有隔阂的体验，是一种具有高内容质量的互动性广告[1]。在短视频分享平台中，原生广告时间较短，能够在联网环境中自动播放，广告内容与受众正在接触的信息契合度高，在潜移默化中便达到传递品牌信息的效果。同时，在不影响用户体验的前提下，原生广告为用户提供了优质的内容，进而提升品牌在用户心中形象，有效促进用户对广告内容的分享，打破以往用户与广告二元对立的冲突格局，为用户带来全新的消费者体验。目前，原生广告在短视频分享平台中主要存在两类形式：创意中插广告、定制视频广告。

对于创意中插广告的认知和定义，不同学者有不同的思考，通过阅读文献，本文将创意中插广告定义为"以创意为本质、中插为形式、广告场景和情节以节目内容为基础、在节目播出中间时段播放、将广告产品与节目内容深度融合的广告植入方式[2]"。例如在"秒拍"平台上拥有991w粉丝的自媒体大V"一条视频"，其在自己的一条创意视频中插入雪佛兰汽车广告，通过带给用户全新的"观影式"广告体验，获得极大地营销价值。

图4—5　创意中插广告

---

[1] 葛异：《原生广告内容介绍及评价》，《新媒体研究》2018年第16期。
[2] 李正良、张美娜：《创意中插：场景理论视域下的新解读》，《新闻战线》2017年第18期。

定制视频广告是短视频平台所催生出的产物。短视频的走红推动着广告主进行更多的广告尝试。在传统视频广告中，由于视频时间较长，广告只能选择植入或创意中插，而短视频时间短，其本身就可当做广告的宣传片来播放。广告主可以根据自己产品的特性，为自己的产品量身定制突出其品牌价值的短视频。区别于普通的电视广告，短视频广告要符合短视频平台整体的调性，广告风格需要时尚有创意，只有这样才能在众多的短视频中脱颖而出。定制视频广告能巧妙地将广告融入创意剧情中，摒弃了干扰用户体验的硬性广告方式，在给用户提供有价值的信息的同时，影响用户的决策。很多品牌都在短视频分享平台上制作自己的公司宣传短片或是其他创意视频，效果良好，充分利用有限资源给自己带来巨大回报，譬如，临近 2018 年"双十一"，唯品会为自己定制了一条"双十一"广告，由网络红人 papi 酱自导自演一个短视频，突出唯品会购物在"双十一"期间的超值优惠。

图 4—6 定制视频广告

3. 信息流广告

信息流广告是指一种以信息流形式出现在网络用户的视野之中，依据社交媒体属性和用户喜好和特点进行智能推广的广告形式[①]。信息流广告在短视频分享平台以短视频形式插入，直接出现在用户观看的短视频中。如快手的信息流广告出现在用户观看短视频的第五位，也就是说每当用户刷新快手短视频，主页的第五条视频都是信息流广告。这种广告形式使广告直接出现在用户注意力集中的区域，不会被用户忽略，可以说是强制用户观看的，但其形式又与用户正在观看的其他短视频相同，不易引起用户察觉和反感。相反，有些内容优质的广告反而会获得用户的点赞与分享。在"快手"这一短视频平台中，"360借条"广告通过以情景剧的方式呈现，获赞五万多次，收到用户好评。信息流广告既强制观看，获得展示量与点击率的保障，又能为用户提供优质内容，不影响用户的使用体验。这种广告形式成为短视频分享平台主流的广告形式之一。

图 4—7 信息流广告

---

① 范昕伟：《微信信息流广告商业模式初探》，《新闻研究导刊》2016 年第 2 期。

4. DUO+ 广告

DUO+ 是抖音推出的一款内容加热工具，可以帮助用户将视频推荐给更多潜在用户，大量提高视频的播放量。这款工具本身，现在已成为广告主投放广告的一种形式。广告主可以在设置界面点击 DUO+ 订单管理，然后确定自己想要曝光的视频，选择自己的投放群体和金额后就可一键投放广告。DUO+ 广告定位精准，价格低廉，操作简单，人人皆可作为广告主投放自己的视频。

图 4—8　DUO+ 广告

5. 竞价排名广告

竞价排名又称"关键词排名""关键字排名"，是一种网络推广商业模式，购买方可购买对某一关键词的网站链接，并由购买方价格的高低决定在搜索结果中出现的排名先后。在短视频分享平台中，竞价排名广告常以信息流广告的形式出现。对某一关键词，出价高的广告主会获得这个关键词的优先展示机会，当用户搜索这一关键词时，便会展示广告主的短视频。例如在 VUE 短视频中搜索关键词"酒店"，其中排列第二的为上海世茂深坑洲际酒店。

图 4—9　竞价排名广告

（三）互动体验型广告

互动体验型广告，是以广告主制定营销活动，用户参与为主的广告形式，主要包括定制品牌广告。何为品牌？品牌是产品或服务的无形资产，其代表了一种区别于他人的态度、一种特立独行的生活方式，甚至是一种独树一帜的向上价值观。基于此，品牌广告便是以树立品牌形象为目的，着重传播品牌在消费者心目中地位的一种宣传方式。传统的品牌广告以电视广告为主要呈现形式，通过各种视觉元素，借助广告故事和广告语来树立产品或服务的品牌形象。在短视频分享平台中，随着"标签""贴纸""达人挑战赛"等新板块的推出，平台方和运营方嗅到了新的商机，借助这些原本用于丰富用户玩法的新型板块，为广告主量身定制品牌专属广告。定制品牌广告主要分为贴纸广告、话题广告、挑战赛广告这三大类。

贴纸是用户制作短视频时可以使用的一款道具，它具有很多种类，如可爱型的兔子贴纸、熊猫贴纸、小鹿贴纸、猫咪贴纸、小猪贴纸等等；少女系的蝴蝶结贴纸、皇冠贴纸、珍珠项链贴纸、爱心贴纸等等；节日狂欢型的圣诞帽贴纸、南瓜贴纸、鬼脸贴纸等等。当用户选择一款自己喜欢的贴纸后，短视频拍摄过程中，手机屏幕中间就一直出现这款贴纸。如一位女性用户选择了兔子贴纸，在她拍摄自己的短视频过程中，她的头部会一直出现兔子耳朵装饰。贴纸是一款用户主动选择使用，且适用于大部分用户的道具，许多广告主利用这一特性与短视频分享平台合作制作贴纸广告以宣传自己的品牌。在 2018 年 3 月，OPPO 推出新品 OPPO R15，其拥有"星空紫"的全新配色。为了宣传新产品，OPPO 选择与抖音合作，联合定制了"星空紫面具"贴纸。面具的颜色艳丽亮眼，符合潮流文化中的"酷潮"设定，成为许多用户录制短视频时的选择。"星空紫面具"为 OPPO R15 传递了个性潮流的品牌形象，使 OPPO R15 成为很多年轻用户的选择。贴纸广告具有用户主动选择的巨大优势，制作精良的贴纸很容易受到用户的喜爱。目前贴纸广告是小部分广告主的选择，贴纸的种类也大大受限。这种广告模式仍在探索之中，需要短视频分享平台和广告主的共同努力去提升贴纸广告的质量和创意，挖掘出贴纸广告的优势，并将其运用在广告传播中。

图 4—10　贴纸广告

话题广告是通过策划、设计话题，引发公众舆论从而达到广告信息传播目的的一种广告形式①。话题是人们谈论的主题，是日常生活中人们关注的各个事件的一个概括。在短视频分享平台，会经常推出一些符合当下热点、用户关心的新鲜话题。2018 年 12 月，抖音推出话题"#考研加油"，截止 2018 年 12 月 18 日，该话题下的短视频已被播放

---

① 刘统全：《浅析话题广告》，《北方文学（下半月）》2011 年第 9 期。

255.5w 次。具有高热度的话题能引起用户的普遍关注，吸引用户参与话题讨论，通过出售话题获利也成为短视频分享平台一种新的盈利模式。OPPO 新产品 R15 发布时，除了制作贴纸，还发布了话题"# 原来你是酱紫的：打开抖音不知道怎么拍？那你就 OUT 了，OPPO 来告诉你就要酱紫玩起来！揭开面具，才发现原来是酱紫的你，一个最最最最最不一样的你。"话题解释涵盖多个网络流行用语，能引起年轻用户的共鸣，且具有趣味性吸引用户参与，也突出了 OPPO "新" "潮" 的品牌形象。话题一经发布就火爆抖音，累计参与人数 12 万余人，话题下的短视频播放量超过 15 亿次，创下抖音话题参与人数和播放量新高。此次话题广告营销为 OPPO 带来了意想不到的巨大利益。传统的广告宣传难以和消费者进行互动，相比而言，话题广告能引起消费者的主动参与和自愿传播，因此话题广告更为容易使大众接受，获得大众好感，达到一般广告难以企及的广告效果。人际传播的效果是大众传播所不具备的，话题广告作为一种新型的广告传播模式必然会成为越来越多广告主的选择。

图 4—11 话题广告

图 4—12　挑战赛广告

　　挑战赛广告是指将挑战赛与广告商相结合，利用挑战赛营销的一种新型广告形式。挑战赛是活动举办者制定的一项内容，要求活动参与者按照规定完成指定内容。挑战赛从最初的比赛、知识竞赛等演变至今，其意义已不仅仅是单纯的比赛。如曾经风靡一时的冰桶接力挑战赛，其要求所有活动参与者（被挑战者或主动参加者）主动在社交平台中上传自己被冰水淋湿的短视频，并@其他好友一起挑战该项活动，进而推进活动不断接力下去。但是，冰桶挑战赛的目的并不是为了让参与者自己泼自己冰水，而是为了让更多人知道被称为"渐冻人"的这一罕见疾病，同时为身患该疾病人群募款以帮助他们治疗。此后，为了吸引用户、提升用户的黏性，许多短视频分享平台会定期推出挑战赛活动。6月6日是中国梅子节，中国食用青梅品牌"溜溜梅"和抖音联合发起了一场"溜溜梅抗酸全民挑战"。其参与门槛较低，无论是表达自己抗酸能力的视频，亦或自己食用酸性食物后的表情包图片，用户只要拍摄的视频内容与酸性食物有关，即可在抖音平台中上传相关小视频参与该挑战赛。挑战赛首日参与人数便突破 20 万，累计参与人数达到 76 万，挑战赛下的视频总播放量超过 3.3 亿，成为挑战赛营销的典例。挑战赛广告需要广告主定制挑战赛，受众参与挑战赛，并且需要一个参与的平台使受众能传播自己的挑战内容。受平台的限制，挑战赛广告目前只能在网络小部分的平台上投放，诸如社交媒体平台和短视频平台。这种新型的广告形式有着独特的魅力，激起受众的征服欲，吸引受众主动参与和传播。

第二节　基于短视频分享平台广告形态的问题凸显

短视频平台作为正在蓬勃发展的新兴产业，其平台广告也附带着得到了迅速的发展。短视频平台的火爆吸引了大批用户，为短视频平台广告带来了市场，促使短视频平台广告持续演变出新形态，不断为广告主带去出乎意料的惊喜。但新事物的出现是一把"双刃剑"，新型的广告形态在为广告主带去利益的同时，也开始呈现出各种问题。广告形态缺乏规范，导致短视频平台广告乱象丛生。视频质量没有保障、广告强制播出、侵犯用户隐私等等这些问题接连出现。对短视频分享平台广告形态的问题具体分析如下：

一　短视频分享平台广告问题的结构化分析

短视频分享平台通过激励内容生产者，形成丰富的短视频内容，吸引用户的持续使用，再通过平台整合其中的媒体和流量资源，向广告主售卖变现，其中广告主也可以作为内容的生产方。短视频平台的商业形态，形成了三角形的稳定模式。在这样的模式中，广告主、平台方、内容方，三方相互协调，相互促进，没有任何一方拥有话语的主宰权。这与传统视频平台广告主想要投放的广告内容受版权方限制完全不同，广告主有更灵活的选择，广告投放也有更多形式，但这也带来了很多问题。在很多短视频分享平台，广告主本身作为内容生产方，肆意投放广告，造成广告量过多，严重干扰用户的观看体验。广告主可以更随心地定制视频内容，也使短视频质量有待考量。

目前关于短视频分享平台的相关资料较少，对其广告形式也没有权威的总结，大部分短视频分享平台广告形式单一且以信息流广告为主，很难系统分析短视频分享平台广告存在的问题。本文根据短视频分享平台广告的类型，分别抽取了抖音、快手、秒拍、西瓜视频、VUE、小咖秀、微视、火山小视频、美拍、梨视频这十个主流短视频分享平台，对其广告进行深层次剖析。

（一）观看体验型广告的现存问题探究

观看体验型广告以用户观看为主，在短视频分享平台以启动页广告和横幅广告两种主要形式出现。这些广告在抽取的十个短视频分享平台中，抖音、微视、火山小视频有横幅广告。这类广告出现在短视频分享平台的首页或者推荐页，直观展示广告内容来引起用户的注意。

抖音中，横幅广告出现在搜索页的首页底端，位置固定，与抖音的其他活动、热门内容推荐、科普知识等共占一个版块，轮流滚动展示，间隔约为3秒。目前，抖音短视频的滚动展示页有七条内容，其中约两条为广告。微视中，横幅广告出现在频道页精选内容版块的顶端，位置固定，与微视的热门话题推广共占一个版块，轮流滚动展示，间隔约为5秒。目前，微视的滚动展示页有七条内容，其中约三条为广告。火山小视频中，横幅广告出现在搜索页顶端和直播页顶端，与火山小视频的公告和推荐内容共占一个版块，轮流滚动展示，间隔约为5秒。目前，火山小视频展示页有四条内容，其中约一条为广告。

由此可见，短视频分享平台横幅广告出现的位置没有统一规范，各个平台按自己的框架结构制定了横幅广告所展示的位置。但值得一提的是，这些横幅广告的位置均在短视频平台主要功能的首页，当用户点击该功能时，无可避免地会看到横幅广告。横幅广告的强制性使它成为硬广的热门形式之一。当用户看到横幅广告时，可以选择左滑/右滑来跳过广告内容，继续观看平台推送的其他内容，但它必定会打破用户原来的观看体验，引起用户一定程度上的反感心理。启动页广告也是如此，用户在看到广告时可以选择右上角的跳过键来跳过广告，但打开短视频平台的瞬间，广告已展示给用户。横幅广告的频次和时长也没有制度规范，各短视频平台按自己滚动页展示内容的间隔来确定广告展示的时长。

（二）社交体验型广告的现存问题探究

社交体验型广告以信息流广告、DUO+ 广告、竞价排名广告、植入式广告、原生广告为主要形式，本文抽样的十个短视频分享平台中均含有社交体验型广告。

信息流广告是大部分短视频分享平台主要的广告形式之一，在刷新短视频内容时，信息流广告可以"悄悄"插入众多短视频中，在不影响用户观看体验的情况下，起到广告宣传的效果。从信息流广告诞生至今，经过不断探索，信息流广告的形式已经越来越完整规范，但它的投放策略仍存在一些问题。信息流广告最为突出的特点是以数据和技术为支撑，进行精准、有效、个性化的内容发布。目前短视频平台都使用了算法推荐，根据用户的阅读兴趣为其推荐合适的短视频，以此提高用户的黏性，吸引更多用户注册使用。在投放信息流广告时，短视频平台也会基于算法推荐来为用户呈现符合其需求的信息流广告，这种算法推荐运用到商业层面，在给用户带来便利的同时，从一定程度上侵犯了用户的个人隐私，用户的兴趣爱好、观看习惯、个人行为轨迹均暴露在广告主的视野中[1]。例如经常在一个短视频平台搜索"酒店"，那么一段时间后，在该短视频平台观看短视频时，关于"酒店"的短视频数量会大大增多，其中就会包含一些短视频广告。DUO+ 广告也有相同的问题，甚至更为突出。在 DUO+ 广告的投放页面，广告主可以选择视短视频投放的人群性别、年龄、城市，这些原本私人化的信息被短视频分享平台直接用来变现。

植入式广告门槛低，操作简单，利用短视频本身的内容在场景、道具、台词中植入广告会降低用户的抵触心理。在短视频平台，许多自媒体达人擅长制作吸睛的短视频，并且创意丰富，能将广告与视频内容完美契合，使植入式广告备受广告主青睐。但植入式广告没有具体的法律条例

---

[1] 黄素琴、李德团：《原生广告的数据隐私问题探析》，《新闻世界》2018 年 11 期。

限定其在短视频中出现的时间、次数,如今存在出现频次过高,短视频时长失调的问题。

原生广告最近几年发展迅速。在受众获得信息越来越多的情况下,受众的口味也越来越挑剔,最早的硬广现在几乎销声匿迹,取而代之的是以创意、情节取胜,让受众回味其中的广告,原生广告就是其代表。许多广告主开始为自己的产品量身定制短视频广告,但这种以广告主需求为导向的短视频广告,往往只考虑了广告主的诉求而忽略了受众的观看感受。原本的原生广告想要达到一种广告与媒介相融合,在不打破用户观看体验的前提下吸引用户、影响用户的效果,但现在很多原生短视频广告打着"原生"的口号,实际内容却是直接粗暴的产品宣传。

(三)互动体验型广告的现存问题探究

互动体验型广告还处于发展阶段,基于广告主与消费者互动的需求,这种广告大多出现在社交类平台,在搜索引擎、视频网站等平台无法应用。独特的平台优势使互动体验性广告在短视频平台势如破竹。互动体验型广告主要指定制品牌广告,其中包括贴纸广告、话题广告、挑战赛广告。这类广告由广告主与短视频平台共同制定广告策划,新奇有趣的活动会吸引消费者的主动参与。比起纯粹的广告,品牌定制广告可能更偏向于一种营销活动,互联网广告的监管本身就存在法律条款不全,监管不到位等问题,广告与营销活动界限的模糊使得品牌定制广告的监管更为困难。

二 短视频分享平台广告现存问题的多维度呈现

基于前文关于短视频分享平台广告现存的问题结构化分析,本文总结归纳出短视频分享平台广告存在的主要问题。首先从广告的规范角度来说,广告展示的位置、广告时长、广告出现频次都没有具体限定,各个短视频平台依据自己的平台结构来决定广告的规范。其次从广告的内容来说,短视频内容没有限制,广告主可随心所欲制定视频内容,过度植入层出不穷,甚至有虚假广告。最后从广告的投放来说,短视频平台的广告大多依据数据与技术实现精准投放，这就需要收集用户信息、了解用户使用习惯为前提，侵犯了用户的隐私。具体来说，问题主要表现为以下几个方面：

（一）广告质量无法保障，影响用户体验

由于调查的广泛性和科学性，每年由 CNNIC 所发布的《中国互联网络发展状况统计报告》已成为人们对我国互联网实际发展状况进行了解认知的权威。在最近发布的第 41 次统计报告中，其调查显示，截至 2017 年 12 月，我国网民规模达 7.72 亿人。[1] 同时，由七脉研究院所调查的数据显示，截至 2018 年 2 月，我国短视频综合平台与短视频聚合平台活跃用户规模分别达到 4.035 亿人与 1.655 亿人[2]。短视频巨大的用户量和其以 UGC 为主的内容生产模式造成短视频平台发布内容过多，这对短视频的内容审核提出了巨大挑战。广告主选择短视频平台投放广告后，既可以与自媒体达人合作定制短视频，也可以在他们的视频中插入自己的产品广告，只要插入的广告不违法，想通过短视频平台的审核轻而易举，这就带来了许多问题。有的广告主一味追求广告的宣传效果，在短视频中通篇硬性介绍自己的产品，短视频毫无创意可言，这种广告出现在用户正在观看的短视频中，会严重影响用户的观看体验。信息流广告的成功推广是依赖于大数据分析后广告的精准投放，其通过与用户喜爱观看的内容相契合，在不造成用户反感的情况下达到广告效果。但现实中却充斥着大量低质量的信息流广告，这类广告直接引起用户的反感，起到负面作用，长此以往会降低用户对短视频分享平台的黏性，不利于平台发展。

（二）广告呈现形态缺乏共识性的标准和具体的规范

短视频分享平台广告继承了传统视频网站广告的优势，融合图文、

---

[1] 中国网信网：《中国互联网络发展状况统计报告》2018 年 1 月 31 日，http://www.cac.gov.cn/2018-01/31/c_1122347026.htm，2019 年 5 月 6 日。

[2] 七麦数据：《2018 年中国短视频行业研究报告》2018 年 5 月 2 日，https://api.qimai.cn/institute/downloadReport/id/68，2019 年 5 月 9 日。

视频、音频等形式于一体，将表现形式从之前单纯的文字和图片上升到更高的领域，还具有广告主与用户双向互动的特点，开创出许多新的广告形式，但这些广告形式目前处于发展阶段，对其起约束作用的法律条款还未成形。如前文所介绍的短视频分享平台广告形式：品牌定制广告、启动页广告、横幅广告、植入式广告等等，这些广告从时长到播放频次、展示位置，都没有具体的规范。例如前文分析的抖音、微视和火山小视频的横幅广告，这几家平台广告的尺寸、展示位置、广告时长均不相同。这就造成了短视频分享平台广告无统一标准的混乱现状。

（三）广告传播迅速，留存时间短，对违法广告取证难

短视频分享平台虽然有内容审核功能，但实际上内容的审核并不严谨，人工过审的工作人员少，短视频数量与审核的人力严重不对等。由于每个人工审核人员每日需要观看大量短视频，难免会对视频内容麻木，审核有所遗漏。每天巨大的短视频上传量使短视频平台的内容审核漏洞百出。在短视频上传后，很短的时间里就可以完成审核并将短视频分享给所有用户，一旦有违法广告成为"漏网之鱼"，通过短视频这个平台，广告内容可以迅速传播，并且通过点赞与分享，广告热度值增加，会传播的更加广泛。广告主想要删除短视频，只需要按下删除键。之后想要对违法广告追究责任，取证十分困难。再者网络实名制还未全面推广，广告主可以通过任意账号在短视频分享平台上发布短视频广告，事后想要调查出广告主并进行追责困难重重。

（四）广告实现精准投放侵犯用户隐私

依托大数据技术及人工智能的应用，短视频分享平台广告的特点之一便是个性化推送。个性化推送是指通过人工智能分析筛选信息，依个性化需求来整合相关的信息及应用并进行深度分析，进而实现满足用户个性化、动态的需求[①]。这种推送虽符合用户的观看习惯，方便了用户，

---

① 喻国明、侯伟鹏、程雪梅：《个性化新闻推送对新闻业务链的重塑》，《新闻记者》2017年第3期。

但却是以掌握用户的私人信息为前提的。如今依靠大数据技术，每个用户在短视频平台的搜索记录、观看视频的习惯都会被平台记录在案。短视频平台在帮助广告主投放广告时，会借助大数据挖掘用户的个性化需求，以此预测用户的行为轨迹[1]。而越精准的个性化广告便意味着越详实的个人数据被挖掘利用，这种过度开采用户信息的行为早已超越了平台对于用户基本信息的合理使用范围，由于数据隐私问题一般是通过"隐性"技术的"暗箱"操作完成的，因而其极其不易被用户所感知和察觉，但实际上，这种在用户不知情的情况下过度利用用户行为的数据分析便是一种对用户数据隐私权的剥夺[2]。

（五）广告强制播放，用户被动接受，侵犯用户选择权

启动页广告和横幅广告具有强制播放的性质，当用户打开短视频平台时，就会出现启动页广告，用户虽然可以选择跳过，但广告还是不可避免地会被用户看到，横幅广告也是如此，出现在短视频平台主要功能页，使用户使用短视频平台时无法跳过广告。这两种广告起到了硬广的效果，但忽略了用户体验，侵犯了用户对广告的自主选择权。

（六）广告审查困难，虚假广告频出

我国《广告法》第二十八条给虚假广告的定义是"广告以虚假或者引人误解的内容欺骗、误导消费者的，构成虚假广告[3]"。但由于短视频分享平台缺乏有效的审查监管措施，导致虚假广告在短视频分享平台泛滥成灾，严重影响消费者，给消费者带来巨大损失。短视频分享平台中，较为常见的虚假广告有护肤品广告，如通过短视频展示某款产品的功效，倡导用户购买，这类广告即使在审查时人工过审，也很难及时确定是否为虚假广告，只有接到用户投诉后，才能对广告进行监管。

---

[1] 张庆园、姜博：《原生广告内涵与特征探析》，《华南理工大学学报（社会科学版）》2015年第8期。
[2] 黄素琴、李德团：《原生广告的数据隐私问题探析》，《新闻世界》2018年第11期。
[3] 中国人大网：《中华人民共和国广告法（2018年修订）》2018年11月5日，http://www.npc.gov.cn/npc/c12435/201811/c10c8b8f625c4a6ea2739e3f20191e32.shtml，2019年3月26日。

（七）"隐形"广告过度隐匿，触犯法律条款

所谓"隐性"广告，便是将要宣传的广告内容进行修饰包装，使其与普通内容在形式上相一致，达到一种"乱花渐欲迷人眼"的效果，让用户在不知情的情况下便将商品或品牌信息当作普通正常内容得以接纳，占领消费者心智[①]。为了帮助用户明确这类广告，对其产生一定认知，我国《广告法》第十四条明确规定："广告应当具有可识别性，能够使消费者辨明其为广告。大众传播媒介不得以新闻报道形式变相发布广告。通过大众传播媒介发布的广告应当显著标明'广告'，与其他非广告信息相区别，不得使消费者产生误解。"[②] 但是在实际应用中，这一问题并没有得到彻底杜绝。在短视频分享平台中，便可窥一斑。就目前的短视频分享平台广告而言，较常见的形式是原生广告，很多短视频本身就是原生广告，对广告起到了很好的隐蔽性效果。而且，内容优质的广告更是不易引起用户察觉，甚至能使用户在不知不觉中被广告影响。不可否认，这类广告有很多极具创意和想法，但由于其未对自身进行广告标识，给自己贴上"广告"的标签，而违背了消费者对广告的明确认知权，触及了《广告法》的明文规定。

第三节 短视频分享平台广告监管现状的反思

从上述短视频分享平台广告的问题分析中，我们可以得到这样一个结论：短视频分享平台广告不能长期顺其自然发展，需要有完善的法律法规与监管部门去限制短视频平台广告。一旦用户的权益受到了侵害，应当有及时有效的投诉机制与相关机构对违法广告进行处理。短视频分

[①] 李苑：《信息化背景下网络广告引发的法律问题及合规性研究》，《中国管理信息化》2018年第23期。

[②] 中国人大网：《中华人民共和国广告法（2018年修订）》2018年11月5日，http://www.npc.gov.cn/npc/c12435/201811/c10c8b8f625c4a6ea2739e3f20191e32.shtml，2019年3月26日。

享平台的广告营销活动也需要像传统广告一样受到广告法的监管，对其应当制定详细的法律法规去约束营销活动。只有在相对的、规范的自由空间中，短视频平台广告才能长期平稳健康发展[①]。虽然短视频平台广告相比网络广告有了更多的问题，其监管面临更多的挑战，但政府部门应当迎难而上，纠出短视频平台广告现存的问题，有针对性地制定相关监管措施，逐步去规范短视频平台广告。

在传统媒体上投放广告，无论是报纸广告、电视广告还是户外广告，经过几十年乃至数百年的发展，已经形成了较为规范的广告投放标准。相比之下，网络广告只有数十年的发展，且广告形式日新月异，以往的广告监管措施、监管政策、监管法规在规范网络广告时显得力不从心。特别是近几年才兴起的短视频分享平台，比起二维码广告、按钮广告、图文广告等传统的网络广告，广告形式有了进一步的发展，与之相关的法律法规少之又少，监管措施的制定跟不上广告形式的创新，对短视频平台的广告监管异常困难。如何制定有效的监管措施是广告监督机关当下面临的巨大难题。

一　短视频分享平台广告主体界定模糊

《广告法》第五条规定："广告主、广告经营者、广告发布者从事广告活动，应当遵守法律、行政法规，遵循公平、诚实信用的原则[②]"。虽然我国对广告活动参与主体进行了明确的权责划分，通过颁发从业资格、限定经营范围等方式来约束广告主体行为[③]，但是在短视频分享平台中，广告主、广告经营者与广告发布者的界限模糊，主体不明，甚至出现广告主、广告经营者、广告发布者身份重叠的现象。例如一家公司

[①] 涂伟：《网络广告学》，武汉大学出版社 2010 年版。

[②] 中国人大网：《中华人民共和国广告法（2018 年修订）》2018 年 11 月 5 日，http://www.npc.gov.cn/npc/c12435/201811/c10c8b8f625c4a6ea2739e3f20191e32.shtml，2019 年 3 月 26 日。

[③] 李蕾：《浅析网络广告法律规制的完善》，《法制博览》2015 年第 10 期。

想要发布一条广告,通过短视频分享平台,该公司注册自己的账号成为一名用户,用自己的账号发布短视频广告内容,集广告主与广告发布者于一身。再如短视频分享平台的平台方,其本身便是作为广告的发布者而存在的,当其与广告主合作策划广告时,它又转身变为广告产业链中的经营者角色。短视频广告制作流程的简单、发布的便利使一个广告主体不再局限于一个角色,广告主个人发布广告、平台方参与广告经营成为可能。但传统广告的监管对广告主体区分明确,广告主体的权利由法律赋予,各自职责明确,很少有企业同时扮演两种角色,广告也需要专门的经营者[①]。对于短视频分享平台广告,广告主体身份混淆,行政部门难以将他们各自的职责区分开,以往的监管措施形同虚设,无法对其进行有效的监管。按照我国现行《广告法》的规定,从事广告业务必须办理审批登记手续,获得营业执照,但在短视频分享平台中,其较低的准入门槛使得个人账户私自发布广告成为可能,用户只要在短视频平台登录后即可发布广告短视频,发布内容也无需经过行政部门的登记、审查,即使在短视频平台内部具有审查机制,也因无法明确判断用户发布的内容是否为广告,而使其得以逃脱。

二 短视频分享平台管理法律法规滞后

短视频分享平台的迅速发展,是当下网络技术越来越先进、受众获取信息越来越多、时空不受限制而使得阅读碎片化的产物。在这一背景下,大批短视频平台密集面市,资本市场不断升温,短视频平台越来越受广告主的青睐。低创作成本和社交属性使短视频平台的用户规模不断增长,随着短视频平台流量增加,投资的广告主也越来越多,各种新型广告在短视频平台出现。然而,对短视频平台广告的监管却跟不上广告的发展,短视频分享平台在法律法规的制定、工商行政部门监管方面有

[①] 李定娓:《网络广告及其监管:问题与法律规制的完善》,《哈尔滨师范大学社会科学学报》2015年第3期。

很多亟待解决的问题。

不同于较早关注互联网广告的西方国家，我国对于网络广告的监管治理起步较晚[1]，虽然我国一直在网络广告监管方面探索前进，但相关法律的制定与实施都需要一定的时间，而网络广告的发展又是日新月异、不断变化的，尤其是最近几年，新媒体势如破竹，各种新型网络广告不断出现，法律法规的出台跟不上网络广告的发展速度。我国从 1994 年颁布《广告法》，1995 年开始实施。《广告法》制定的时候，互联网还是一个新兴领域，《广告法》并没有制定相关网络广告的法律法规。2000年，北京市工商行政管理局发布《关于对网络广告经营资格进行规范的通告》，开始对网络广告经营者的经营资格进行规范。2002 年，浙江省工商管理局颁布《浙江省网络广告登记管理暂行办法》，为网络广告发放"准生证"[2]。为了增强对网络广告的监管，国家工商行政管理总局，于 2016 年 7 月 8 日发布了《互联网广告管理暂行办法》，于 2016 年 9 月 1 日起施行。但是短视频分享平台广告也只是互联网广告的一个子集，对于其内容的具体规范，《互联网广告管理暂行办法》并没有制定详细的监管措施。如《互联网广告管理暂行办法》的第十条："广告主发布互联网广告需具备的主体身份、行政许可、引证内容等证明文件，应当真实、合法、有效。[3]"但由于短视频分享平台用户的匿名性，只要广告主作为用户的身份发布短视频广告，无需行政许可等证明文件，经过短视频平台的简单审核，该条广告就可以安然存在于短视频分享平台之中。因此，在监管短视频分享平台广告时，《互联网广告管理暂行办法》的具体条例都应当针对短视频平台广告进行具象细化，根据其特点制定相应的监管条例。再如第七条："互联网广告应当具有可识别性，显著

---

[1] 李蕾：《浅析网络广告法律规制的完善》，《法制博览》2015 年第 10 期。
[2] 黄河、江凡：《中国网络广告 17 年》，中国传媒大学出版社 2014 年版。
[3] 市场监督管理局：《互联网广告管理暂行办法》2018 年 11 月 22 日，http://scjg.fuzhou.gov.cn/zz/xxgk/fgwj/bljl/201811/t20181122_2684707.htm，2019 年 4 月 20 日。

标明"广告",使消费者能够辨明其为广告。"[①]虽然信息流广告会在短视频分享平台被标注"广告",但贴纸广告、横幅广告、话题广告等并没有明显的标注,需要用户自行区分是否为广告内容,在不知不觉中可能受广告影响。对于此类广告究竟是"信息"还是"广告",都需要有具体的标准来确定,使其固化可衡量。

三 短视频分享平台广告形态各异,缺乏统一规范

目前短视频分享平台主要分为三大类,一是集拍摄、制作、发布功能于一体的社交类分享平台(抖音、快手);二是为用户提供精准内容服务的资讯类平台(西瓜视频、梨视频);三是专注拍摄、剪辑等功能的功能类平台(VUE、小咖秀),各类短视频分享平台均有自己独特的内容结构,如抖音有热门话题、挑战赛,西瓜视频有对各种短视频的分类推荐。根据自己的特色,各个平台均有自己的广告形式,如抖音有定制品牌广告,微视有话题广告。如前文对短视频分享平台广告问题的分析,短视频平台的广告内容、广告时长、广告展示位置都是以自己的平台利益和广告主的需求为主导,没有精细化的规定。对于网络广告的治理,现有的2016年发布的《互联网广告管理暂行办法》并没有具体的短视频平台广告方面的条例,从2016年到现在,短视频平台经过两年的上升期,其广告形态也跟着发展变化,但是却没有更新的法律法规出台。从整体上来说,短视频平台广告形式多样,缺乏统一的规范和具体的监管法律法规,我国现有的法律过于宽泛,可操作性不强,很难做到有法可依。

四 限时有限的审核无法应对及时迅速的短视频广告

目前在短视频分享平台,具有明显"广告"标注的信息流广告等受

[①] 市场监督管理局:《互联网广告管理暂行办法》2018年11月22日,http://scjg.fuzhou.gov.cn/zz/xxgk/fgwj/bljl/201811/t20181122_2684707.htm,2019年4月20日。

《互联网广告管理暂行办法》的限制，需要接受行政部门的审核、具备相关文件，但更多的是自媒体发布的短视频广告，这一类广告夹杂在众多的短视频中，只需要受短视频平台的审核。在短视频审核方面，人工审核人员过少，每一位员工的审核量非常大，在审核时可能出现疏漏。另外庞大的视频上传量导致人工审核人力严重缺失，有限的审核无法涵盖庞杂的短视频。另外，每位员工的上班时间是固定的，但短视频上传几乎是全天候的，在员工休息后短视频审核的质量无法保障。限时的审核无法应对实时发布的短视频。对短视频的审核难度大，也直接导致了对夹杂在其中的短视频广告难以有效审核。并且短视频广告的内容，是违法还是合法，是真实还是虚假，全靠审核人员的个人经验和平台规定，很多内容无法及时辨别。

五　固化的传统广告监管形式难以应对动态的短视频平台广告

一般意义上的广告监管，均指的是国家机关、社会团体或其他组织和个人，运用国家的广告法律法规、行业的规章制度等条例，对各类商业广告活动进行的监督管理[①]。目前，我国网络广告的监管模式为：法律规制（广告法律、行政法规、司法解释等）、行政规制（工商部门、工信部门、宣传部门、公安部门等）、行业自律规制（广告活动主体的规制、广告行业协会的规制）和社会规制（消费者、社会监督组织、新闻舆论），其中以政府规制为主，行业自律规制和社会规制为辅。政府规制主要是法律规制与行政规制，我国对网络广告进行监管是以《广告法》为核心，在《广告法》的基础上，针对网络广告的特殊性，进行调整与创新的。行政规制是政府依照广告规制的法律法规和有关政策，通过一定的行政干预手段，对网络广告行业主体及其活动进行监督、检查和指导。《广告法》的第五条规定："广告的管理机关是我国法定的

---

① 王忆茹：《我国网络广告监管法律制度研究》，硕士学位论文，西南政法大学，2016年。

唯一的广告监督管理机关"①。因此，工商行政管理部门为网络广告法定的主管机关，由其他政府部门辅助监管。从这一监管模式上来看，工商行政管理部门几乎对网络广告的监管起到绝大部分作用。但是，由于短视频分享平台广告的特殊性，许多广告主发布广告内容时，不需要像工商部门报备和经过行政许可，这就造成了对短视频平台广告监管的盲区。特别是互联网技术的发展，使地球成为了"地球村"，世界各地的人们被联系了起来，短视频传播无国界、地界，对于一些在短视频平台上发布，通过互联网传播到国外的广告，或是国外短视频平台出现的国内广告主广告，确定管辖难，追究责任难，对于这类广告，《互联网广告管理暂行办法》也没有相关法律规定。并且，工商行政管理部门的力量是有限的，单纯依靠其对短视频平台数量庞大复杂的广告进行监管，是"心有余而力不足"。

即便是对于工商行政管理部门可以监管的短视频平台广告，由于广告形态复杂，涉及社会生活的各个方面，需要由其他政府部门配合才可以完成对广告的监管。但是在各部门的合作中，受利益影响，存在职责不明、互相推责、审核费时、执法重叠等诸多方面的问题，提高了广告监管的成本，降低了广告监管的效率。

对于行业自律和社会规制方面，我国还在摸索阶段，自律规范尚未达成共识。大众传播媒介虽然可以通过曝光虚假广告等方式对短视频平台广告进行监管，但是其效果有限、曝光频率有限，目前还没有有效的监管措施。广告主作为自律规制的主体，原本应当积极承担自律的职能，但在面对市场经济效益时，广告主常常面临自律与利益之间的矛盾，在双方之间摇摆不定，有时会被利益蒙蔽双眼，和政策打擦边球，发布违法广告。

政府规制"一家独大"也是短视频分享平台广告监管的问题。我国

---

① 中国人大网：《中华人民共和国广告法（2018 年修订）》2018 年 11 月 5 日，http://www.npc.gov.cn/npc/c12435/201811/c10c8b8f625c4a6ea2739e3f20191e32.shtml，2019 年 3 月 26 日。

目前主要依靠政府规制来监管互联网广告，这就造成了政府部门承担过多的责任，行业自律和社会规制没有尽到相应义务，甚至被渐渐忽视。政府规制与行业自律及社会规制之间也没有适当的衔接措施，各种监管手段各自为政，未能有效整合现有的资源。

第四节　短视频分享平台广告监管的创新策略

短视频分享平台广告呈现的问题和监管方面的难题需要得到重视。只有解决了这些问题，短视频分享平台广告才能平稳健康的发展，为广告主和平台方带去长期的利益。我国对于网络广告的治理一直在进行积极的尝试，2015年发布新的《广告法》，对以往旧广告法无法适应的新广告形式做出调整，2016年发布《互联网广告管理暂行办法》，各地也积极制定相关网络广告的法律法规，但这些还远远不够。如何加强对短视频平台广告的监管，改进现有的监管措施，解决监管中存在的难题是我国短视频广告监管的一项重要课题。

基于前文对短视频平台广告的问题呈现和监管反思，本文将从规制对象、监管形式、监管法律等方面提出短视频平台广告监管的对策。

一　规制对象：广告主体的重新界定

在短视频分享平台广告活动的运行中，广告主、广告经营者与广告发布者的界限不再像以往场景中那么泾渭分明，而是经常出现主体不明，甚至广告主、广告经营者、广告发布者三重身份交叉的情形。想要对短视频分享平台进行规制，首先要明确广告主体的身份。对于短视频分享平台广告活动主体的身份要有严格限制，比如在一些广告主注册成为短视频平台的用户时，要对他们的身份进行审查和备案。广告代言人、广告主、广告经营者、广告发布者等广告活动的主体从事广告活动时必须符合国家规定。对于广告主来讲，广告主委托设计制作发布广告，应当以广告内容涉及的事项取得行政许可且与许可的内容相符合为前提。对广告的经营者来讲，广告的经营者必须取得合法的经营资格，即必须到工商行政管理机关进行工商登记，取得广告经营者资格。对于广告发布者来讲，其从事广告的发布活动，也必须具有从事广告活动的资格。

二 监管形式：加强行业自律与社会规制

我国目前使用的短视频平台广告规制模式是向西方国家学习，并结合中国国情确立的。最早的短视频分享平台出现在美国，短视频平台广告也最早见于美国。较国内的规制模式而言，西方国家的短视频平台广告监管开始更早，取得的成效更大，其监管更偏向于广告行业的自律和社会规制。

广告行业的自律主要指两方面，一是行业组织的自律规制：要想对短视频平台的广告进行系统的监管，就必须建立行业组织，依靠行业组织对短视频平台广告进行监督，弥补法律留下的空白。从美国的短视频平台广告规制经验来看，网络广告审查机构有广泛的社会认同，消费者对其接受度高，促使广告主加入自律组织接受其规范，自律型为主导的规制模式能有效运转，行业自律是短视频平台广告规制的重要手段。目前我国成立了中国广告协会的互动网络委员会、中国互联网协会、中国电子协会等对其成员进行限制和规范。同时，由中国广告协会互动网络委员会所发布《中国互联网络广告行业自律守则》，也进一步推动了我国广告行业的自律规制的前进，但其发挥的作用有限，仍然有许多广告公司未加入任何自律组织，消费者对于自律组织的认同也没有国外那么高。虽然我国在网络广告自律组织的建立方面有所努力，但距离西方国家还有不小的差距，之后还有很长的路要走。短视频平台广告比传统的电视广告、报纸广告等复杂得多，有健全管理制度的行业自律组织能有效促进短视频平台广告的监管，使短视频平台广告健康发展。二是短视频平台广告活动主体的自律规制：这个层面的自律主要表现在广告的自律性审查。广告主、广告经营者、广告发布者作为广告生产活动的"第一经手人"，在广告得以推广面世前，要对广告进行严格的自检自纠。

短视频分享平台作为广告的活动场所和区间，在广告的自律性审查中起重要作用，弥补了工商行政管理部门监管的不足。它需要对平台上发布的广告页面、形式、内容进行全面的审查。但是，由于广告主的需求和利益，在进行自律性审查时，短视频平台可能会出现放低标准的情况，并且每个短视频平台在进行审查时，无具体标准可以参考，都是以自己的平台标准为指导。为加强短视频平台广告活动主体的自律，应当制定相关的法律法规，提升广告行业自律组织的地位，使短视频平台广告活动主体充分尽到自律审查的责任。

网络广告的社会规制主要分为两个层面，一是消费者监督，根据《广告法》的规定，每一位消费者针对网络广告活动应当实行自我保护行为。[①] 在面对短视频平台广告时，每个消费者都有义务对其内容进行监督。消费者的人群数量是巨大的，依靠消费者可以实现对数量众多、形式丰富、变化迅速的短视频平台广告的有效监管。但目前我国对于违法短视频平台广告没有及时的投诉反馈机制，即便发现问题，消费者也不能及时反馈。再者，消费者的维权意识薄弱，面对违法广告很少想到为自己维权，在观看到违法短视频广告时，首先想到的是喜欢为它点赞或不喜欢继续浏览下一条内容。我国应加强消费者的维权意识，使消费者能主动监督短视频平台广告，并建立及时的投诉机制，方便消费者反馈。二是新闻舆论监督，媒体起到意见领袖的作用，可以引导公众舆论。媒体可以通过曝光违法广告，使其遭受社会谴责，从而警告广告经营者，纠正违法广告。这种方式可以确保短视频平台广告市场的健康发展，在监管中起着不可替代的作用，国家应当大力提倡这种监管措施。习近平总书记就曾在全国网信工作会议上指出，"网络综合治理能力的提升，需要党委领导、政府管理、企业履责、社会监督、网民自律等多主体的参与"[②]。

[①] 中国人大网：《中华人民共和国广告法（2018年修订）》2018年11月5日，http://www.npc.gov.cn/npc/c12435/201811/c10c8b8f625c4a6ea2739e3f20191e32.shtml，2019年3月26日。

[②] 央视快评：《大力提高网络综合治理能力》2018年4月22日，http://news.cnr.cn/comment/latest/20180422/t20180422_524207718.shtml，2019年4月20日。

行业自律与社会规制是短视频平台广告监管的两大重要力量，它们应当得到应有的重视，而不是始终被政府规制所限制。习近平总书记的讲话也指出，我国的短视频平台广告监管形式应当是"三足鼎立"的模式，要实现三种规制手段的平衡发展。

三　监管法律：填补法律空白

短视频分享平台广告有着区别于互联网广告和传统广告的特殊性，比如贴纸广告和话题广告这些新的广告形式在以往几乎从未出现过，监管互联网广告的法律条文无法应对变化多端的短视频平台广告。法律法规只有针对具体的广告形态，才能使短视频平台广告在监管时有法可依。中国的广告法制体系以《广告法》为核心，我们应当在已有的法律基础上，针对短视频分享平台广告的诸多特点和问题，专门制定详尽的监管短视频分享平台广告的行政法规。例如，从广告形式的角度来说，《广告法》对广告的界定无法涵盖隐形广告、定制品牌广告等，对短视频平台广告进行监管首先要对"广告"重新定义。再如，从广告审查的角度来说，《广告法》第34条规定："利用广播、电影、电视、报纸、期刊以及其他媒介发布药品、医疗器械、农药、兽药等商品的广告和法律、行政法规规定应当进行审查的其他广告，必须在发布前依照有关法律、行政法规由有关行政主管部门（广告审查机关）对广告内容进行审查；未经审查，不得发布。"[①]由于短视频分享平台的低门槛属性，其广告的制作、发布都异常简单，想要对其进行逐一审查非常困难，对于短视频平台广告的治理，需要制定特定的、行之有效的审查措施。

短视频分享平台作为目前最受用户喜欢的应用之一，是用户接受、传播信息的重要渠道。面对如此大的用户量，短视频分享平台必须规范自己的广告形态，在广告的播放频次、展示时长、展示位置等方面有具

---

① 中国人大网：《中华人民共和国广告法（2018年修订）》2018年11月5日，http://www.npc.gov.cn/npc/c12435/201811/c10c8b8f625c4a6ea2739e3f20191e32.shtml，2019年3月26日。

体的执行标准，给用户一个良好健康的使用环境。当下我国短视频分享平台广告还没有统一的标准，如短视频平台首页允许展示几条广告、每条广告的展示时间是多久、广告的尺寸是多大、广告频次是多少等，每个平台都有自己的标准，没有可参考的规范。这也导致了短视频分享平台出现广告尺寸大小不一、广告内容质量无保障、广告展示无上限等问题。针对这些问题，我国相关部门应当出台具体的法律措施，来规范短视频分享平台的广告形态。

四　监管机构：建立专门的短视频平台广告监管机构

在前文中分析过，我国短视频分享平台的广告主要依靠工商行政部门来进行监管，但是由于广告的复杂多样及其数量庞大，工商行政部门很难对其进行全面的监管，并且在与别的部门合作监管时容易出现职责不明、互相推责、审核费时、执法重叠等诸多方面的问题。目前传统广告内容也越来越丰富，投放形式越来越多样，对于传统广告的监管已使工商部门的工作量难以负荷，更不用说动态多变的短视频平台广告。2017年短视频资本市场热度持续升温，企业发展欣欣向荣，成为我国一个重要行业。对于短视频平台广告的监管，我国可以设立专门的短视频平台广告监管机构，对短视频平台广告制定详细的监管措施和执行方案，对投诉举报进行及时处理，并对违法广告严惩。例如美国因特网广告管理署建立了全国统一的网络广告监管中心。想要组建专门的短视频平台广告监管机构，首先需要投资购买相应的互联网硬件设施和网络广告监测软件，这是有效查处违法广告的前提条件。其次要提升短视频平台广告监管从业人员的素质。工商管理行政部门在对短视频平台广告进行监管时，其工作人员日常的工作是针对所有的广告，对于互联网广告及其子集短视频平台广告可能没有深入的了解，不知道其特点，这样就导致了在工作中不能及时发现广告中的问题，对其进行有效监管。若要建立专门的短视频平台广告监管机构，需要培养专业的从业人员。

第五章　手机系统广告监管

在当下这个信息爆炸的时代，新技术的出现使各行各业出现了新的革命，手机充当了我们平日生活里最重要的信息渠道之一，手机广告在新时代广告业发展中扮演着越发重要的位置。相较于其他手机广告形式，手机系统广告发展远没有达到人们对它的期望，很多用户在使用过程对这种广告形式嗤之以鼻。近几年，随着手机方面技术的革新，各种手机系统推陈出新，手机用户也在不断地上升。手机广告类型多样，手机系统广告只是其中的一种形式，在其商业化的过程中也伴随着法律监管的缺失。手机广告的一大特征是分众化和细分化，这同时也是手机系统广告的特征。现如今，建立手机系统广告用户数据信息库对于运营商和生产者来说已经不是一件难事，另一方面也催生了手机系统广告监管方面的乱象。

第一节　手机系统广告相关概念及其形态分类

随着新媒体时代的到来，在移动互联网技术的支撑下，逐渐形成了包括手机系统广告在内的多种广告传播形式，为广告传播带来广阔的空间。根据2019年CNNIC发布的第43次中国互联网络发展状况统计报告，报告中提到截至2018年12月，我国手机网民规模达8.17亿，全年新增手机网民6433万人[1]。庞大的手机用户群体蕴含着巨大的市场需求，进

---

[1] 中国互联网信息中心：《第43次中国互联网络发展状况统计报告》2019年2月2日，http://www.cac.gov.cn/2019-02/28/c_1124175686.htm，2019年6月2日。

而推动了手机系统广告的发展。随着互联网和移动通信技术的发展，手机系统广告这种内置手机广告的形式吸引了厂商的注意力，也成为手机品牌公司商业模式运营的重要一环。

为了更好地满足消费者的需求，目前国内的安卓手机系统更加注重定制功能，体现到手机系统上就是厂商会加入个性化内容和自家系统的特色功能到手机系统中去。无可厚非，这种个性化定制的背后是厂商投入了大量的金钱和时间才能获得的技术，为了在市场上获得相应的回报，厂商们选择以内置手机广告的形式来赚取利润。

一　手机系统广告的概念界定

在进行文献搜索和整理的时候，笔者发现学界和业界并没有对手机系统广告的概念进行定义和解析，关于手机系统广告的研究几乎为零。在论述手机广告的类型、特点及发展时，有部分学者将手机系统广告几乎等同于手机内置广告。内置手机广告是近年来手机媒体广告发展的新趋势。手机内置广告相较于传统的手机广告来说，它可以通过安卓手机的定制系统，依靠互联网大数据，对用户进行精准的广告投放[1]。

手机系统广告主要依靠其系统自带的手机应用软件来向用户进行广告推送，目前国内几款主流手机系统广告推送渠道包括通知栏推送、浏览器、应用商店、主题商城。结合内置手机广告的特点和相关研究，我们可以认为手机系统是主要依托于手机系统应用，借助大数据搜集用户信息，完善手机原始系统的不足，进行个性化的广告精准投放，它们主要嵌入在手机系统自带的免费应用中，比如应用商场、主题商店、浏览器、阅读、天气等。

二　手机系统广告的发展历程

（一）传统的手机系统广告

早期的手机广告以短信广告、彩信广告等为主，形式单一，随着科

---

[1] 杨立钒：《网络广告理论与实务》，中国电力出版社2014年版。

学技术的不断发展、更新，早期的手机广告模式渐渐不符合消费者的习惯。手机系统广告在互动性和精准性上更具优势，垃圾短信的大肆传播让人们对短信广告充斥着抱怨。

手机系统广告从兴起到发展至今，随着国内几大手机厂商的不断革新，渐渐形成了稳定的生态环境。传统的手机系统广告主要以推送广告为主，依靠系统自带的软件进行捆绑广告销售，在广告传播上不太注重内容和形式的统一，在广告的内涵和创意上没有下太多功夫，容易引起用户的反感。现如今的手机系统广告市场上，IOS系统暂未出现相关广告推送，其他的系统特别是安卓系统都存在广告推送的现象[①]。

（二）互联网2.0背景下的手机系统广告

原生广告市场在新媒体的大环境下，迅速茁壮成长，获得发展。手机系统广告基于内置手机广告的特点也不断尝试着新的模式。从产品影响消费者对品牌好感度方面来看，手机系统植入的广告，用户无法关闭，手机上的广告系统拉低了品牌在消费者心智中的印象。手机厂商企图通过这种广告植入方式来让他的用户为此买单，获得利润增长。厂商认为用户在购买其品牌手机的时候，已经预想到此系统会包含广告推送，选择购买实际上等于默认手机系统广告的存在。这无形中会让用户对产品甚至是品牌产生不好的印象。除此之外，手机系统广告还会有另外的问题存在，手机系统里推送和展示的广告没有提前告知用户风险或者风险提示不够，如果广告存在风险且对用户造成了实质性的影响，那么品牌也承担着名誉损失的风险。

手机系统广告已经非常常见了，国内几大手机系统小米、魅族、荣耀、OPPO、vivo、锤子等朝着多样化和创新型方面发展，以匹配2.0背景下的互联网发展生态。用户每天要收到很多条广告内容推送，难免会产生审美疲劳，要想从内容和形式上真正吸引用户并引导用户主动形成

---

① 张进：《媒介融合视域下手机媒体的广告传播探究》，《新闻研究导刊》2018年第13期。

二次传播，就需要在广告内容上多下功夫，增强与用户之间的互动，以期形成一种认同。另外，在广告植入方式上也非常注重风格内容的统一，减少用户的方案。越来越多的手机厂商采取插入式广告、弹窗广告、开屏广告、诱导性链接等方式，将广告植入到自带系统应用中，比如视频、阅读、音乐播放器、应用商城等，这种广告与信息服务相结合的方式让受众无意识地接收到广告信息，从而提高广告传播的效果。

三 手机系统广告的特点

手机系统广告一方面属于手机广告的一种形式，因此也具备手机广告的一些显著特征，另一方面主要靠系统自带的应用进行广告推送，因此也具备 App 广告的一些特征。笔者通过对比手机系统广告和其他广告形式，总结出以下几个特点：

（一）精准投放，节约成本

手机用户规模庞大，这为手机广告带来巨大市场的同时，手机上充斥着各种应用软件也会分散用户的注意力，用户对个性化和多样化的要求日益增多，这对手机广告提出了新的要求。手机广告具有传统媒体广告无法比拟的优势，互联网大数据计算的技术为广告主进行广告投放提供参考，通过这种大数据精准测量，运营商可以了解用户的特点、喜好等信息，分析用户的行为习惯，根据用户的兴趣爱好提供服务，在进行精细化用户定位的同时也为广告主的差异化广告投放提供了便利，针对有效的目标消费群体，从而使广告信息有效触达用户。手机系统广告的低成本来源于广告投放所基于的数字化，减少了无效的广告投放。这种广告形式既有效地提高了广告投放效率，也降低了广告成本。

（二）用户庞大，消费能力强

根据互联网中心的报告，我国手机网民数量呈飞速上涨趋势，未来还会继续增加。手机除了提供信息通道之外，还成为人们日常生活的边界渠道。人们通过手机完成购买和支付，也大大刺激了网络消费需求。智能手机在人们的日常生活中扮演着日益重要的角色。

在众多的手机用户中，中国网民表现出了差异性，对于个性化的要求越来越高。广告主们可以利用网民的差异性来实施市场差异化战略，根据受众的特点和消费习惯来细分市场，进行差异化的广告投放，从而收获更好的投放效果。

（三）互动性强，增强用户粘性

手机系统广告的互动性，是指手机系统允许广告在这一平台上进行互动传播。互动性是手机媒体相较于传统媒体的一个显著优势，传统广告由于倾向于单向传播导致其与受众之间的双向互动较弱，而手机系统广告则弥补了传统广告在交互性这方面的缺陷。它与过去的传统媒体单向的信息传播方式不同，手机媒体采用的是互动传播的方式。消费者作为广告活动中的主体，想以主人翁的姿态去参与到广告活动中去。随着手机广告的发展衍变，手机系统广告的创意策略也在创新中不断丰富广告形式和内容，从之前的简单的通知栏信息推送，到现在一些内置应用广告采取一些有奖竞猜、Banner 图等形式来跟用户之间进行互动。手机用户点击广告即可参与互动，大大提高了用户粘性。

（四）干扰性大，影响用户体验

这里的干扰性是指手机系统自带的广告对用户体验过程中造成的干扰。用户在使用该系统包括所带的应用程序的时候，会出现弹出广告无法关闭的情况。而且手机系统广告有很多是单一的文字推送消息，缺乏新意，吸引不了用户，也会对用户造成干扰，影响用户的使用体验感。

比如小米的 MIUI 系统，它的通知栏推送广告数量每天可以达到几十条；推送来源有自家的音乐、视频播放器、阅读、浏览器、主题应用商店等，每个应用的推送数量不等，从几条到十几条都有，数量多的时候整个通知栏都能成为一个新闻阅读器。去年，曾有用户在社交平台上抱怨米家系统广告太多，据用户反馈，他在进行系统升级后，发现系统中的广告数量增加了。每次打开手机，MIUI 自带的系统应用都会展示广告，这让他很是烦恼。

手机系统广告本身是具有主动性的，在进行广告信息传播的时候，应该注意嵌入的方式和内容,而非强制性的塞给受众。受众作为广告的接受者,这种被动的方式只会获得相反的效果,甚至还会引起用户反感。

四 基于传播形态的手机系统广告分类

作为一种新的手机广告形式,关于手机系统广告的分类,目前国内外没有学者对其进行研究和分类。在对手机广告的分类研究中,张圣义《浅谈我国手机广告的特点及发展趋势》中从宽泛宏观角度将手机广告分为七类:PUSH类广告、WAP站点类广告、语音类广告、终端嵌入类广告、游戏类广告、搜索类广告、小区广播类广告[①]。肖慧《手机广告的传播特征及传播模式探讨》从手机广告制作和发布主体来进行分类,它们分别是:以企业为主体、以网络内容提供商为主体、以移动运营通信商为主体、以专业广告制作、代理商为主体[②]。手机系统广告属于手机广告,手机系统广告是手机广告的一种表现形态,因此,这些关于手机广告的分类研究对于笔者进行手机系统广告的归纳分类具有借鉴意义[③]。

因此,在对相关文献和案例进行梳理和研究后,基于互联网2.0的传播形态下手机系统广告高频的类型和形态,结合国内几大主流安卓手机系统目前常见的广告形式,本文总结归纳了以下几种类型:推送广告(手机内置的所有第一方软件,比如说日历、浏览器等)、系统应用广告(相册、天气、日历、文件管理器、浏览器、主题商店、手机管家、应用商店等常用的或者通常无需被第三方应用替换的系统应用,以及音乐播放器、小说阅读器、在线视频播放器和新闻资讯阅读器等不常用或者是容易被第三方替代的应用)、系统特色广告。

(一)推送广告

这里的推送类广告不同于其他手机应用App推送广告或者网站推

[①] 张圣义:《浅谈我国手机广告的特点及发展趋势》,《神州》2012年第24期。
[②] 肖慧:《手机广告的传播特征及传播模式探讨》,《科技传播》2009年第3期。
[③] 张宁:《中国手机广告的传播形态研究》,硕士学位论文,河南大学,2008年。

送类广告，它是基于手机系统通知栏推送广告，它的广告形式和传播形态与手机媒体自身特征相关。它主要是通过手机内置的所有第一方软件，比如相册、天气、日历、浏览器、音乐播放器、小说阅读器、视频播放器、新闻资讯阅读器、主题商店、应用商店等向用户来进行广告推送。用户在使用手机系统的过程中，打开了系统携带的所有第一方软件，系统在对用户信息进行识别和记忆后，会不定期和不定量在通知栏推送广告。

在所有的推送类广告中，我们又可以根据其推送广告的类型将其分为普通广告（新闻资讯，包括文本和图片、App 推荐、应用推荐等）和诱导广告（领红包等相关福利）。

以下是对比市面上常见的几款手机系统的广告推送情况，具有一定的随机性，可能存在厂商也推送过更恶劣的诱导性广告、但在测试期间刚好没推过的情况。测试前提是重置手机系统之后打开了手机内置的所有第一方软件，比如说日历、浏览器等等。之后静置 4 天，等待通知栏里的通知。以小米为例，小米通知栏推送广告数量有 17 条，推送来源包括应用商店、浏览器、一点资讯、小米视频、小米音乐、小说阅读器等多个来源，每个应用少则一两条，多的三五条[①]。

表 5—1　　　　8 款主流手机系统推送广告测评情况

厂商	型号	系统	推送广告数量	普通广告	诱导性广告
魅族	魅族 15	Flyme	19	19	0
OPPO	OPPO R15	colorOS	18	16	2
小米	小米 6X	MIUI	17	14	3
华为荣耀	荣耀 play	EMUI	7	3	4
VIVO	vivo X21	FunTouch	4	3	1
一加	一加 6	H2OS	2	0	0

① 爱否科技：《8 款手机系统广告大横评，最过分的是谁？》2018 年 9 月 7 日，https://www.sohu.com/a/252603893_473286，2019 年 4 月 23 日。

续表

厂商	型号	系统	推送广告数量	普通广告	诱导性广告
锤子	坚果3	Smartisan	0	0	0
三星9	S9+	Samsung Experience	0	0	0

（结果参照网络相关手机系统测评资料）

（二）系统应用广告

系统应用是指手机系统自带的内置应用软件，其广告类型和形式包括开屏广告、插入式广告、弹窗广告等。常见的手机系统应用是相册、天气、日历、文件管理器、浏览器、主题商店、手机管家、应用商店、音乐播放器、小说阅读器、在线视频播放器和新闻资讯阅读器等。系统应用作为手机内置软件，其广告形式也属于手机应用内置广告。手机应用内置广告所具备的精准和互动性优势为商家提高广告传播效果提供了天然的优势。

以浏览器为例，各家厂商系统默认的浏览器大部分的推广模式为推广链接和信息流的结合，有些厂商在浏览器顶部或者中间信息流的位置插入广告。主题商店和应用商店里会有诱导性的福利链接和应用推广。从应用的角度来说，可以看到浏览器、主题商店和应用商店是广告的主要聚集地，这些地方提供的广告位置和形式相较于其他系统应用来说也更具有多元化，供广告主可选择的空间也大。

（三）系统特色广告

为了在手机系统广告领域占据高地，各家手机系统也纷纷推出了独具特色的系统应用广告，广告越来越注重创意，多种方式变换推广。手机厂商们在插入广告方面也都有自己的特点。比如小米将P2P植入进小米VIP会员任务，事发之后小米下线了所有的P2P理财软件，然而下线了P2P的小米，却还在用做任务的方式推广着广告。而魅族为了方便植入广告，专门做了款App叫生活助手，里面都是广告聚集区，点击商品详情则是直接跳转到淘宝页面。荣耀的EMUI内置了一个生活服务，里面也全部都是广告。与前面几家不同，OPPO则是在锁屏壁纸上下足了功夫，把锁屏壁纸作为一个广告入口，点击锁屏页面进入的是一个图文详情页。

第二节 基于手机系统广告形态的问题呈现

手机的普及给人们带来了便捷的同时，也逐渐成为人们日常生活中不可或缺的工具。巨大的市场需求催生了手机系统广告的发展，但目前手机系统广告的发展还处于成长和不断完善中。手机系统广告所具备的覆盖面广、消费能力强、个性化定制、交互性强、精细化传播等优势能够帮助广告商接触到目标人群，节约广告成本，提高传播效率[①]。

实际上，手机系统广告作为一种新的广告形式，被研究机构和企业看好。目前，国内的手机系统广告发展，无论是技术、平台还是商业模式上都步入一个比较成熟的发展阶段，但是在手机系统广告业务发展上还需要有一个市场培育期，当下手机系统广告还存在很多问题。从横向来看，国内几大主流手机系统占据了大部分手机市场业务，企业在植入手机广告中也逐渐形成自己的商业模式，实现盈利最大化，在激烈的市场竞争中会出现忽视消费者体验而"强行"植入广告影响消费者使用的情况；从纵向来看，长期以来，我国互联网广告的发展处于一个"弱"监管的情境，手机系统广告也不例外。手机产业的蓬勃发展，让相关监管部门对其也放松了态度，因此缺乏严格的行业监管规则，任其"野蛮生长"，由此带来了一些不正当竞争、虚假宣传等不良行为。另外，手机系统广告产业的各个利益主体相互制衡，利益分配不均，运营模式和商业模式较模糊。

一 手机系统广告问题的分类梳理

手机系统广告作为手机广告的一个子集，其发展也是跟随手机广告

---

① 孙雅洁：《新媒体时代下手机广告发展现状分析》，《文艺生活·中旬刊》2017年第12期。

的步伐。与传统的广告行业和其他互联网广告媒介相比，手机广告的产业链更为复杂。不同系统的手机在出厂时就被厂家内置了广告，包括通知栏推送广告、系统应用广告和各具特色的系统广告。消费者在使用手机系统时，被动地接收广告信息。手机系统广告方便广告主将信息低成本地推送给用户，但是广告无孔不入，不加选择的推送拉低用户的品牌好感度，甚至造成厌烦情绪，认为手机广告是垃圾信息，还会担心个人信息泄露等风险，导致手机系统广告问题频发[1]。

（一）推送广告现存问题探究

本部分基于前面关于手机系统广告形态的分类研究，手机厂商清晰地说明手机的重要性，所以现在这些安卓定制系统会在系统里添加大量预装软件，推送广告出现在各个系统应用界面，用户难以删除或卸载，想要关闭推送通知，有的手机系统可以关闭，有的不可以。一项一项地去关闭，会有一些折腾，尤其是有些开关隐藏得很深，需要耐心地去寻找。这样不仅降低用户体验感，甚至有用户在平台抱怨这些烦人的广告推送，而且也会消耗用户对品牌的好感。结合前面对于八大主流手机系统的通知栏广告推送做的对比分析，可以具体地从通知栏广告的类型、来源、数量等来进行深层次对比剖析，探究手机系统广告在通知栏推送方面的问题。

表5—2　　　　　8款手机系统通知栏推送广告对比[2]

厂商	型号	通知栏广告类型	通知栏广告关闭方式
魅族	魅族15	新闻资讯、钱包、视频、趣视频	部分推送只能在系统权限关闭
OPPO	OPPO R15	浏览器咨询、阅读、应用商店	可从通知栏关闭推送权限
小米	小米6X	应用商店、浏览器、音乐、小米视频、一点咨询、多看阅读	可从通知栏关闭推送权限
荣耀	荣耀play	华为视频、视频·优酷版、华为钱包	可从通知栏关闭推送权限
VIVO	vivo X21	日历、应用商店、浏览器、jovi	可从通知栏关闭推送限

[1] 张宁：《中国手机广告的传播形态研究》，硕士学位论文，河南大学，2008年。
[2] 爱否科技：《8款手机系统广告大横评，最过分的是谁？》2018年9月7日，https://www.sohu.com/a/252603893_473286，2019年4月23日。

续表

厂商	型号	通知栏广告类型	通知栏广告关闭方式
一加	一加 6	商店	可从通知栏关闭推送权限
锤子	坚果 3	无推送	可从通知栏关闭推送权限
三星	S9+	无广告推送	可从通知栏关闭推送权限

根据前面通知栏推送广告数量和其他情况来看，小米 MIUI 和魅族 FLYME 在国内几大主流手机系统中排名前列。

1. 强制推送影响用户体验

MIUI 系统推送来源包括一点资讯、小米音乐、小米视频、浏览器、小说阅读器、应用商店等多个来源，每个应用少则一两条，多的三五条，整个通知栏都能成为一个新闻阅读器了。魅族推送的主要新闻来源也是多种多样，有钱包、视频、生活助手、趣视频、手机管家和新闻资讯等等，内容方面也是基本上以新闻为主。OPPO 的来源偏少，主要是以浏览器和商店推送为主。

其实大部分系统广告是可以关闭的，比如魅族，进入系统设置−Flyme 账户，可对手机上的 Flyme 账户进行管理，包括应用数据、桌面布局、联系人、短信、查找手机、云存储等等。除此之外，还有另一个方式，那就是通过系统设置—通知和状态栏—应用通知管理，可以对部分内置应用的推送进行关闭。虽然可以关闭但是一项项的操作会使用户的体验感极差，甚至产生反感。不同的位置、不同的选项，在没有教程的情况下，用户想要一口气关闭所有的广告，还是需要费一些功夫的。

2. 推送广告存在诱导性链接，虚假广告信息泛滥

一些手机系统利用领红包、领现金等福利性诱惑，来诱导用户点击，点击进去实则是广告信息页面或者应用下载相关。比如小米系统通知栏里将浏览器的图标改成了「领红包」，甚至还推送「你的系统空间不足」之类的信息，而且通知栏里要是推送广告的话是可以显示图片的。图片用新闻资讯的图片和标题来诱导用户点击。从某种角度来说，这种诱导性广告利用虚假信息宣传来诱导用户点击也是不正当竞争行为，虚假信

息欺骗用户也违反了广告行业竞争规则。

以往研究发现，消费者倾向于点击与利益有关字眼的广告信息，诱导信息是手机系统广告很好的卖点和吸引用户最直接的方式，因此被手机厂商大量应用在广告推送中。

（二）系统应用广告现存问题探究

系统应用一般是第一方应用（常见的手机系统应用是相册、天气、日历、文件管理器、浏览器、主题商店、手机管家、应用商店、音乐播放器、小说阅读器、在线视频播放器和新闻资讯阅读器等），用户在购买手机的时候，一些系统自带的应用已经安装在系统中，大部分应用无法删除或者卸载。

之前在一些平台上有用户发帖表示称魅族手机恶俗预装软件无法彻底卸载干净，卸载之后还会出现在其他应用上方，引诱用户下载，只要一不小心，就会重新安装上"流氓"软件。同时还有搜索界面的广告甚至连关闭都无法关闭。

这些系统内置软件会通过浏览器来收集用户的喜好和偏好，然后根据大数据分析的结果向用户推荐他们可能感兴趣的内容。但实际上，目前国内的手机系统广告存在大量恶意、虚假广告，影响用户的体验和对厂商、广告主的印象，从而也会影响实际消费行为。下面是八大手机系统应用广告详情对比，从中可以看出在系统应用广告方面，广告形式主要是开屏广告、滑屏广告、弹窗广告、插入式广告、信息流广告等，从内容来看主要是福利广告、应用推荐、商品推广等。

1. 广告重灾区：浏览器、主题商店和应用商店

8款手机系统在浏览器默认首页这点上表现的都是同样的差劲，基本上都是推广链接+信息流的统一模式，除了vivo之外的其他厂商还在顶部或者信息流当中加上了广告，用户体验统一的不好。魅族在应用商店首页有诱导性质的趣福利，我的页面有赚金币、金币商城和我的红包。OPPO在「主题商城」中有开屏广告和置顶抽奖广告。

表 5—3　　　　　　　　系统应用广告详情对比 [①]

	小米	魅族	荣耀	OPPO	VIVO	一加	锤子	三星
相册	无广告	无广告	荣耀图片精选	无广告	VIVO摄影	无广告	无广告	无广告
天气	应用推荐（可关闭）	本地咨询（可关闭）	无广告	无广告	无广告	无广告	仅天气不好可见	无广告
日历	应用推荐（可关闭）	应用推荐	无广告	无广告	无广告	无广告	无广告	无广告
文件管理	无广告	无广告	应用推荐	无广告	无广告	无广告	无广告	无广告
浏览器	广告、推广链接、信息流	广告、推广链接、信息流	广告、推广链接、信息流	广告、推广链接、信息流	推广链接、信息流	广告、推广链接、信息流	广告、推广链接、信息流	广告、推广链接、信息流
主题商店	开屏、滑屏、插入广告	滑屏广告、福利专区	福利中心	滑屏广告、积分商城	无广告	无主题商店	无主题商店	无广告
手机管家	游戏加速	安全播报（可关闭）	无广告	无广告	商品推广	无手机管家	无广告	无手机管家
应用商店	福利专区	趣福利、推荐安装	无广告	福利社、安装有礼	积分商城	无广告	无广告	优惠活动
阅读	开屏、滑屏、弹窗广告	弹窗广告（可关闭）	插入活动、活动专区	弹窗广告（可关闭）、红包广场（可关闭）	开屏广告（可跳过）、弹窗广告（可关闭）	无阅读应用	无广告	弹窗广告（可关闭）、红包广场
音乐	开屏广告（可关闭）、滑动广告、福利专区	无广告	福利中心、商城	无广告	V粉卡	无播放器	无广告	无广告

[①] 爱否科技：《8款手机系统广告大横评，最过分的是谁？》2018年9月7日，https://www.sohu.com/a/252603893_473286，2019年4月23日。

续表

视频	小米	魅族	荣耀	OPPO	VIVO	一加	锤子	三星
	开屏广告（可跳过）、滑屏、弹窗广告	开屏广告（可跳过）、插入式广告	开屏广告（可跳过）、插入广告	无视频应用	顶栏广告	无视频应用	无视频应用	无广告

手机商家为了物尽其用，在这些系统自带软件上投放广告，大部分广告比较简单粗暴，缺乏创意。主题商店和应用商店的开屏广告虽然可以跳过，但是影响手机流畅和使用体验。

2. 与日俱增的广告和干扰性，伤害用户使用体验

以小米为例，几年前，MIUI 8 上涌现的广告和推广引发了小米用户的强烈吐槽，让小米公司深陷舆论的漩涡之中。尽管此后 MIUI 在广告方面大为收敛，同时增加了关闭广告的开关，但近几年越来越多的厂商开始在手机上放置广告。小米的系统广告仍然没有减少，而且增加的开关也并不是很好找到。手机广告包括手机系统广告一直是用户在使用手机时所反感的一个地方，但是这是厂商的利益所在。用户想要更好的使用体验，而厂商想要获取更多的利润，从这点来看两者是一个矛盾对立的关系。广告业务是互联网企业重要的营收方式。从前面举的一些例子来看，有些广告的出现会影响用户的使用和视觉体验，显得生硬、让人反感，但厂商也在这方面不停地做各种尝试。就目前来看，并没有探索到一个很好的运营模式，依旧有用户在做消极的反馈。

干扰性是指手机系统广告在置入系统应用中时内容和风格的不统一会对消费者在实际使用的过程中带来干扰。比如有的手机系统应用内置广告界面太大，跟手机本身小小的屏幕尺寸不相符，使得屏幕充斥着广告信息。另一个问题是广告界面无法关闭，影响正常使用，广告形式的单一和僵化促成了这一问题的产生。单一的横幅广告或是悬浮窗广告的形式比较简单直接，不但不能吸引到受众，还有强制性塞给受众广告信

息的嫌疑。受众如果不想要接受到此类广告信息，那么广告与预期取得的效果只会相反。

3.广告形式单调，缺乏创意和内容

手机系统广告相较于其他媒体，其突出的优势是互动性、精准性。互动性要求手机系统广告信息是双向传播的，是有生命力的。那些形式越丰富的广告往往也是允许互动的程度越高。前文关于八款手机系统广告的对比来看，目前在广告形式和内容创新这块儿，依旧还停留在开屏、弹窗、滑屏、信息流、推广链接等比较单调和古老的形式上。同样的广告形式被应用到不同的应用中去，广告商可能为了广告的效果要求尽可能放大广告信息。手机系统广告作为手机广告的一种形式，应该充分发挥它们的优势，注重与应用的契合性，二是发散创意，合理的嵌入广告，而不是不加选择地投放。

手机系统广告已经非常常见了，用户每天要看到不同的广告，容易造成视觉疲劳，要想真正吸引用户达到营利的目的，厂商和广告主还需要在创意上多下功夫，让广告真正地达到消费者的心里，减少消极评价。

（三）系统特色广告现存问题探究

不同的手机系统有着各自的特色广告形式，手机厂商根据自身系统的特点，在植入广告这方面也有各自不同的见解。

2018年P2P平台接连暴雷，小米官方推荐的P2P平台也难逃此劫。有米粉在接受采访时表示，小米将P2P植入进VIP会员任务，自己被引导多家平台，一些无法回款和暴雷。小米在推广会员任务的时候，并不是仅仅给这些P2P理财平台提供广告位，而是结合MIUI中的任务系统，引导米粉做任务。米粉购买这些理财产品后，相应地可以获得会员积分或者其他福利馈赠。这种推广形式无疑是小米用自己的品牌公信力来让米粉为其买单。从平台广告监管来看，小米并没有很好地尽到风险提示和资质审核的责任。在推广理财产品时，相应界面并没有明确告知消费者理财产品的风险性。事发之后，小米深陷舆论之中，随后下线了相关 P2P 平台，但在小米的系统应用中还是会发现与金融相关的会员任务。①

魅族系统里的应用，包括生活助手、钱包、福利中心、趣视频等，充斥着大量的广告，相应广告点击进去直接跳转到淘宝购买界面。OPPO 则是将广告入口放在锁屏壁纸界面，华为丰富广告呈现的渠道，包括桌面文件夹、视频应用，内置的华为商城跳转到京东界面，而三星健康首页下拉可以看到多条广告。

二　手机系统广告现存问题剖析

基于前文关于手机系统广告现存的问题结构化分析，笔者根据前文研究的不同广告形态的问题，总结归纳出手机系统广告存在的主要问题。一方面是广告创意和内容的缺乏，形式比较单调、僵化，同一化较为严重，并没有充分利用平台优势，做到内容和形式的统一；另一方面作为平台在监管方面的缺失，广告内容审核、用户的隐私保护、法律法规和市场规范、忽视用户体验等，具体如下：

（一）广告和系统应用的契合度不高，缺乏创新

目前手机系统广告形式在具体应用时常见的有开屏广告、插入式广告、弹窗广告、滑屏广告、信息流广告、推广链接等，手机系统广告在互动性和精准投放上占据较大优势，但是由于手机自身小巧轻便的特征，加上手机屏幕尺寸的限制，在广告具体应用时，也出现了一些问题。广告商可能为了广告效果还要求尽可能放大篇幅，如果手机系统广告占据手机屏幕太大，会影响用户体验，引起用户反感，广告效果也会相应削弱。

新媒体环境下，这种手机广告形式迅速发展，也符合人们的消费习惯。在实际应用中，往往出现一刀切的情况，在应用程序和广告形式的统一上考虑的不是很周全。从形式上看，这种植入广告的形式是嵌在手

---

① 人民网－国际金融报：《导流 P2P 平台接连爆雷　小米深陷信誉危机冤不冤？》2018 年 7 月 30 日，http://it.people.com.cn/n1/2018/0730/c1009-30176956.html，2019 年 4 月 23 日。

机应用程序里的一种广告形式，伴随着手机出厂就已经存在，而且有些广告还无法关闭，或多或少会对用户造成干扰。这一问题来源于广告形式的僵化，大部分系统应用广告停留在单一横幅广告、悬浮窗广告等，缺乏创意，消费者也容易产生视觉审美疲劳。

（二）广告内容和实际不符，影响可信度

在前文归纳不同广告形态对应的高频个性问题时，发现无论是通知栏推送广告还是系统应用广告，都比较常用诱导性广告。以福利诱导用户点击，实则是广告推广。相关研究表明用户的态度与手机内置广告呈正相关，广告是承接消费者和商品之间的桥梁，广告是一种艺术，也不能弄虚作假，广告传达的讯息需要具备可信性，广告所引起的消费行为一部分基于手机系统在消费者心目中的可信度。但现实情况是很多厂商利用用户对平台的忠诚度，在手机上推送虚假、过分夸大、具有诱导性的广告内容。

（三）垃圾信息肆虐，影响用户体验

由于这些 App 是属于手机的基础软件，基本是无法卸载的，所以用户就只能忍受系统广告的推送。在前文的关于八大主流手机系统对通知栏推送广告分析中，可以看出通知栏推送广告最高一天接近 20 条信息，包括新闻资讯、视频、日历、视频、应用、商城、天气等。在这些信息中不乏大量垃圾信息，是用户不需要和厌烦的信息。国内对于手机媒体的监管并没有相应的规则和法律规范，市场的培育也有待商榷，导致了大量垃圾甚至虚假广告充斥手机，对整个广告行业也产生了不良影响。

（四）各相关主体利益和责任分配不平衡，缺乏成熟的商业运营模式

当前手机广告产业链中各个环节的利益主体分配不均，而在整个环节中监管部门力度较弱，让垃圾广告信息肆虐。

手机广告包括手机系统广告从兴起到现在发展，一直处在一个不断探索的态势中。国内几大主流手机系统生产商占据了主要市场，其商业化运营模式既有共同的手机系统广告形式又各具特色。生产商将各种纷杂的广告信息植入手机系统中，从商业的角度来说，企业要赚钱无可厚

非，优质的广告信息也是一种好的内容呈现，用户也易于分享和传播。但是当一个手机系统的各个环节都充斥着广告信息的时候，会使用户的体验感降低，甚至引起反感，破坏手机内容的统一性。

（五）监管体系的缺失，制度、内容审查、法律保护不清

伴随着数字化进程的加快，手机系统广告给企业和生产商带来了无限商机，手机系统广告在本质上和传统广告一样，因此也受现行广告法和相关行业的规范准则的约束。手机系统广告作为新兴广告形式出现时间较短，相关法律法规并不是很健全，因此在监管方面存在很多问题。比如一些手机系统利用领红包、领现金等福利性诱惑，来诱导用户点击，点击进去实则是广告信息页面或者应用下载相关，相关主体对于广告内容审查不够严格，让虚假信息存在于手机操作系统中，影响用户体验。[1]

第三节 手机系统广告监管现状的反思

2015年，国家工商总局对外公布了《互联网广告暂行办法》，对原有《广告法》与时俱进的修改，是对《广告法》的进一步细化，也是对相关广告活动的具体明确，包括强化广告主体的责任、广告发布者和经营者责任、相关监管机构等[2]。Web2.0下互联网广告是企业盈利的主要途径，而我国现行广告制度仍然存在滞后现象，如何通过有效的监管实现手机系统广告和谐、有序、健康的发展是需要反思和探讨的重要课题。下面将从监管主体、监管对象、监管制度、监管执行这四个方面来进行分析，总结反思手机系统广告现行监管制度的主要矛盾与核心问题。

---

[1] 郑祎依：《浅析互联网广告监管》，《中国市场监管研究》2016年第12期。
[2] 市场监督管理局：《互联网广告管理暂行办法》2018年11月22日，http://scjg.fuzhou.gov.cn/zz/xxgk/fgwj/bljl/201811/t20181122_2684707.htm，2019年4月20日。

一 体系化和精细化的监管标准的缺失

（一）广告监管职责不清，管辖权需要进一步明晰和确认

我国手机系统广告是伴随着手机广告的兴起而发展起来的。手机系统广告依托手机这个平台来进行广告信息呈现，但在执行过程中仍然存在很多问题。从外部环境来看，手机系统发展时间短、纷繁复杂、技术先进、形式多样、其商业运作模式也缺乏统一的运作标准，监管机构和相关人员很难调查取证，监管存在力所不及之处，难以对相关广告违法案件进行处理。社会监督力量的主体是消费者，力量庞大，但在广告经营的环节中消费者往往处于"弱势"地位，面对侵权消费者往往需要花费大量时间和金钱去诉诸利益，有时候往往得不到合理的解决；从内部环境来看，我国现行监管体制存在监管职责不明、相关监管机构职能部门缺失，另外还有相关人员由于利益驱动而监管不力，放宽边界，敷衍搪塞，大大减低了监管效率。我国互联网广告发展有自己的行业准则和规范，但由于缺乏法律的约束，在实际执行的过程中，违法现象频发，达不到惩戒的作用。[①]

（二）主体界限不明确，主体和内容审查制度缺失

广告市场上的经营主体包括广告主、广告媒体、广告代理商等，由于互联网的开放性、互动性、隐蔽性、多样性、便捷性，给了用户参与到广告环节过程中的机会。用户可以在手机上发布信息，或多或少承担着一些责任，但由于用户庞大，分担着责任，主体界限变得模糊。另外主体内容审查制度缺失，广告发布者在手机平台上植入手机系统的一些广告并没有进行严格的内容审查，存在诱导、虚假、垃圾信息宣传等现象。手机系统广告是手机厂商商业利润来源的途径之一，在利益驱动下，有些广告发布者的广告信息未经严格审核，便被发布到手机平台上。一些金融、购物类冷门广告信息由于不是网络重点监管对象，也给了经营

---

① 何波：《互联网广告立法带来监管新思路》，《中国电信业》2016 年第 8 期。

主体进行违法活动的机会。①

手机系统广告已经非常常见了，国内几大手机系统小米、魅族、荣耀、OPPO、vivo、锤子等朝着多样化和创新型方面发展，匹配2.0背景下的互联网发展生态。用户每天要收到很多条广告内容推送，手机系统广告相较于其他广告形式更加琐碎复杂，其变化多样，随着技术的发展，手段也越来越先进，以各自形式插入到手机系统中，有的会对用户造成人身或者财产的损害，监管部门在审查、追责的时候，难以确定侵权主体，用户也很难证明自己的财产和人格受到了损伤。

二 传统1.0的监管运行机制和2.0的广告形态之间的矛盾

（一）广告市场准入门槛较低，广告信息质量和真实性存在问题

整个广告行业中，广告主体多样，广告主、广告公司、广告媒体等参与其中，市场准入制度对进入广告的市场主体资格进行严格审查，不符合自制的可以取消资格，手机系统广告的主体也是如此。然而，现行的广告市场准入制度门槛较低且不健全，一些不具备自制的广告主体利用手机系统平台发布虚假违法广告信息欺骗消费者，甚至造成财产损失，比如之前的小米事件。另外手机系统广告的隐蔽性较强，可以植入系统应用，以通知栏推送广告、伪装福利诱惑等方式来诱导用户点击，实则是一则广告，或者直接跳转到某购物平台。有的系统应用广告具有强制性，用户无法取消消息推送，这就对广告信息的质量和真实性提出了更高的要求。

（二）监管技术水平落后，违法认定难

网络广告发展速度快，手机系统广告形式多样。第一，新媒体环境下，原生广告市场迅速发展，手机系统广告基于内置手机广告的特点也不断尝试着新的模式。然而监管技术手段呈现滞后状态，缺乏手机广告监管的专业化、协调流畅的队伍。第二，手机系统广告发布主体覆盖范围广，

---

① 刘迎华：《手机广告的运作模式和产业链分析》，《通信世界》2007年第41期。

平台聚集多种多样来自世界各地的网络广告活动，监管任务变得繁重，监管部门需要承担大量的监管工作，在职责权限划分上也增加了负担。第三，违法认定难。部分违法广告具有较强的隐蔽性，用户也不宜察觉，为了达到广告宣传的目的，一些广告经营者巧妙利用各种形式隐藏广告的商业性质，甚至发布虚假信息广告，引导消费者产生实际点击或者购买行为。一旦消费者发现违法现象，想要举证维权变得艰难，广告发布者可以在短时间内快速删除或者下架相关广告信息，并更换身份再次进行广告活动。[①]

第四节 手机系统广告监管的发展和创新策略

根据相关研究数据显示，虽然我国广告收入呈断崖式下滑，但是手机广告凭借多样性、精准性、互动性，节约成本，受到了广告主的青睐。从另一个角度来说，广告投放从粗放式模式进入了个性化和精准性时代。通过大数据分析，手机厂商可以从庞杂的数据中提取用户信息，方便广告的分类精准投放。厂商的利益诉求和消费者的体验从本质上来说是两者对立的关系，为了更好地平衡两者利益，减少矛盾，这有赖于市场监管的发展。[②]

基于前文对手机系统广告的问题探究，并将其置于 Web2.0 的互联网广告环境下进行分析和探究，总结了当下手机系统广告存在的监管和法律问题，并提出有利于手机系统广告发展的创新策略。同时，结合国外其他国家和地区行之有效的经验，为我国手机系统的广告监管提供新的思路和方法。2.0 的广告形态需匹配以 2.0 的监管制度，结合我国国情，整合相关主体力量，明确各方利益和责任，依照前文从监管主体、监管对象、监管制度、监管执行这四个主要方面，针对手机系统广告存在的

[①] 雷琼芳：《加强我国网络广告监管的立法思考——以美国网络广告法律规制为借鉴》，《湖北社会科学》2010 年第 10 期。

[②] 申琦：《试论我国手机广告法律监管》，《现代传播》2010年第2期。

问题，系统地对手机系统广告良性发展提出切合实际的发展战略及监管策略。①

一 建立体系化和精细化的监管标准和规范

当前手机广告产业链中各个环节的利益主体分配不均，而在整个环节中监管部门力度较弱，让垃圾广告信息肆虐。促进广告环节中各个利益主体的责任整合，明确各方权利和义务，对于促进广告监管市场的和谐发展具有重要意义。

（一）各方明晰责任，促进分工合理，监管有效执行

工商行政管理部门在广告监管中应该起到主要作用，担负起监管的第一责任。手机系统广告同其他类型广告一样，也应纳入网络广告监管的范围。各级工商管理部门应该承担起网络监管的责任，涉及的各个部门应各司其职，明确分工和权责大小，上下级联动，避免因职责不明而引起利益冲突。各个部门形成监管合力，共同促进网络监管的有效执行。

《互联网广告管理暂行办法》立足《广告法》，在其基础上进一步对网络广告活动中的活动规则进行明确和细化，对经营主体，包括广告经营者、广告主、广告发布者等参与主体的责任进行了较为具象化的规定。《互联网广告管理暂行办法》要求广告主对其发布内容真实性有所保障，并在合法范围内通过媒介发布广告。另外，法律要求互联网广告经营者和发布者按照国家相关规定做好登记、审核、存档，审查广告发布者的身份、地址、注册信息，核验内容是否符合规定，如若不符合规定应取消其发布资格②。相关企业因此应配备熟悉相关法律法规的人员，做好广告审核和发布工作。目前，《办法》中尚未对手机系统广告提出相关规范，对于新的广告形式除了借鉴国内外行之有效的经验之外，也

---

① 胡忠青：《手机广告发展与中国现实进路》，《新闻界》2007年第3期。
② 袁洁平：《〈互联网广告管理暂行办法〉发布意味着什么？》，《中国广告》2016年第8期。

要与时俱进，不断补充。[①]

（二）增强行业规范，促进网络广告行业自律

行业规范虽然不具备法律权威性，但可以增强互联网广告行业规范对广告活动的约束。行业规范的设定要从网络广告的主体出发，增强主体从事网络广告活动的自律。首先，从思想上树立主体意识，按照行业规范章程行事，加强行业内部培训，引导成员自觉遵守，诚信经营。一些虚假违法广告发布在手机平台上，说到底还是诚信缺失的原因。除了发挥工商监管部门的监管作用之外，也要建立相应企业诚信评价系统，通过公示等方式促进行业企业自律。

加强行业自律是政府监管的重要补充，我国的广告行业组织有以中国广告协会（CAA）为代表的社会团体。作为行业组织，仍然按照广告法相关条例，制定行业规范，引导行业自律，促进行业发展，引导协会成员按照广告法相关要求开展广告活动，树立良好的社会形象，从而为中国广告业的发展和经济社会的发展提供保障。

（三）强化手机系统广告监管对象规则的设置，对互联网广告经营者进行严格审查

手机系统作为广告的发布平台之一，其监管对象自然而然是平台上出现的广告。广告行为不是杂乱无章的，而应是在平台制定好的规章制度和对应体系下良好地运行。既不违背广告商的商业利益，也能减少用户的不良体验，从这种意义上来说，强化对手机系统广告监管对象规则的设置具有平衡作用。

在手机广告生产链上，从上至下连接着各方主体，对待问题要治标，从根源抓起，互联网广告也不例外。广告经营者负责广告的发布和平台选择，在手机系统上推送的广告要经过严格审查才能发送出去，经过利益链的孵化和输送，到达受众层面。

[①] 中国人大网：《中华人民共和国广告法（2018年修订）》2018年11月5日，http://www.npc.gov.cn/npc/c12435/201811/c10c8b8f625c4a6ea2739e3f20191e32.shtml，2019年3月26日。

手机系统生产商有责任也有义务配合政府监管、行业自律、法律法规，对违法的广告现象进行管理。手机作为广告发布的平台，理应承担对广告发布者资格审查和准入门槛规则设置的责任。加强手机系统服务端的管理工作，从终端对广告进行筛查，从而有效减少不规范和违法广告行为的出现。手机系统同时也应完善相关工作制度，从制度层面过滤掉不规范和违法广告行为，充当手机系统广告监管的保护伞。

（四）监管规则应充分权衡各方利益，做到行之有效

一项监管规则的制定以及落地执行，难免会存在各方利益的博弈。由于广告活动的复杂性，使得广告活动必然会牵涉到各方利益，因此监管规则的设置应该充分考虑到各方的利益诉求，在利益的天平上找到利益的平衡点。在手机系统广告中利益主体包括广告主、广告代理商、手机生产商、消费者。一则广告从发布到消费者接受，其中必经的渠道是手机媒介。手机媒介作为桥梁，自上而下直接关系到双方的利益分配。厂商既要关心自己在广告上的利润问题，又要充分考虑消费者对于品牌溢价的接受阈值。

二 建立和互联网2.0广告形态相匹配的监管机制

手机媒体正迅速地渗透进我们的生活，同时以其个性化、交互性、多样性等突出特征给社会带来影响。因为当下手机系统广告的发展速度和相关监管和法律制度不相匹配，手机广告监管制度、法律不够明确，而且相关管理机构也缺少相关管理的工作经验，种种由此衍生出的社会问题不禁令人担忧，完善手机系统相关监管制度刻不容缓。在2.0的互联网发展情境下，需要匹配2.0的广告监管机制。[①]

（一）立足国情，借鉴国外行之有效的经验

国外手机系统广告发展和研究相较于国内来说更加系统和完善，比

---

① 中国互联网信息中心：《第43次中国互联网络发展状况统计报告》2019年2月2日，http://www.cac.gov.cn/2019-02/28/c_1124175686.htm，2019年6月2日。

如澳大利亚曾推行手机信息分级管理制度，印度运营商为了改善垃圾广告信息的传播，联合运营商建立黑名单制度。目前，我国广告业发展尚未成熟，手机系统广告也起步不久，尚未建立一套规范的监管制度。国内广告发展要想更进一步，必须借鉴国外成熟的经验，促进形成一套自己的管理标准。

在借鉴的时候也要注意，由于我国广告经营制度与国外一些发达国家不同，在借鉴使用的时候应充分考虑国情，看到发展模式上的差异，有选择性地借鉴。反观我国法律法规、政策等相关制度尚未完善，手机系统广告信息涉及商品信息服务、品牌传播、企业形象、个人隐私等多方面，采取具有强制性规范的同时，也应结合国家道德层面的建设，采取道德自律的方法来隐形约束广告从业者，最终形成一个多层级、多元化、系统性的监管制度体系。

（二）完善相关法律法规，把手机系统广告监管纳入法律保护范围

行业规范因为缺乏法律保障，在实际执行的过程中往往缺少法律的强制性而得不到很好的贯彻实行。法律代表着国家统治阶级的意志，对于违反者施以相应的惩罚措施，同样地如果能对手机系统广告中的违法违规行为进行相应的惩罚，辅以法律重器，可以起到很好地监管作用，也能为相关监管部门在处理类似的违法案件时提供法律依据，提高工作效率。

（三）优化手机广告系统设计，安全运行同时保护个人隐私

无论是促进广告利益主体的整合还是强化对广告监管对象的设置或是完善相关法律法规，从制度层面提供保障，都是为监管执行提供基础。相关监管部门将手机系统广告纳入互联网监管的范围，并进行监督审查，对于违法案件也能做到有法可依，按规章制度办事，加强网络环境的净化，促进手机广告市场的健康、良好、规范运行。

手机广告系统可以为内容和业务提供商、广告代理商提供相关技术支持，其中包括个性化定制需求、可量化的广告效果、用户与广告商交

互的渠道、手机系统管理需求。手机系统通过数据管理和内容引擎，一方面可以服务厂商、广告代理商对于广告发布的多样化需求，并提供广告浏览量、点击量等度量数据，另一方面手机系统当前技术可以满足针对广告商提出的个性化定制需求，从手机系统后台收集到的用户个人数据来匹配个性化内容。

对此我们可以利用手机系统的内容过滤功能，对在手机平台上发布的广告信息首先进行自动筛选，对违规、违法的广告内容进行过滤，避免广告进行二次传播至用户。另外手机广告系统收集了大量用户的个人隐私，也应加强保护措施，防止用户隐私泄露。

（四）保证监管制度的有效实施，净化网络市场环境

手机系统广告的特点对网络监管部门提出了新的要求和新的环境，因此，其工作方式也应做出相应改进。鉴于目前在精准广告监测系统设置这块儿，我国尚未建立完善的体系，所以对于监管来说是一项巨大的挑战。网络环境的复杂性决定了监管工作决不可能一蹴而就，在当前手机系统广告研究取得的成果基础上，建立一套动态的、平衡的透明机制，包括监测环境对外开放，对外展示广告监管的进展和相关情况，还有做好广告平台和消费者之前的协调者，保护消费者的合法权益，关注消费者的受违法广告侵害的情况。手机系统的广告监管工作需要做到狠抓、严管、厉行，在遵循广告发展规律的基础上，充分调动各方力量，实现监管的有效执行，防范网络风险。

第六章　电子商务网站广告监管

随着互联网技术的迅速发展，人们的生活方式在不断地被重构。传统消费模式中，在线下进行买卖双方交易的消费者，只是凭借个人的消费习惯和品牌认知采取消费行为。而在互联网时代，人人成为互联网的终端用户，消费者通过电子商务网站根据个人喜好便可完成购买行为。广告不论是在传统社会还是如今的互联网时代都充当着以盈利为目的的角色，是企业为推销商品或提供服务，以付费方式通过广告媒体向消费者或用户传播商品或服务信息的手段。

互联网时代，电子商务快速发展，电商网站凭借其产品的多元化、平台的便捷性、买卖双方的互动性、良好的客户体验性吸引了大批商家的入驻，使得传统广告有了新的栖息地，形成独具特色电子商务网站广告。作为平台方的电商网站拥有两大优势：一是具有广告主急需的海量用户，二是具有消费者需要的多元化产品。一方面，各大电商网站都想尽可能地争夺稀缺的受众眼球，另一方面，由于其盈利性质，对广告主产品的招商引进也是其关注的重点。不可否认，电商网站广告为人们提供了更加了快捷便利的信息，极大地满足了人们日常生活的消费需要，但同时应该看到的是，泛滥成灾的电商网站广告所引发的问题，例如雇用网络水军刷单拔高销量和好评；大量使用"销量第一""全网最低"等夸大商品性质的绝对用语进行广告宣传；虚构事实，虚假宣传；未经审核通过的专利技术直接搬上商品的介绍首页；广告数量泛滥、质量低劣；各种夸大性质以博取眼球的软文广告等。据报告数据显示，2016年中国电子商务交易额近30万亿元人民币，同比增长25.5%。同时，电子商务中的消费纠纷也处于高发期。据工商 12345 系统统计，2017 年上半年的全国电子商务投诉量高达 18351 件，占消费纠纷总投诉量的 79.07%。① 显而易见，电子商务在快速发展的同时已诞生诸多问题。电子商务网站广告是电子商务网站进行营销的主要方式，其所呈现的问题亟需得到业内和学界的关注，本章通过研究和分析，尝试提出适合中国语境的监管建议，促使我国电子商务网站更快更好地发展。

第一节　电商网站广告相关概念及其形态分类

电商网站作为互联网时代的产物，既归因于现代经济的发展，同时也服务于现代经济。传统的销售行为都于线下完成，互联网时代，买卖双方可以在更广阔的领域进行交易行为。一方面，电商网站使卖家不再仅仅拘束于传统的门店销售，吸引了大批的卖家入驻，另一方面，由于移动终端的便捷特性，更多的消费者足不出户便可轻松购得自己所心仪的商品，使得越来越多的消费者依附于现代物流的高效快捷完成商品采购。消费者在哪里，即是广告之所在。电商网站因其受众的广泛性、媒介的适用性、内容的个性化、与用户的互动性而吸引了大批的广告主的注意。电商网站广告的发展经历了从无到有，到如今的电商网站广告大爆炸，各方面的问题也同时不断凸显，譬如，虚假信息、虚假广告、夸大产品功能、恶意竞争等等。

一　视频网站广告的概念界定

学界目前并没有对电商网站广告给出一个完整的定义，笔者尝试着从词义本身对电商网站广告做出一个具体的解释。联合国国际贸易程序简化工作组对电子商务的定义是：利用计算机技术、网络技术和远程通

---

① 全璞：《电商平台经营者的责任与监管——以〈电子商务法〉二审稿为视角》，《法制博览》2018 年第 17 期。

信技术，实现电子化、数字化和网络化、商务化的整个商务过程[①]。由此可见，电子商务网站是基于计算机技术，买卖双方在异时空下进行在线商务活动，可以说是互联网生态中的新型商业发展模式。综合以上，笔者认为电商网站广告指的是利用现代技术，以计算机网络作为基础，以电子化方式为手段，各参与方通过任何电子工具将有关商品或服务的信息传递给受众的一种有偿宣传方式。

二 电商网站广告的发展历程

（一）传统的电商网站广告

由于电商网站广告是互联网广告大类中的一小分支，故而，两者在互联网生态中具有相同的本源。因此，传统的电商网站广告在诞生初期，便是依靠对互联网广告的简单模仿复制而发展起来的。传统的电商网站广告形式基于互联网Web1.0形态特征，立足于门户网站的大众传播特性，较多是以告知型的静态的图文链接式广告呈现，只是在外在表现形式上有所不同。如旗帜广告、横幅广告、对联广告、按钮式广告等，均是采用图文链接的形式，却是位于网站页面的不同版块位置，可以说早期的电商网站广告完全是报刊广告的电子化。

（二）Web2.0技术加持下的电商网站广告

伴随着移动互联网等新型技术的发展，互联网生态更为丰富且多元化，与此同时，广告的形态也愈发呈现出多样性趋势。不同于传统单一固化的图文链接广告，在当下，电商网站广告将图文、音/视频等多种元素进行融合，并采用交互等形式，更为生动、有效地为用户及消费者传递出电商网站广告的诉求点，给予用户强烈的广告认知。这种基于互联网2.0的电商网站主要的广告形式有：直通车、网幅广告、软文广告等等。这些广告借助图片、文字、视频、音频等多种元素，通过富媒体

---

① 黄振宁：《电子商务在钢铁企业中的应用》，《冶金丛刊》2009年第4期，第48—50页。

的形式将广告内容更为立体、丰富地展示出来。

三 电商网站广告的特点

（一）广泛性

电商网站广告是基于互联网技术发展的新型广告形式，其传播范围比较广，且内容详实。传统广告由于受媒介时间和空间的限制，为了能更快抓住消费者的眼球，其内容只能删繁就简，突出主要重点部分；基于互联网技术的电商网站广告则基本不受限制，广告的内容可以依据其商品特点自行决定，以满足用户对有关情况想进一步了解的欲望。电商广告的广泛性也体现在其形式的多样，传统广告多于线下投放，比较拘束于展示形式，而电商网站广告从目前来看，涵盖了动态视频、文字、声音、图像、表格、动画、三维空间、虚拟事实等多种表现形式。这些形式都可以根据广告的创意需要进行任意的组合创作，从而可以最大限度地发挥广告的艺术创意，创作出形式多样、能够极大地激发消费者购买欲的广告。以淘宝网为例，消费者在进行商品选购时，不仅可以通过图片文字等信息对商品进行斟酌，如今商家更是通过发布动态视频，满足消费者意欲全方位观望商品信息的需要。

（二）经济性

传统媒体的广告话语权多数掌握在大鳄资本家手上，普通的零售商由于资金的限制，是很难得到广告展示空间的，而目前在互联网上发布广告对传统媒体而言，便宜了许多，普通的零售商也可以根据商品的需要在互联网上进行广告的发布，每年只需几百到几千元不等。其次，电商网站的广告成本低，形式多样，信息量丰富，充分体现了其经济性。

（三）实时性

传统媒介，一般广告发布版面后很难进行改变，一方面是诸如纸媒等的媒介形式受限，另一方面是相对而言改换广告版面，浪费了一部分资源，则需花费更多的费用，提高了成本，经济代价太大。而电子商务广告则能根据需要及时进行版面的更换，并且可以由商家自行在线随时更换，不用考虑版面等问题。譬如，家电商家意欲做促销时的价格变动，更改只需要几分钟，更改成本几乎为零。另一方面，商家通过自行更改商品信息，及时地将生产经营中的决策变化与广告相结合，更有利于进行商品的销售。

（四）参与性

传统媒介时代，受众只是一味地接收广告信息，处于信息不对称的被动方。而电子商务时代，受众通过参与商品的评价及参与销量的变化，可以及时地向商家进行信息的反馈，同时也成为商品的参与方。当一部分消费者购买商品后，在商品评价页面的好坏可以作为接下来浏览页面的消费者参考的依据。受众生产内容，消费者生产"广告"。且在当下，这种参与性在不断地加深，无论是"KOL"，还是当下较为流行的"私域流量"，这些营销认知均是不断挖掘用户及消费者的潜在价值，使其成为产品或服务的"代言人"。

（五）交互性

电子商务网站依赖于受众的参与，电商网站广告与传统广告相比，另一个更为突出的特点是受众可以进行关键词的搜索，查询起来更为快捷方便，受众可以根据自己感兴趣的问题进行关键词查询，深入了解有关商品具体详实的信息，既节约了受众参与的时间，也使受众掌握了更多需要的信息，充分体现了电商网站广告的交互性。

四 基于传播形态的电商网站广告分类

目前学界并没有对电商网站广告进行系统分类，笔者基于电商网站本身的属性，即商务性质，在对比了诸如淘宝网、当当网、京东、苏宁、1号店等几种常见的电商网站页面的广告形式，抽取了常见的几种广告进行了分类：直通车、网幅广告（文字链接广告）、软文广告。

（一）直通车

直通车通常指的是"淘宝直通车"，"淘宝直通车"是阿里巴巴集团专门针对淘宝平台中的卖家度身定做的产品营销手段和工具，其结合当下广告的发展态势和大数据技术优势，采用点击付费的收费计算形式，通过将每件商品的关键词进行竞价拍卖，为卖家带来精准化的营销投放效果。借助淘宝直通车进行商品推广的卖家在吸引用户和消费者点击关键词进入店铺的同时，由于淘宝平台自身的电商属性，便很好地帮助卖家实现以点带面的营销闭环，用户可对感兴趣的产品进行了解后直接购买。

一方面帮助商家实施了精准营销，极大地为商家提高产品的曝光率，给店铺输入了很多潜在客户；另一方面帮助消费者节省时间，在短时间内迅速地找到自己心仪的商品。可以说，"淘宝直通车"对买卖双方都实现良好的产品效果。同时，"淘宝直通车"也因其客户精准这一特有优势备受商家欢迎，当商家开通"淘宝直通车"后，一般而言，只有想买这种类型产品的客户才会点击进来，这便为产品带来了精准的用户标签，借助相关用户标签，有些类目可以得到客观的销售流量。对于一些用户推广处于瓶颈期的商家而言，借助"淘宝直通车"便可以为店铺获取更多的流量，从而打破流量瓶颈，推动商家店铺达到更上一层的营销发展。

笔者在知网以"淘宝直通车"作为关键词搜索，搜索到 7 篇文献题目带有淘宝直通车相关的文献，可见，我国学者并没有系统的对淘宝直通车进行研究分析，与淘宝直通车的这一类特定的广告监管相关的文献更是没有，因此本文将电商网站广告的直通车单独拎取出来，具体细分地进行分析研究，可以为学界提供细分的广告监管建议。

戴维、尹梅（2018）通过总结淘宝直通车营销策略的优势和不足，同时针对电商平台的销售商进行营销时采取营销策略选择和定制中存在的问题，针对 C2C 的营销策略提出一些相应的对策：（一）把握市场定位，（二）了解消费者购物心理（追求自我表现的消费心理、追求文化品位的消费心理、追求物廉价美的消费心理、追求时尚商品的消费心理），（三）设计创意策略（独特的店铺风格、易记的店铺名称、个性化的营销服务）。[①] 周润博、张忠能（2014）以淘宝直通车作为研究对象，从

---

① 戴维、尹梅：《淘宝直通车营销策略分析及对策》，《现代商业》2017 年第 22 期。

语义抽取、关键词扩展、竞价词生成、模型化出价、广告效果正向反馈监控模型几方面进行分析和统计，为直通车广告主提供最优投放策略整体解决方案，以实际效果改善直通车竞价搜索用户体验。[1]李燕（2012）通过从梳理淘宝直通车关键词相关性、类目与属性相关性、关键词出价三方面针对关键词质量得分提出相关建议，并给出了淘宝直通车时间、地区投放技巧等相关的建议。[2]

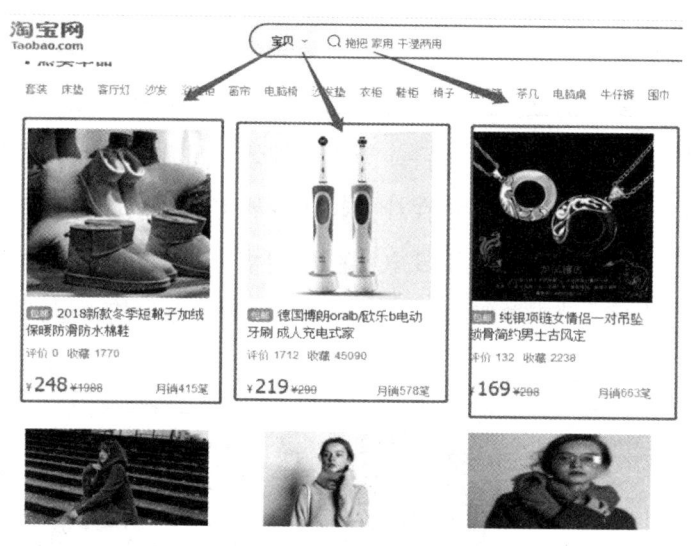

图6—1 淘宝直通车

（二）网幅广告

网幅广告是早期互联网广告的雏形，其通过互联网技术以图文、视频、动图等形式展现在网页特定位置中。由于显示页面的有限，网幅广告不可能占据太大的空间，所以在设计上往往只是提示性的——可能是一个简短的标题加上一个标志，或是一个简洁的招牌；但一般都具有超链接功效，用户只需点击图片或视频，便会跳转至更为详细的产品介绍

---

[1] 周润博、张忠能：《基于淘宝直通车的竞价决策系统的研究与设计》，《微型电脑应用》2014年第6期，第16—20页。

[2] 李燕：《淘宝直通车的推广技巧》，《科技资讯》2012年第12期，第228页。

页面，而网幅广告为了诱导用户点击图片，往往会在图片的显示页面附上"了解详情"等文案内容，引导消费者完成点击动作进而了解更丰富的产品信息。

网幅广告作为电子商务网站最为常见的广告形式，其通常分图文类的静态广告、视频或动图的动态广告、需用户参与的交互式广告这三类，静态图文广告因制作简单且技术难度较低而出现时间最早，其在互联网发展初期阶段备受网站青睐，但随着静态图文广告的泛滥，各大网站均被这类广告淹没，其逐渐成为网站中的"牛皮癣"而遭到用户的反感和抵触。随后诞生的动态网幅广告在动态呈现上的创新以及传递内容丰富的优势下得到迅猛发展，到目前为止，其依旧是我国互联网广告中的主流广告形式。交互式广告是在社交媒体发展下催生出的一种新型广告形式，其后也被创新性地运用到电子商务网站中，常见的形式较为多样，譬如玩小游戏、填表单等，在当下的各类电商平台中均可看到。

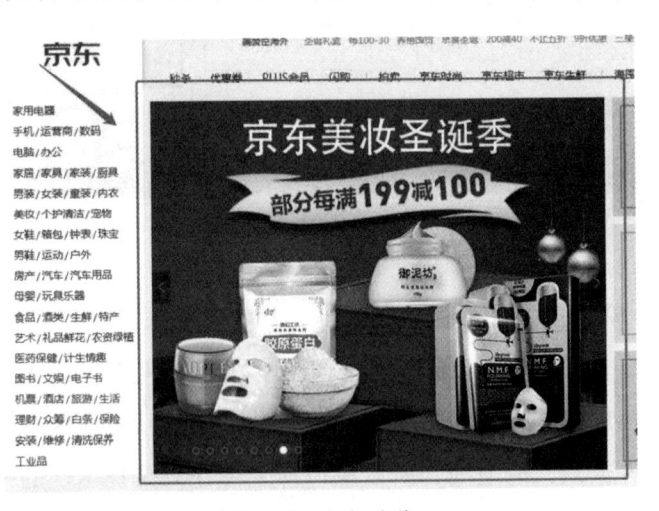

图6—2 网幅广告

（三）软文广告

软文广告，是相对于硬性展示类广告而言的，这类广告往往是借助他人之口表现自身优势。对于软文广告的认知，从狭义上来看，是指企业在报纸或杂志等传统宣传媒介及微信、微博等社交媒体上刊载的纯文字、有偿付费的文字广告。在各类电商网站平台中，我们经常可以看到名人或 KOL 发表的产品推广文章，这类便是狭义上的软文广告。从广义上而言，软文广告跳脱出文字形式，以视频、表情包等新型呈现形式在各类社交平台及电商平台中进行传播，博主"开箱视频"、网红的"使用心得小视频"等也是较为常见的"软文广告"。

凭借着较少的营销成本却能带来极大用户销量的优势，软文广告在互联网广告中迅速发展起来。如今的电商网站更是充分运用软文广告，在各大电商网站随处可见各种带有推广性质的"种草""评测"等文章或视频。软文广告是以用户的自我使用感受为外衣，有很强的隐蔽性，因而具有很强的病毒属性和自传播性。以淘宝平台为例，其所推出的淘宝头条频道，其中涉及诸如视频、资讯、美搭、型男、美妆等几个板块，便是广告公司或公关媒介进行商品软性推广的集中地。

图 6—3　软文广告

第二节　基于电商网站广告形态的问题分布

一　典型案例分析

（一）网络水军电子刷单造假

直通车以 200 字为限的文字和各种精修图片横挂于各大电子商务网

站，消费者打开电子商务网站时，首先引入眼帘的便是各种以直通车为载体的各商家的商品展示，消费者在进行商品选购时通常看重的不仅是图片所展示的商品本身，也会格外注意卖家商品的销量和评价，以此作为衡量商品好坏和是否下单的依据。部分不良商家为了进行商品的推广，会制造高销量和零差评的假象，试图营造商品一片叫好的假象。关于电子刷单行为是否定性为虚假广告推广，本文采取陈鹏翔（2018）的观点[①]：对于网络中关于商品评价、交易量以及商家信用等级是否应当作为商业广告的内容，有学者认为《互联网广告管理暂行办法》第三条第四款所作的规定"法律、法规和规章规定的经营者应当向消费者提供的信息的展示从其规定"，隐含着互联网上的商业信息有着广告信息和非广告信息的区分，二者区分的标准是信息是否是法律规定的消费者应当获知的内容，比如信息是否是为满足消费者知情权，客观上的商品介绍或者服务，还是带有推销商品或服务的劝服性信息，前者为非广告信息，后者为广告信息。消费者的知情权要求消费者有权全面充分地了解产品或服务的相关信息，电子刷单的内容应当被认定为广告。在电子商务中，以淘宝为例，商品的展示页面中包含着基本的商品信息和商品评论两个页面信息，对于商品的基本介绍，是满足消费者消费的信息需求的非广告信息；对于商品的评论页面，应当认定为广告推广的内容，其内容即使不存在刷单行为，电商也无法保证消费者的评论内容的真实性，因此评论页面应当认定为广告。综上可知，网路水军制造着虚假的交易量和评论，是一种虚假广告行为。

1. 对网络水军的认知

事物往往具有两面性，互联网表达渠道的便捷性在推动网民意向透明化的同时，也催生出"网络水军"这一群体。不同于普通网络用户，网络水军指的是一群网络写手借助互联网低门槛的信息传播渠道，采用删帖（顶帖）、控评、技术替换等方式，有偿性地针对特定目标进行人

---

① 陈鹏翔：《电子刷单行为的法律规制研究》，硕士学位论文，兰州大学，2018年。

为舆情控制。这种特定目标可以是某一位公众人物，也可以是某一产品或品牌服务。

在电子商务平台中，网络水军往往会装扮成普通的消费者或用户，在利益的驱动下，围绕特定的目标有组织、有规划地发布一些言论和看法，以之来影响普通网民用户对于特定目标的舆论和认知情感。

随着互联网经济规模的不断扩大，网络水军黑色产业链也在不断深化，逐渐形成众多专业化的运营团队，他们打着广告、公关等旗号，针对客户的需求进行专业的内容输出，即使是最简单的"转评赞"服务，在大量营销号的指引下，也会产生很大的舆论效果。早期的网络水军大多是真实用户，但在技术的发展下，网络水军团队开始借助非法软件注册账号来模拟真实手机操作，这种情况下，1个人便可以完成成百上千条评论。除非法注册外，网络水军还会通过恶意注册养号来增加账号的真实性和粉丝量，使其不断成为有影响力的营销号。此外，采用非法手段盗取普通用户的账号，也是网络水军较为常用的手段，通过将自己的程序非法植入到运营平台内部的服务器中，自动收集用户的cookie等信息，一旦遇到需要大量真实用户造势时，其便会直接登录普通用户的账号，发表留言及进行点赞、转发等。在网络水军层出不穷的手段下，引起舆论讨论的话题究竟是普通用户自发传播还是水军有意推广的，人们便很难进行分辨，从而使得普通用户难以认清事实背后的真相。

2. 电商网站水军刷单造假

电商的火热发展，让刷单从过去的少数、极个别行为，转变为人人可伸手的地下产业。在权威机构的调查中发现，仅针对电商平台的用户评论这一模块中，就存在着不少专业的刷单组织和机构。在网上选购商品时，用户既看不着，又摸不着，除了寄望于商家的诚信之外，可参考的多来源于店铺的销量、人气和评价。而往往一些商品质量与其高销量和好评率不成正比，恰恰揭露了其成交量和信誉都是"刷"出来的。有了卖家的需求，自然就给"刷单工厂"提供了丰厚的生存土壤，也助长了"刷单"产业链的形成。专职刷手每刷一单能挣2.2元至2.5元不等，一天一般刷四五十单，多的话 100 多单，能挣到 100 到 200 多元。据相关涉事人员统计从 2014 年 5 月份到 2016 年 6 月份的 25 个月里，刷单金额至少超过 1 个亿，笔数超过 70 万笔。

3. 相关案件梳理

2017 年，一家知名视频网络平台将杭州一家公司告上法庭，认为这家公司“恶意刷量”，干扰了平台的数据分析和重大决策。最终，该视频网络平台获赔 50 万元。

2018 年 7 月，在天津警方 9 个多月的努力下，天津首例“网络水军”违法操纵舆论案件被侦破，其中，共有 16 名犯罪嫌疑人被抓捕，利益链条涉及 9 省，涉案金额高达 800 余万元。其规模之大，金额之高，令人瞠目。

2018 年 11 月 28 日，四川省叙永县公安局发布通报称，该案系四川全省公安机关破获的首例“网络水军”团伙案，已进入公开审理阶段。

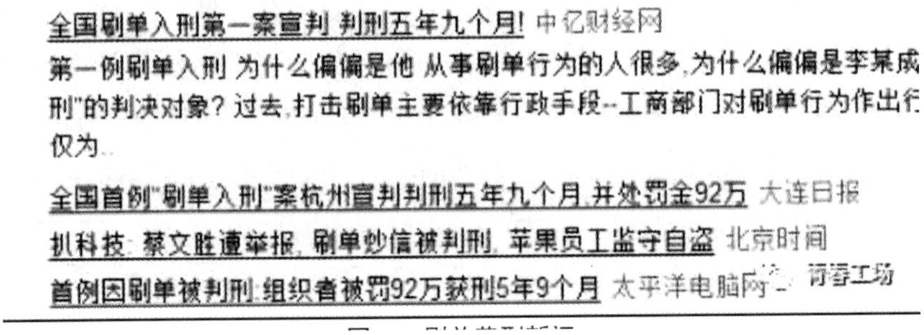
全国刷单入刑第一案宣判 判刑五年九个月! 中亿财经网

第一例刷单入刑 为什么偏偏是他 从事刷单行为的人很多,为什么偏偏是李某成刑"的判决对象? 过去,打击刷单主要依靠行政手段--工商部门对刷单行为作出行仅为...

全国首例"刷单入刑"案杭州宣判判刑五年九个月,并处罚金92万 大连日报

扒科技: 蔡文胜遭举报, 刷单炒信被判刑, 苹果员工监守自盗 北京时间

首例因刷单被判刑:组织者被罚92万获刑5年9个月 太平洋电脑网

图 6—4　刷单获刑新闻

4. 电商网络水军造假的原因分析

造假的动机，利益之所在。就商家而言，高销量高评价的假象，可以为其吸引更多的消费者，获得更大的利益。而且，“一清水”的好评，也有助于商家吸引资本投资家的关注，进而获得投资人的资金支持，不少平台为了达到融资的目的，使其在融资时的数据可观，甚至宣称自己的注册人数超过几千万，然而一般投资人为了投资的往下轮转，也不在乎其数据真假，寄希望于上市后让资本市场买单。从参与的主体“水军”而言，随随便便地发个好评、点个赞，便能轻而易举地获得一点利益，

这种不需要付出大量精力的活动吸引了不少大学生以及家庭主妇参与。对于购买的用户来说，产品虽然没有特别好，但看到只要发好评便可以收到 3—10 元不等的红包时，往往也有不少消费者也会特意发好评来收取红包。其次，从整个市场角度来看，目前所有的互联网产业几乎均是以 KPI 为产品或服务的判断依据，这就导致刷单造假行为遍及互联网产业各个角落。据有关人士描述，很多企业的市场部进行产品投放时，总会有意识地先借助网络水军进行造势，这种方式一方面是由于网络水军的成本较低，通过这种"假"的舆论声量进而再引导出其他普通用户自发的参与；另一方面在于其数据的可控性，如果前期不对舆论方向进行把控，很容易造成营销翻车的局面。

5. 数据造假的危害

从消费者的角度看，如果某一电商网站中产品的用户评价全都是借助网络水军这种方式获得的，这便严重干扰了消费者的知情权，极易造成用户对产品的错误认知，降低用户对该商家的信任感。从商家的角度看，部分商家为了虚增销量和好评，扰乱市场，使本来正常经营的商家的销量排名往下滑，出现"劣币逐良币"的局面。而原来的良善的商家本来本着正常的经营宗旨，在看到自身利益因一些不良商家的刷单行为受损时，难免会受到利益驱使，也跟随着加入刷单商家大军。从整个市场来看，随着大批量依靠刷单维持产品服务评价的不良商家的加入，整个市场的销售量和好评慢慢便会形同虚设，严重影响市场经济的良性正常运行。此外，从国家经济来看，大量刷单行为所徒增的短暂性泡沫经济，使得经济发展所依靠的信任机制遭到破坏，势必会影响整个国家的经济形势。

（二）小米官网宣传违规事件梳理

小米是国内知名品牌手机，其官网具有销售手机和各种电子产品的服务功能，是典型的电子商务网站，本文选取小米官网宣传违规事件进行梳理，因其违规操作中涉及了前文所提到的网幅广告，违背了有关网幅广告的相关法规文件，且是新广告法颁布实施后的首例违法案件，具有典型性和代表性。

在 2015 年 9 月 1 日，我国新修订的《广告法》被正式实施应用。但是在发布该《广告法》的第二日，小米手机便因广告涉嫌虚假宣传而被其他竞品公司实名举报。虽然青葱手机董事长实名举报小米手机是有借机碰瓷的营销嫌疑，但不可否认的是，在其所举报的小米广告中确实存在涉嫌违反新广告法的不当内容。譬如，在其文案中所采用的"世界一流""最 X""机皇"等词语，严重夸大了小米手机的功能和效果。国家工商总局《侵害消费者权益行为处罚办法》的第六条规定，"经营者向消费者提供有关商品或者服务的信息应当真实、全面、准确，不得有下列虚假或者引人误解的宣传行为。"[①] 同时，第十六条还规定，经营者有相关规定范围内的行为之一"且不能证明自己并非欺骗、误导消费者而实施此种行为的，属于欺诈行为"[②]。小米这个行为，属于客观认定的欺诈行为。

（1）小米违规广告内容

图 6—5　小米违规广告截图一

（2）修改后的网站截图

图 6—6　小米被告后广告截图一

---

① 工商总局网站：《侵害消费者权益行为处罚办法（工商总局令第 73 号）》2015 年 1 月 16 日，http://www.gov.cn/xinwen/2015-01/16/content_2805339.htm，2019 年 3 月 17 日。
② 同上。

（3）违规广告内容

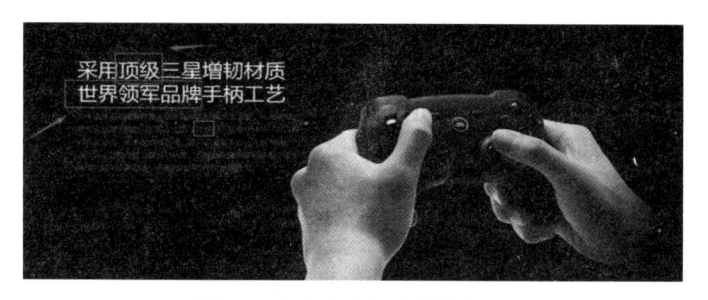

图6—7　小米违规广告截图二

（4）修改后的网站截图

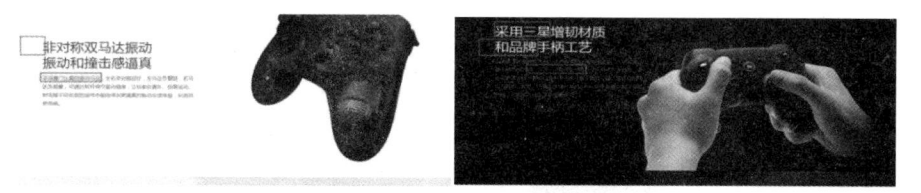

图6—8　小米被告后广告截图二

此外，在2015年9月15日，小米手机在其官网的广告宣传中称"小米4C手机边缘触控已申请46项专利的'黑科技'"等文字表述的内容，而经北京市工商行政管理局海淀分局调查发现小米并未取得专利证书，只有专利申请号。这种使用未授予专利权的专利申请做广告已偏离事实，根据《中华人民共和国广告法》第十二条第三款的规定，①其已构成了发布违法广告的违法行为。因此，小米公司收到了当地管理部门的处罚通告。

---

① 中国人大网：《中华人民共和国广告法（2018年修订）》2018年11月5日，http://www.npc.gov.cn/npc/c12435/201811/c10c8b8f625c4a6ea2739e3f20191e32.shtml，2019年3月26日。

（1）早期的宣传文案

图 6—9　小米违规广告截图三

（2）被判处之后的宣传文案已经没有再提到专利

图 6—10　小米被告后广告截图三

（三）软文广告标题党

图6—11 软文广告标题党

二 电商网站广告现存问题透析

互联网时代电子商务快速发展，电商网站凭借其受众的广泛性、媒介的适用性、内容的个性化、与用户的互动性吸引了大批商家的入驻，使得传统广告有了新的栖息地，形成独具特色电子商务网站广告。不可否认，电商网站广告为人们提供了更加了快捷便利的信息，极大地满足了人们日常生活的消费需要，但同时也应该看到泛滥成灾的电商网站广告所引发的问题，例如雇用网络水军刷单拔高销量和好评；广告用词自由无限制，欺诈误导消费者（大量使用"销量第一""全网最低"等夸大商品性质的绝对用语进行广告宣传）；虚构事实，虚假宣传；未经审核通过的专利技术直接搬上商品的介绍首页；广告数量泛滥、质量低劣；各种夸大性质以博取眼球的软文广告；算法痕迹明显，强行推送等问题。

（一）虚构事实、虚假广告

电商网站广告一方面由于网络刷单的性质造成的虚构事实、虚假广告，另一方面，部分不良商家为了利益不择手段，使用虚假图片进行产品销售信息展示，最典型的是通过P图痕迹的商家照片，而消费者在一开始处于信息的被动接收方，没收到实物前无法对商品进行判断，只能通过商品的销量和评价进行衡量，而消费者所不知道的是，他们用来衡量商品好坏的销量和评价也是商家所营造出来的美好假象。

（二）夸大产品效果，营销性质明显

部分品类的电商网站广告诸如营养品、保健品等夸大产品的效果，将本来不属于该商品的效果强行带入商品，营销性质明显。这一点在软文推广中尤其明显，软文通过文字的力量不断劝服消费者，使消费者沉浸于其塑造的"绝佳"效果商品的虚构世界。

（三）广告用词自由无限制，欺诈误导消费者

电商网站直通车常见的有诸如"销量第一""全网最低""最好用""史无前例"等绝对化宣传用语，电子商务网站软文广告更是采取极具夸大成分的标题，冲击消费者的眼球，"第一""最低"紧紧地抓住了消费者的心理。从消费者的人性角度考虑，普遍有着欲求以最惠的价格追求最优品质的欲望。而电商网站的商家正是抓住了消费者的这一特性，广告用词无所顾忌，欺诈误导消费者心理。

（四）算法痕迹明显，强行推送

基于计算机技术的算法可以通过用户浏览的痕迹识别用户的兴趣领域，通过精密地演算将可能符合消费者口味的商品推送到消费者打开时的页面，即使算法在某些方面节省了消费者搜寻心仪商品的浏览时间，但从另一方面也应看到，消费者无法避免算法技术控制，不得不暴露于算法技术的推送下面。某种程度来说，这是一种强行推送，并非出于消费者自愿。

第三节　电商网站广告监管现状的反思

虚假宣传、过度营销、强行推送等种种诸如此类的广告问题为我

国电子商务网站的有序发展提出了新挑战。然而，反观我国涉及电子商务网站交易的管理制度，却稍显迟滞及内卷化，对于这些现存问题无法从根源上进行杜绝，造成消费者及用户利益受损。在相关调查机构发布的数据显示，我国一半以上的消费者在电商网站购物行为中遇到非因己方问题引发的纠纷时，往往会选择忍让，而不是通过合法手段及方式维护自身消费者权益。其中，只有不到30%的用户会借助电商平台渠道进行自我维权，而几乎没有用户会以法律为武器进行自我权益的捍卫。造成这种异向的原因，一部分是由于普通民众对诉讼意识的淡薄，另一部分在于与其购买商品价格相比，我国诉讼成本显然较高，因此，大多数用户会选择损失少部分商品的费用而保持沉默。当然，更重要的原因还是我国电子商务相关法律体系的不完善。近年来，我国政府虽然不断地就电子商务领域的法律法规进行完善，但跟高速发展的电子商务形势相比，仍有动力不足之态。其次，相关的法律法规因其操作性不强而难以达到有效解决电子商务交易纠纷的问题，致使某些合法权益受损的电子商务消费者宁愿容忍，也不愿搬起法律的武器保护自己的应有利益。综上所述，我国电商网站广告监管目前所呈现的几大问题主要有：

一　尚未颁布针对电商网站广告的相关法律法规

法律是所有活动的依据和准则。但在目前，笔者通过资料的查阅和相关论文的梳理发现，电商网站广告并未作为一个公认的广告分支，因此，相关的法律法规的颁布更是罕有。可见，不断拓展繁荣的电商网站广告市场和相关明确法律条文的缺少，两者间造成极为不健康的状态，这必然会影响到电商网站广告长远的整体业态发展，因而，对电商网站广告的相关法律法规的完善是当下亟待解决的问题。

二　民间自律团体稀缺

我国作为一个电商大国，电商人数和电商团体之多自不用说，然而，由民间自发组织的电商相关自律团体几乎很难寻觅踪影，大多数的电商平台都是"各自为政"，甚至是相互呈现为敌对状态，缺乏对整体行业的管理和认知。而且，各大电商平台自身在平台广告管理上的自律性行为上也较为漠视，尤其是有社区功能的平台，为了吸引更多的流量，对于一些伪原生广告听之任之，以"小红书"App 为例，早期有媒体记者调查发现，其中与"烟草"有关的营销信息就多达 9 万余条，而我国对于烟草广告却是明确禁止的。

三 消费者维权途径及成本所造成的阻力问题

消费者一般在购买数额较少的消费品时，即使出现产品质量或服务问题，大多数消费者会因维权途径的阻隔及维权成本的顾虑而选择沉默。就拿"拼多多"这款 App 来说，在其创办初期，便以超低的商品价格受到大众们的青睐，但在用户售后维权方面却是极其不足，用户除了可以通过售后客服进行维权外，几乎没有其他途径。

四 我国电子商务相关法律体系步伐稍显滞后

电商发展速度之快，随之发展的电商广告及其发布形式更是让人眼花缭乱，但我国电子商务相关法律体系（《关于促进电子商务规范发展的意见》《网络商品交易及有关服务行为管理暂行办法》等）与之相比，明显可以看出来，虽然有在做出部分调整和更新，总体看来，还是较为停滞和稍显滞后，这必然会导致一些新型问题无法及时有效得以解决。

第四节　电商网站广告监管的因应之道

电子商务网站广告是互联网广告的一个分支，笔者对国外互联网广告监管的相关法规条例和监管规制这一大方向进行梳理，尝试着从国外互联网广告的监管机制中的相关经验和思路提出适宜中国语境的电子商务网站广告的可行性建议。

一 国外互联网广告监管的相关法规条例和监管规制梳理

（一）日本及欧美国家的互联网广告相关的法律法规体系

日本政府在互联网广告的发展过程中，有着较为完备的法律法规体系。不同于我国的单一《广告法》，日本的互联网监管法规十分系统且详实，对于互联网广告的方方面面，其都建设了相应的监管条例或管理制度。其中，"广告六法构"是其对互联网广告进行监管的核心骨架，地位基本等同于我国《广告法》，包涵其他具象条例对各类广告监管的基本判别依据。此外，日本针对电子商务广告的发展，也制定了《消费者保护基本法》《国民生活中心法》《电子签名及认证法》《电子商务合同法》《特别商交易法》等监管条例[①]，从产品服务到交易方式、再到诉讼手段等一系列商业活动均采取了强制性的规范准则，这种围绕消费者行为而颁布的监管制度，有效地管制了电子商务广告的各类乱序行为，进而切实保护了消费者在电子商务平台上进行商业活动的合法利益。

英国是西方广告活动的发源地，是开展广告事业较早的国家之一。英国的互联网广告类比于其注重礼仪的传统，都表达得较为含蓄。英国在互联网广告监管上，更加侧重于行业自律。互联网广告的自我监督是以英国网络观察基金会为首的行业监管，其每周都会针对全国性的广告案件进行调查，进而不断优化自身对互联网广告的监管。同时，在2011年，英国广告标准管理局便将广告的监测范围从电视、报纸等传统媒体广告扩张到在互联网中的社交媒体等平台上进行广告投放的商业网站和机构中。此外，在具体实施方面，该管理局制定了严格明确的要求，譬如，在社交网站平台中拥有3万名粉丝的个人账号在进行产品代言时，必须严格遵守传统名人的广告规则，这一条例明确规定了社交媒体中那些大V人群的广告规范。

[①] 王丹：《互联网交易法律体系建设的可鉴之规及我国的臻善——日本互联网交易法律体系的经验与启示》，《新疆社会科学》2015年第6期。

法国广告因其突出的艺术特性，在欧洲具有着代表意义，其经济的发达，意味着相辅相成的广告业的发达。法国出台的《防不正当行为表示法》《消费者价格表示法》等法律对互联网广告活动中的相关内容做了严格的说明和限制。法国规定任何媒介不得发布未经过审查机构的广告，广告发布前必须进行审查。

美国作为互联网广告的发源地，其在网络广告监管方面更为成熟且严厉。众所周知，对于互联网广告的管理，最早是由美国开始的。在美国互联网广告监管体制建设中，各州和联邦政府皆是采用立法机关立法、司法机关执法的广告监管模式。由于互联网广告涉及较多领域，对其进行监管的机构也较为多样，但主要为联邦贸易委员会和联邦通讯委员会。前者是针对各类商业活动中的广告进行专项监管。后者是对广告的播放时长、播放次数、播放内容以及形式进行把控，确保广告为健康、无虚假宣传等正向内容。除联邦政府中的监管机构外，美国各州政府也制定了适用于本地的法规条文，对于影响范围较小、危害程度较低的互联网广告，一般就会由各州的"小联邦贸易委员会"进行管制处理。此外，各洲、地方政府还接受消费者的检举，受到消费者的投诉后，各洲、地方政府会立即行动，着手网络广告内容的调查，对确实存在问题的网络广告提起公诉，同时消费者也能通过民事诉讼的途径维护自身权益。①

（二）日本及欧美广告行业自律体系

法律是社会各类工作稳定开展的基础，日本对于互联网广告的监管，也是以法律规章制度为依据的，通过法律对各类广告行为实践进行明确界定和司法解释，在此基础上，再由相关部门进行实施执行。日本广告对于互联网广告监管较为突出的一点在于广告监管机构在监管过程中发现违法广告，不仅会制裁相关违法广告的发布方，也会对相关平台进行审查和管制。同时，在增强普通网民的自我消费维权意识方面，日本在

---

① 包娜：《我国与欧美国家广告行业自律的异同》，《中小企业管理与科技》2017年第11期。

2010年就发布了《保护网民信息安全战略》，通过借助这种国民教育的方式提高普通网民用户的自我信息安全保护意识和自我消费维权认知。2013年，日本国内每月便会举行由国家警察厅、内阁官方等一同举办的网络空间安全教育活动。日本广告界认为，自我约束是以遵守各种法律为中心的自我限制。除此之外，日本的各媒体、企业也有各自的广告发布、放送基准对广告进行审查。

英国广告行业自律机制一方面受本国内部的广告自律组织管制，同时在20世纪70年代英国加入欧盟后，伴随着欧盟的发展，英国广告行业也受欧盟的广告自律组织的限制。此外，英国广告行业的自律监管包含事先审查和事后监管双层维度，在事先审查方面，相关组织会在广告发布之前开展广告咨询活动，并将调查结果进行社会公示，对于不被社会公众所认可的广告直接不允许其在社会中进行传播；在事后监管方面，在要求广告必须满足内容真实、有效、符合社会共识等共性外，英国还针对各行各业都制定了严明的自律规定，譬如，互联网广告中的金融类广告属于"非实时、未经许可"性质的广告，其未经消费者授权不可主动进行传播。当然，还有儿童类广告、医疗类广告等，这些专项广告都有自身严格的规则所在。

法国比较典型的行业自律体现在"共管制"的提出，"共管制"这一治理方式指的是法国社会主体"社会管理者""社会公共团体""各层普通民众"等共同协商制定国家治理制度，这种极具创新的治理方式较为全面地容纳了社会各个领域人士的治理智慧和利益诉求。其中，法国广告法律论坛和BVP便是共管制组织形式的产物。法国广告法律论坛主要通过公众的共同参与对法国互联网广告的治理进行实时商讨，以集体智慧实现法国网络广告的有效治理。BVP是法国的另外一个公共团体，它是由政府、行业自律组织、企业三方面共同建立的，其职能意义在于从三方不同角度出发，探索有效保护消费者合法权益的监管方式。法国"共管制"自1998年实施至今，有效地推动了普通消费者参与公共事务治理及监管的进程，在不断成熟的发展态势下，"共管制"已成为法国互联网广告监管体系中的重要组成部分。

美国除了由政府机构对互联网广告进行监管外，行业自律体制也是其广告监管体系的有益补充。不同于中国、日本等国家，美国对于广告的管理并没有一项提纲挈领的监管制度，但是在行业自我监管方面，却形成了多维度、全面化、可执行的自律方式。在美国互联网广告行业自律机制中，最重要的特点在于其在广告审查过程中的保密意识，无论是对维权的消费者身份，还是针对正受调查的当事人或企业，均具有强烈的保护意识，采取严格的保密制度，以维护审查过程的公平性。

二　针对我国现行法规条例和运行机制的具体对策建议

电商网站广告日益繁杂，我国也在不断增强相应的法律监管。新颁布的《广告法》便有效针对当下广告中的一些典型乱象，提出相应的法律执行依据。按照《新广告法》第五十六条规定，关系消费者生命健康的商品或者服务的虚假广告，造成消费者损害的，其广告经营者、广告发布者、广告代言人应当与广告主承担连带责任。可见，在新《广告法》中，明确指出了一旦出现虚假广告，所有各方利益主体均要承担相应的责任。但不难看出，对于电商网站广告中数据造假、用户隐私泄露等问题，依旧存在着监管困境和监管痛点。

（一）完善针对电子商务网站广告的相关法律规范体系

目前，我国虽有对电子商务的《中华人民共和国电子商务法》，但我国没有一部国家级的，正式的针对电子商务广告的专门法律。电子商务网站广告相关的法律法规的欠缺，使得现如今的商家肆无忌惮地找到网络刷单水军为其进行虚假宣传，另一方面，针对相应的水军刷单行为的治理法规措施更是几乎为零，导致治理措施和现状二者严重脱节，网络水军肆意攫取利益，伤害广大消费者的合法权益。因此，必须有效地制定国家层面的法规条文，对目前存在的"网络水军""刷单炒作""虚假评论""诱导用户好评"等等问题进行严格的界定和治理措施。笔者认为可以运用社会学的方法视角思考法律法规的相关发布，从整体与部分的角度，一方面加强完善整体的广告法，另一方面也可发布相关的细分的电子商务网站广告细则，两者取长补短，相辅相成，共同推动我国的电子商务广告的良好运行。

（二）要健全监管模式，重视行业自律的作用

即使国家建立有效的电商网站广告监管法文，但在面对瞬息万变的当下广告发展时，顶层条文并无法实时跟进，因此，对于电商网站广告的监管治理还必须依赖相关广告行业的自律组织。我国目前对于广告自律体系的建设大多数是由政府作为引导者，相关广告协会作为参与者所开展的，而身处广告市场一线的众多广告企业及其从业者却在自律监管体系中失去踪影，这是我国广告自律监管模式中的一大劣势。要想建构一套良性且长期稳定发展的广告自律体系，就必须以法律制度为根本依据，以政府职能转变为引导，以广告自律组织为基础，以广告公司及从业者为主体，深入了解电商广告发展现状，从而制定出有针对性的广告自律监管行为和准则。

首先，在法律制度方面，要明确规定行业自律组织的相应法律地位及其可实施的权责范围，正向引导行业自律组织对电商网站广告的有效监管。其次，在政府主导方面，要转变以往的命令型角色，逐渐转化为辅导的"教练"角色，有意识地培养广告行业的自律属性。同时，在广告自律组织的建设方面，要坚持自主管理、民主决议，形成有作为、有担当的广告监管组织，而不能只是"形同虚设"。最后，要广泛接纳广告公司及从业者参与自律组织中，确保广告产业链条上的各个环节及各种角色都能够针对广告现状提出自己的建议和看法，都能充分参与到行业自律组织的良性运行中。

（三）明确电子商务广告监管机构，设立电子商务广告监管中心

现阶段，我国并没有明确的电子商务广告监管机构，从现行电子商务广告的严峻形势来看，设立专门针对电子商务广告的监管中心是刻不容缓的。电子商务广告监管中心，既对电子商务网站广告的发布和内容

进行监督，同时也可受理消费者对电商商务网站中虚假广告的举报。此外，借助西方行之有效的互联网广告监管经验，我国电子商务广告监管中心在广告发布之前即对广告进行审查和存档，一经消费者举报后，为了避免互联网广告的即刻更改，导致消费者举报时的证据不足，该存档内容即可作为审查依据。同时，电子商务广告监管中心通过实时对电子商务网站的交易进行监督，一经发现瞬时极大数量的不实交易，可以立即在线上做暂停交易处理，对刷量 ID 进行分类分析，然后处理这些造假公号，对于相应的刷单商家也进行严格的调查，彻底从上游杜绝"刷单"需求的产生。此外，电子商务广告监管中心也可通过重构电商网站评价体系来维护电商网站健康发展。首先，其可以针对电商网站建立多元评估标准，除了我们常见的产品服务、用户评价外，也可加入产品成分的来源、同类商家间的互检、第三方权威机构的评估调研等，通过从评价对象、评价内容等多方面进行丰富，建立更为科学化、体系化的电商网站评估体系。只有在技术上、制度上多方面加强，才能彻底还电子商务网络环境以干净。

（四）设计并运用具体监管制度

基于前文对国外互联网广告监管制度的梳理，对于电子商务网站中的欺骗性广告，我国相关监管部门也可采取国外较为常用的纠正性广告制度，一旦发现该广告带有欺骗消费者成分，即立即通知商家进行广告下架，同时为了避免欺骗性广告的"继续性效应"，对该商家做出相关指令要求刊登相对应的纠正性广告，并对纠正性广告的具体费用，投放媒体和时段做出具体的规定。通过提高纠正性广告的具体费用比例，加大投放媒体的区域，延长投放时段，以达到增加商家成本而使得商家对虚假广告的望而却步。参照市场准入制度的内涵，对电子商务网站进行商业活动的商家进行严格的资格认定，对有信誉问题的商家，即刻采取措施，逐出市场，以起到威慑作用。加大对平台和商家的监督和处罚力度，提高失信经营的违法成本。

（五）重新审视电子商务网站的衡量依据和监测机构

就目前而言，我国电子商务网站广告存在最大的问题便是数据造假，而刷销量从本身来看是技术层面的问题，可以通过技术手段解决。电子商务网站平台作为技术的供应商，作为盈利性组织，当然是希望数据"好看"，而并不愿意主动肩负起数据检测的责任，这就易造成数据注水的问题。建立科学合理的广告效果衡量依据和第三方数据监测机构，可以更好地解决当下电子商务网站广告问题，净化我国的互联网广告生态环境，让真正的好产品、好服务自然呈现到消费者的眼前。对于广告效果衡量依据的制定，不能单纯以点击量、评论量作为指标，也不可以某一短暂阶段内的转换率为指标，而必须将点击率、长期转换率、以及用户良好反馈率等多方面指标进行综合评估，采用大数据等技术手段，借助第三方独立监测机构，对广告各方面进行实时把控，破除以往商家采用"网络水军"等非法手段钻取电商网站运营漏洞的问题。

第七章　搜索引擎广告监管

随着网络技术的迅速发展，移动互联网日益成为人们搜索获取信息的重要途径之一，无论是移动搜索 App 的装机量、使用时间，还是移动搜索 App 的使用次数都在不断地增长，在此语境下，借助搜索引擎来投放广告已经成为了商品生产经营者和服务提供者的重要路径。截止 2017 年，中国网络广告市场规模达已 3750.1 亿元，同比增长 32.9%。搜索引擎广告作为互联网广告上的重要形式之一，在 2017 年搜索广告市场规模达到 852.3 亿元，同比增长 16.5%[1]。由此可见，我国互联网广告近年来发展十分迅猛。

第一节　搜索引擎广告相关概念及其形态分类

一　搜索引擎广告的概念界定

搜索引擎（Search Engine）是指根据一定的策略、运用特定的计算机程序从互联网上搜集、组织并整理好海量信息，并在用户检索信息时将相关信息展示给用户的系统。从其运作逻辑来看，搜索引擎的构成主要分为三部分：网络信息上的抓取、海量信息的整理、用户查询信息的呈现。[2]

结合上面搜索引擎定义，可以将搜索引擎服务广告定义为在搜索引

---

[1] 艾瑞咨询：《中国网络广告市场年度监测报告（2018 年版）》2018 年 9 月 6 日，http://www.199it.com/archives/768014.html，2019 年 4 月 7 日。

[2] 潘红：《网络搜索引擎广告的传播策略变化研究》，硕士学位论文，成都理工大学，2016 年。

擎服务系统上投放的广告。以百度为例，百度提供的搜索引擎服务主要在 pc 端和移动端两大平台上，在这两大平台上投放的广告均属于搜索引擎服务广告。

具体来说，广告主通过提炼自身产品或服务的内容、特点中的核心卖点，归纳出切合用户使用场景的关键词，进而进行自主定价投放广告。当用户在搜索框中输入自己寻找的产品词语恰巧与产品广告主所投放的关键词相一致时，该投放广告就会依据其在竞价排名中所处的位置进行陈列展示，而只有等用户对该广告进行点击后，这条广告才会收取广告费用，否则广告主无需支付该关键词的费用。

以百度搜索为例，大多数情况下，搜索引擎广告主要展示在搜索结果列表区块内。笔者以"跑车"为关键词分别在 PC 端百度和移动端百度上进行搜索，得到如下图 7—1 所示的页面，其中所示标号 A 区域和标号 B 区域便是跑车的搜索广告。由于移动互联网的发展，移动端广告成为主流，但在移动端的搜索广告中，其只会显示 A 区域位置（无下图 7—1 中右侧部分），因此，一般情况下，广告主购买的搜索位置大多是 A 区域。而如果是想在 PC 端吸引用户点击的话，广告主才会选择购买 B 区域的搜索广告位置。

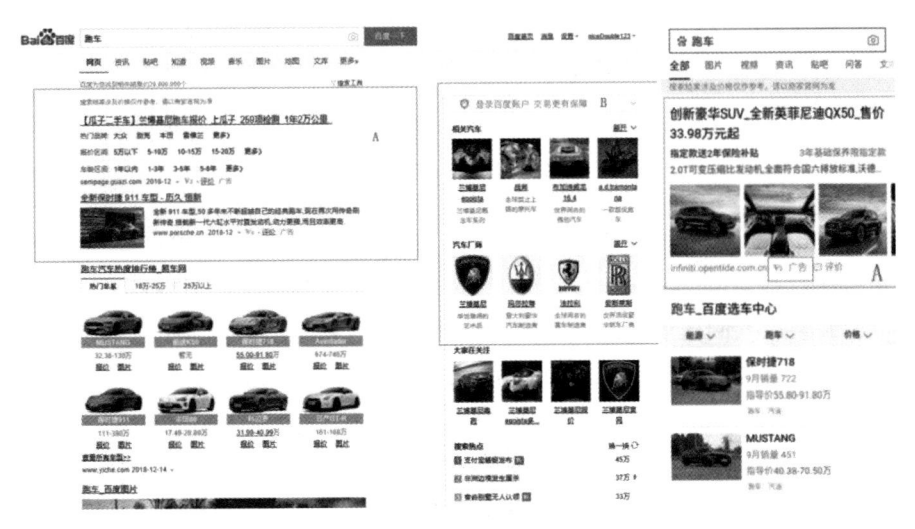

图 7—1 百度搜索引擎广告

二 搜索引擎广告的发展历程

伴随着互联网技术的迅猛发展，同时基于网络信息指数级增长的态势，搜索引擎应运而生。从 1994 年第一代搜索引擎诞生至今的 20 多年中，在日新月异的互联网技术裹挟下，搜索引擎发展也经历了更新换代，有学者将搜索引擎按照其核心搜索技术分成三大发展阶段：[①]

第一阶段是以雅虎为代表的人工目录分类阶段。搜索引擎主要是将庞杂的网站信息进行系统分类，设置门户网站目录。在每一类目中，都陈列着属于这一类别的所有网站，信息检索者可以在分类目录中逐级浏览寻找相关的网站。同时，在该目录检索中还基于"联想法"存在交叉索引，从而可以方便用户在具有关联性的网站间互相跳转和搜索。

第二阶段是以谷歌为代表的机器抓取网页和计算机算法搜索阶段，主要表现为按关键词搜索。相比第一阶段的人工目录分类，第二阶段的搜索技术主要是依靠机器人程序自动抓取，而且抓取的内容不仅仅是网站网址等信息，而是更为详实的网页信息。

针对第三阶段的发展，所谓"智能化、个性化、社区化"的发展趋向，当前的垂直搜索引擎的发展有所印证。搜索引擎发展到成熟阶段，为人们检索信息带来了极大的便利，但也开始出现一些问题，比如关键词有限，提供的信息不够精确化、智能化，更新速度不够快，在此背景下，出现了垂直类搜索引擎。当前，垂直搜索引擎的应用领域及行业非常广泛，包括租房搜索（自如网）、旅游搜索（携程网）、找工作搜索（智联招聘）、买卖车辆搜索（优信网）等[②]。

随着即将到来的 5G 等网络基础设施的快速发展，移动端设备已经完全能够满足人们获取信息的需求，因此，在当下的搜索场景中，移动搜索已成为主流应用场景。据比达资讯调查显示，截止 2017 年年底，移动搜

[①] 朱瑜：《搜索引擎广告的经营对策研究》，硕士学位论文，华中科技大学大学，2006 年。
[②] 潘红：《网络搜索引擎广告的传播策略变化研究》，硕士学位论文，成都理工大学，2016 年。

索在手机网民中的渗透率已达到 82.2%，这远远超过了手机中其他应用的使用率。鉴于移动搜索应用的渗透率已基本达到该领域的天花板位置，因此各大移动搜索引擎对该领域的市场竞争主要集中在对既有用户的维系上，如何优化用户搜索体验、如何对产品功能进行创新，成为当前各搜索引擎的着力点[1]。从中国用户角度、市场份额及有关媒体统计数据看，目前中国市场上最具影响力的中文综合搜索引擎是百度、360、搜狗等。[2]

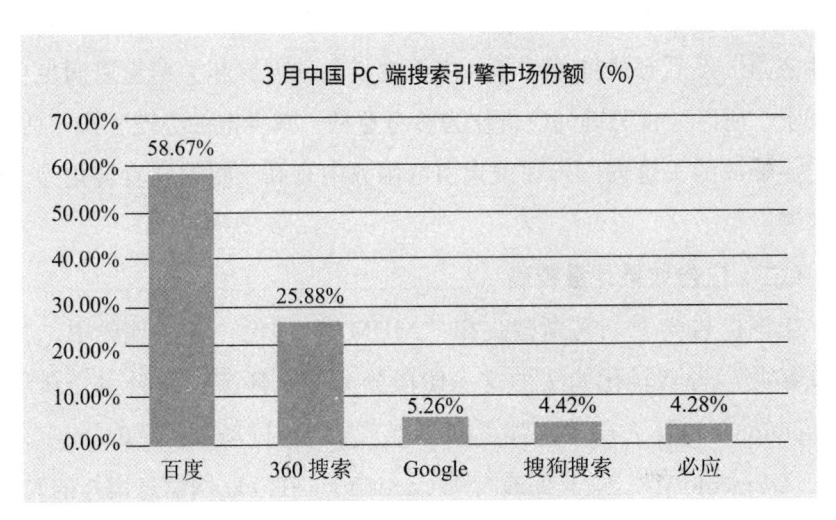

图 7—2 搜索引擎市场份额

三　搜索引擎广告的特点

搜索引擎广告的形式繁多，包括竞价排名广告、地址栏搜索广告和弹窗广告等。总体而言，基于投放精准、效果精确、边际成本低、隐形特征等显著的特点，搜索引擎广告才得以快速发展[3]：

---

[1]　比达咨询：《中国移动搜索市场研究报告（2017 年版）》2018 年 3 月 23 日，http://www.bigdata-research.cn/content/201803/659.html，2019 年 4 月 7 日。

[2]　前瞻产业研究院：《2019 年中国搜索引擎行业分析报告—行业规模现状与发展战略评估》2019 年 8 月 23 日，https://bg.qianzhan.com/trends/detail/506/190814-9488ce5b.html，2019 年 9 月 7 日。

[3]　刘树林、戎文晋：《搜索引擎广告的机制设计理论与实践》，科学出版社 2010 年版，第 1—13 页。

（一）投放精准性强

用户在使用搜索引擎键输入关键词、检索信息的时候，这一过程便是一个高参与度的主动搜索行为。有搜索就表示有需求，广告主借助搜索引擎这个"逆向传播网络"发布关键词广告来准确找到自己产品或服务的消费对象，然后以一种满足信息需求的方式，降低消费者对广告的抵触，针对性地将广告传播到那些主动搜索的消费者手中，精准性强。

比如，当孕妇对婴幼儿产品有需求时，她会上网搜索关键词如"婴儿沐浴露"然后寻找推荐产品。由于她是主动搜寻相关信息以满足自己的需求，所以会将关键词广告作为参考意见，减少抵触心理。换句话说，广告主投放的关键词广告在搜索引擎服务中有利于将搜索者转化为实际消费者。

（二）广告效果计量精确

美国广告学家刘易斯曾提出"AIDMA"理论，在该理论中，其将受众接收广告到转化购买的这一阶段分为五个环节，即吸引受众注意（attention）、让人产生兴趣（interest）、培养行动欲望（desire）、形成记忆（memory），最后促成行动（action）。在互联网信息爆炸的时代，消费者注意力成为广告主争夺的首要资源，在此传播环境下，如何吸引受众注意便成为了衡量互联网广告效果的重要尺度。[①]

搜索引擎广告作为互联网广告的一种，其广告效果的衡量常常由消费者的检索量、广告的展现量、消费者的点击量、消费者在网页上停留的时长等方式来衡量。这些衡量指标的数据能被网络实时记载整理，提供给广告主，还能做到实时追踪广告效果，有助于广告主及时调整自己的广告和营销计划。

（三）边际成本低

搜索引擎广告借助搜索引擎这个载体进行发布，在使用伊始便有着

---

① 刘荣：《基于AIDMA模型的城市旅游营销口号评价要素研究》，硕士学位论文，江南大学，2013年。

极低的边际成本。原因在于，只要搜索引擎平台的广告投放系统不做更改，搜索引擎广告便只需在线上更换其广告内容和 URL 地址，无需进行其他投入。相比较于户外载体，比如说地铁广告，若企业长期做地铁广告，在更换广告内容时不仅需要承担设计等费用还需考虑到物料、人工等等成本。关键词广告的低边际成本可以满足大多数中小企业在互联网上有针对性地投放广告的需求[1]。

（四）隐性特征不易被发现

搜索引擎服务商运用特定算法和后台程序将互联网世界中的信息进行收集和归纳，并采用某种分类方式将这些数以千万级的信息资源以数据的形式存入其后台数据库中，当用户在前端搜索页面中检索自己需要的信息时，搜索引擎就会调动数据库中的数据，将相关匹配信息依次陈列到用户的搜索页面中。搜索引擎在提供信息时也会把广告作为信息的一部分提供给信息搜集者。

在早期，搜索引擎对于检索信息的展示次序往往是按照信息与用户检索的匹配度、其他用户的浏览量等方式来进行自然排名的。但随着搜索引擎广告的诞生，搜索引擎平台对于用户检索信息的呈现次序开始分为自然排名和竞价排名。竞价排名便是针对搜索引擎广告设置的，企业通过竞价购买搜索关键字，拍卖价格愈高，其在搜索排名中的次序便会愈前。从信息搜集者来看，出于近因效益和视觉注意力规律，会对位于顶端、排序在前的信息结果更重视。搜索引擎广告关键词靠前会让信息搜集者产生一种认为该词条点击量最大、最具权威性的认知，而模糊了其广告本质的认知，具有隐匿性，有时不易被发现。

同时搜索引擎广告作为网络广告的一种形式，也具有传统广告不具备的特点：除了常见的图文链接形式外，搜索引擎广告也融合了视频、图片、动态图片等各种呈现形态，形式日渐丰富和多元。[2]

---

[1] 赵珊珊：《网络隐性广告现状及法律分析》，《法制博览》2016 年第 1 期。
[2] 毛宁：《从网络隐性广告规制论广告法进一步修改和完善》，《法制博览》2016 年第 2 期。

四 基于传播形态的搜索引擎广告分类

(一) 竞价排名广告

竞价排名广告又称"付费广告""关键词广告"以及"网络推广"等，是搜索引擎公司竞价排名这一商业模式的主要营利来源。

对竞价排名广告的认知，需要追溯到竞价排名这种商业模式的发展历程中。早期的互联网广告和传统广告没什么区别，只是将广告投放的位置从线下转移到线上。广告主与网站需要一对一紧密沟通确定营销费用。由于这种推广形式价格昂贵，一般企业负担不起，所以早期的互联网广告主要由资金雄厚的广告主投放展现。

1998年，美国GoTo公司推出竞价排名模式。由于用户通过搜索关键词来试图找寻相关信息以帮助自己解决某些问题，该公司便将关键词卖给广告主做广告推广，在用户的搜索页面中将广告信息呈现在搜索结果里，以增加广告信息的曝光度和关注度。之后GoTo公司又对该模式进行改进，让多家公司对一个关键词竞拍，在自己给定底价的基础上竞拍价最高者位于最前面的展示位置，之后的广告向后依次排列，并与搜索引擎服务算法展现的自然搜索结果进行融合展现。这种营销模式随后在搜索引擎界迅速推广开来，如今搜索巨头——谷歌和百度均采用竞价排名模式。

故竞价排名广告就是广告主利用搜索引擎服务商这种竞价排名模式，将自己的广告或网站内容通过搜索引擎平台展示在用户搜索页面的前端。竞价排名模式的具体操作环节分为两部分：第一个环节是客户首次开户时交纳开户费；第二个环节是对关键词的竞价和点击付费。开通广告服务后，客户可以自助制定推广计划，选择与自己的产品或服务相关的关键词，选择投放地区和投放时间。在用户搜索到广告主所购买的关键词时，搜索引擎广告系统便会针对每位广告主所给出的竞价高低排名来安排其广告在搜索结果中的排名先后位置。

竞价排名的性质到底是属于信息搜索服务还是一种广告行为，此前在理论界和实务界一直受到争论。直至 2016 年 "魏则西事件" 发生之后，我国才在之后颁布的《互联网广告管理暂行办法》中将 "推销商品或者服务的付费搜索广告" 列为互联网广告之一（第三条第三款）。[1]自此，搜索引擎广告确定了其广告性质，同时也结束了我国对于互联网广告长期缺乏具体法规监管的状态。

（二）地址栏搜索广告

除了搜索引擎平台外，浏览器也可以提供搜索引擎服务。通常情况下，在浏览器地址栏中必须输入复杂的地域名，才能够跳转到相应的网站中。而当企业或产品购买了地址栏搜索广告后，用户无需记住数字夹杂字母的地域名，只需在浏览器地址栏中输入中文，就能直接找到企业官网或者产品销售页面。在地址栏输入的关键词实际上已经被广告主所购买，广告主在用户中文名字的搜索就能向用其传播广告信息，属于一种搜索引擎服务广告。但是这种广告往往针对的是对产品或企业有一定认知度和信任感的用户群体，否则一般普通用户不会在浏览器地址栏搜索框中主动检索该企业或产品。

（三）弹窗广告

弹出式网络广告指网络广告主、互联网服务运营商通过互联网技术采用声音、影像、文字、图片等表现形式，自动弹出一个或者多个较小的窗口，使网络用户在浏览网页的时候被迫点击该弹出式广告，以提高点击率、传播率和广告效果的一种在线广告的形式[2]。在搜索引擎平台搜索页面结果中，常出现各种弹窗广告，譬如旗帜弹窗广告、悬浮广告、横幅广告等。这种强制性的广告呈现形式严重干扰到用户的搜索体验。

---

[1] 市场监督管理局：互联网广告管理暂行办法 2018 年 11 月 22 日，http://scjg.fuzhou.gov.cn/zz/xxgk/fgwj/bljl/201811/t20181122_2684707.htm，2019 年 4 月 20 日。

[2] 孟海燕：《弹出式广告的法律规制研究》，硕士学位论文，西南政法大学，2014 年。

第二节　基于搜索引擎广告形态的具象问题分析

基于竞价排名模式产生的搜索引擎广告在广告效果方面的精准和高效使其广受追捧，为搜索引擎商和广告主带了可观盈利的同时，也日益暴露了一些问题，而这些问题则在不同程度上给广告市场的监管以及社会治理带来了负面效应。本文便对搜索引擎广告活动中的不同主体在 pc 端和手机端出现的问题进行具象化分析。

一　虚假广告

竞价排名中的虚假广告主要有两种类型[①]：

第一，误导性竞价排名虚假广告。这种广告在语言表述上模棱两可、含糊不清，容易引起误解，造成搜索结果相关度失真。在百度网站上搜索关键词"考研"，搜索结果如下图：

图 7—3　百度搜索"考研"截图

（2018 年 12 月 16 日 9:37 搜索结果）

---

① 徐慧：《竞价排名商业模式中虚假广告问题的博弈分析》，硕士学位论文，江南大学，2018 年。

可以看到，搜索结果中前三条均为考研培训结构的网页链接，而其中又以第一条隐蔽性和迷惑性最强。第一条搜索内容显示为"2019年考研报名入口"。对于每一个搜索"考研"这个关键词的用户来说，"考研入口"是影响后续搜索的重要信息，再加上每一条内容后面标注的"广告"字样以及竞价排名广告独有的"评价"等级字样太小，颜色太浅，容易让人误以为这是真实的"考研入口"，进而忽视掉这是一则广告。

图 7—4　百度搜索"考研"第一条链接内容

通常来看，搜索结果越是位于上方，越能吸引搜索者的注意，搜索者越认可其权威性。广告主通过关键词竞拍取得在搜索结果页面上的前排位置以投放广告，就是利用了人们的视觉注意力规律以及搜索惯性。我国2015年颁布的《广告法》中，第二十八条指出："广告以虚假或者引人误解的内容欺骗、误导消费者的，构成虚假广告。[①]"搜索引擎上

---

① 中国人大网：《中华人民共和国广告法（2018年修订）》2018年11月5日，http://www.npc.gov.cn/npc/c12435/201811/c10c8b8f625c4a6ea2739e3f20191e32.shtml，2019年3月26日。

误导性的虚假广告通常呈现出高度伪装、模棱两可的语言表达，且搜索引擎服务商打擦边球，将"广告"提示标志设置太小，不能完全对搜索者起到提示作用，易引起搜索者的误解。

第二种是指欺诈性竞价排名广告。这种广告大多数是虚假广告，这些广告中所宣传的产品或服务并没有相应的营业资格或销售许可，但却通过编造事实的手段骗取用户的钱财。2016年的魏则西事件就是竞价排名虚假广告引发悲剧的典型案例。就读于西安电子科技大学的魏泽西通过百度搜索到号称自己具有先进生物免疫疗法的武警北京二院，在相信了其在广告中所说的"有效率高达百分之八九十"的宣传语后，先后花费巨额费用用于治疗病症，结果魏则西不仅没有改善病状，还因延误治病时间导致死亡。在搜索广告中，该医院自称是武警北京二院，但在事后的记者调查中发现，该医院是莆田系民营公司经营运作的"公立医院科室"，且其所宣传的"世界先进的生物免疫疗法"也已是被国内外众多临床医学所淘汰的治疗方式。

由于每天需要面对海量的互联网广告，搜索引擎服务商通常难以做到对申请竞价排名的每一家企业主网站进行人工审核和密切跟进，同时也没有对其经营领域的相关资质进行应有审核，或者在本就知晓其不符合资质时仍然因自身利益而为其陈列虚假广告，导致了虚假广告在搜索引擎服务上的泛滥。

传统媒体上也存在虚假广告，与之比较来看，搜索引擎服务上的虚假广告危害性更大。竞价排名虚假广告的主体范围比较广泛且审查机制松散，任何人只要申请了竞价排名，就可以填写相关关键词，链接跳转到自己的推广页面中。同时，相比较于传统的虚假广告采用电视、报纸等媒体来传播却受制于频道限制和有限的传播范围，基于互联网的搜索广告业务，其传播范围必然跨越时空界限，具有较大的传播力。一旦存在虚假广告，其覆盖范围也较为广泛。此外，在关键词的竞价排名中，事件涉及的主体较多，包含广告主、搜索平台、广告运营方等，但互相间的权责区分不明确，导致对该广告的监管难度加大。

二 欺诈点击和屏蔽

数字媒体时代，技术的发展在带来全新广告方式的同时也降低了数据造假的门槛，加之资本的逐利性，使得搜索引擎广告中反映广告效果的数据存在大量造假现象，主要表现为欺诈点击和屏蔽。

欺诈点击的施加者主要来自广告主的竞价排名竞争者和搜索引擎平台及其合作商。广告主在搜索引擎上投放广告，除去关键词购买外，还需向搜索引擎服务商交付点击成本。竞争者通过故意点击链接来消耗广告主的投放成本，从而在短时间内跌出广告列表靠前的排名位次。

在搜索引擎上网站链接点击量越高，广告主需要向搜索引擎服务商交纳的费用也越高。搜索引擎服务商为了攫取更大的商业利润，采取非法的技术工具对一些参与竞价排名的网站链接进行恶意点击，以此来消耗该网站的点击量，蒙骗广告主，赚取利益。

许多搜索引擎都以提供利益共享的手段来吸引合作商，在合作商的站点上发布搜索引擎赞助商的广告。当站点列表合作商的站点上被点击的时候，合作商就可以从搜索引擎那里获得一定的报酬，因此合作商也可能为了自己的利益，胡乱点击站点广告，而不管最终的转化率是多少[1]。在欺诈点击的操作之下，参与搜索广告竞价排名的产品不仅没有取得预期转换效果，反而还需因海量的点击率而向搜索引擎平台方支付一大笔广告费用，在浪费广告宣传费用的同时，也导致其对相关市场领域的信息产生误判，对其后续的广告行为和营销工作乃至企业发展产生误导。

除了对点击量的造假，搜索引擎服务商也可以将不利于广告主的相关网站链接信息恶意屏蔽或者删除，造成用户和搜索引擎服务商之间的信息不对称。用户原本是想通过搜索关键词来了解网民们对该产品的认知判断，但在其搜索时，搜索页面显示的信息全部都是参与竞价排名产

---

[1] Cathering Sead：《搜索引擎广告—网络营销的成功之路》，北京电子工业出版社 2005 版，第 243—250 页。

品的广告,这些广告自然是宣传该产品的有利信息。用户浏览这些渗入广告的搜索结果,很有可能被其误导,极大损害了用户的消费者知情权。

三 恶意关键词

搜索引擎不仅仅提供信息检索服务,同时也是重要的媒介和营销渠道,对关键词的争夺是影响广告效果的重要因素。出于品牌效益,面对海量可供选择的信息,通常越为人熟知的商标、口号、关键词等品牌象征越能吸引用户的注意,提升转化率。

因此,借助互联网技术,有些商家会将他人的商标当做关键词埋设在自己网站源代码的元标记中,网民在通过搜索引擎查找他人商标时就会不知不觉访问该网页[①]。对于用户来说只是增加了一个选项,但是对于真正的品牌或商标持有者来说,则淡化了其品牌效益,其潜在消费者被分散流失。

另一种情况是在搜索引擎平台上通过竞价排名出卖商标关键词。广告主通过竞价排名,获得关键词搜索结果的重要位置,更多时候是高于商标权所有企业的位置,以此利用商标权所有企业的品牌资产和影响力来为自己的广告铺路。根据受欢迎度原理、相关度原理以及视觉关注规律,用户有可能在看完置于前端的信息后而忽视真正的品牌持有者的信息,这在很大程度上侵害了商标权持有者的所有权和消费者的知情权。

搜索引擎出于广告收益的人工排名,没有履行好核实信息的义务,助长了广告投放行为中的不正当竞争,败坏了企业诚信和广告界风气。

四 违规违禁广告

我国《广告法》和《互联网广告管理暂行条例》等法律法规对互联

---

① 齐爱民、廖晖、熊远艳:《电商时代搜索引擎运营基础法律问题探析》,《社会科学家》2014年第4期。

网广告已有不同程度的规定与约束。如《广告法》第十九条中指出："互联网信息服务提供者不得以介绍健康、养生知识等形式变相发布医疗、药品、医疗器械、保健食品广告"。第四十条中指出："在针对未成年人的大众传播媒介上不得发布医疗、药品、保健食品、医疗器械、化妆品、酒类、美容广告以及不利于未成年人身心健康的网络游戏广告。其中，针对不满十四周岁的未成年人的商品或者服务的广告还包含可能引发其模仿不安全行为的内容。"[①]

然而这些不符合法律规定的广告依旧在搜索引擎上泛滥，医药类广告是搜索引擎广告中的重要组成。由于互联网技术的发展，导致任何一家互联网网站都可以通过竞价排名的营销模式轻而易举地经营或者发布药品、医疗器械等特殊产品的广告。搜索引擎服务商在不具备专业审核能力的基础上帮助发布这些广告，导致超过经营范围或者无照经营的违规违法医药广告滋生。除此之外，不少链接里仍能发现了以动画形式呈现的游戏暴力打斗广告弹窗。在"百度一下，你就知道"的观念深入人心的今天，百度的用户群体中未成年人占据一定份额，这类暴力或色情信息为未成年人所知晓或记忆，将对其身心健康、成长发展带来不利影响。

在《互联网广告管理暂行办法》颁布后，各大搜索引擎公司据此对其广告规定进行调整[②]。比如，百度公司规定在每一页搜索结果中广告数量不得超过四条，不得超过整页搜索信息的百分之三十。然而这一规定也没有完全贯彻执行。这表明搜索引索服务商在广告规定的实行上仍有很大努力空间。

---

① 中国人大网：《中华人民共和国广告法（2018年修订）》2018年11月5日，http://www.npc.gov.cn/npc/c12435/201811/c10c8b8f625c4a6ea2739e3f20191e32.shtml，2019年3月26日。

② 市场监督管理局：《互联网广告管理暂行办法》2018年11月22日，http://scjg.fuzhou.gov.cn/zz/xxgk/fgwj/bljl/201811/t20181122_2684707.htm，2019年4月20日。

五 "广告"技术操作规范不统一

(一)"广告"二字的可识别性差

《互联网信息搜索服务管理规定》《互联网广告管理暂行办法》等规定明确要对付费搜索的内容标明"广告"二字,且要求付费搜索与自然搜索明确区分。2016年9月1日,《互联网广告管理暂行办法》正式颁布实施后,以百度、360为代表的搜索引擎商尽管迅速做出反应,将那些通过竞价排名获取网页优先位置的广告推广信息加上了"广告"二字的标识,但对于"广告"二字的标识设置,其呈现效果与搜索结果页面呈现的广告宣传信息的字号完全不成比例,并且只存在于每则搜索结果的右底部[①]。这导致用户在浏览搜索页面时,很容易忽略或看不清其所标识的"广告"二字,潜在的网络用户依旧会被竞价排名广告所蒙蔽。

(二)"广告"标识可操作性差

目前,搜索引擎页面显示的付费搜索信息中有些已加"广告"二字作为标识,但问题在于《广告法》《互联网广告管理暂行办法》未对广告的具体操作进行统一技术规定,使实践操作混乱。

"广告"标识具有含糊性,"广告"二字的颜色大多采用不显眼的颜色进行呈现,根本无法使用户一眼识别出其为广告信息。其次,对于"广告"二字的字号也未有统一标准要求,搜索引擎服务商在呈现广告信息时,往往会对"广告"二字进行缩小,钻取广告法律的漏洞。

《广告法》中规定在互联网页面以弹出等形式发布的广告,不得影响用户的正常使用,应当显著标明关闭标志并确保一键关闭[②]。但搜索引擎里的一些弹窗式广告中,其所标注的"广告"字体模糊不清,有的

---

① 张宁:《论搜索引擎排名的广告属性及其法律规范》,硕士学位论文,烟台大学,2017年。
② 中国人大网:《中华人民共和国广告法(2018年修订)》2018年11月5日,http://www.npc.gov.cn/npc/c12435/201811/c10c8b8f625c4a6ea2739e3f20191e32.shtml,2019年3月26日。

甚至设置虚假关闭按钮，误导用户进行点击，结果却跳转至广告详情页中，用户出于技术手段壁垒无法避开此类广告，只能被迫接受该广告的传播，导致用户体验差。虽然现有法律条文中对搜索引擎广告的应用进行了明确规定，但由于缺乏可操作性规则，如"广告"标识的规范、关闭按钮的准则等，使得当前搜索广告在很大程度上偏离了广告条例中的"不得影响用户正常使用"的中心思想。

比如以"尼采"为关键词搜索的结果中，选取其中一条打开后在右下角发现的弹窗广告中有两个看似是"取消广告"的选项，但无论点击哪一个标识都会点进这条游戏网站的链接里。这种虚假关闭按钮标识诱导消费者进入详细信息网页的行为严重侵犯了消费者自主选择交易的权利。

图 7—5　虚拟关闭按键跳转页面截图

（图为 2018 年 12 月 17 日 11:03 搜索结果）

六　侵犯消费者隐私

搜索引擎在为用户提供信息检索服务的同时也利用其具备的 Cookie 技术，将用户计算机的 IP 地址、搜索的关键词等信息记录下来，通过对户数据的挖掘和分析，制成用户数据库。这些数据或是为了搜索引擎后续为用户提供更为精准的检索服务而用，或是转卖给第三方平台如需要精准了解消费者的广告主[①]。这一行为运作中，涉及到用户自身隐私权的问题。譬如，用户是否被告知自己的信息被出卖给第三方、用户是否

---

① 韦雪：《搜索引擎中关键字广告对隐私权的侵犯》，《法治与社会》2014 年第 8 期。

同意自己的信息被售卖等，这其中的界限过于模糊不清。

在移动互联时代，消费者在搜索引擎上留下的搜索痕迹常常在不知情的情况下被利用。搜索者曾经搜索过的信息会以相关内容的形式反复出现在接下来的网络行为中，造成消费者的厌烦和不便。尤其是当这些检索信息过于私密，在消费者不想信息被泄露的情况下仍被利用时，则会导致侵犯消费者隐私权的问题。

第三节　搜索引擎广告监管现状的反思

一　法律层面的困境
（一）搜索引擎广告的属性认定和实施偏差

搜索引擎广告中竞价排名模式诞生以来，业界和学界一直对其属性存在争议。部分学者认为，竞价排名属于一般信息检索服务，属于一种市场竞争手段。企业主通过购买搜索引擎服务商的关键词，加大对自己产品和服务的推广是为了借助这一平台实现自由充分的竞争，满足消费市场中的多样性需求。且竞价排名模式是互联网市场自身形成的行业现象，该模式在搜索引擎服务商的盈利乃至整个互联网的发展中其重要作用，要避免因一时失手将整个互联网搜索引擎行业扼杀于摇篮之中。如2016年北京高院发布了《关于涉及网络知识产权案件的审理指南》，其中第三十九条规定："搜索引擎服务提供者提供的竞价排名服务，属信息检索服务。"[①]

也有学者认为竞价排名的本质就是一种广告行为。竞价排名通过人工操作改变算法程序的自然排序结果，背后实际上是广告主通过竞价来争取更好的"广告位"。所以竞价排名的基本属性是网络广告。

我国《广告法》2015年更新后才出现对于网络广告的规制条款，但

[①] 亓蕾：《〈北京市高级人民法院关于涉及网络知识产权案件的审理〉指南著作权部分的解读》，《中国版权》2016年第3期。

这些对网络广告的规制大多是一些原则性的规定，条款还不够详细具体，仅靠这一法律制度难以对竞价排名进行有效的规制。2016年，国家网信办发布的《互联网信息搜索服务管理规定》首次明确"竞价排名"的界定，在该《规定》的第11条中明确规定了应当区分自然排名与竞价排名。[1] 百度"魏则西"事件后，随后由国家工商行政管理总局发布的《互联网广告管理暂行办法》中亦对竞价排名广告进行明确规定，"推销商品或者服务的付费搜索广告属于互联网广告[2]"。然而该法律对搜索引擎服务商的法律地位没有给出明确规定。搜索引擎服务商在广告行为中是广告主、广告发布者、还是广告经营者，在何种具体情况下属于什么身份，应该承担何种责任，没有明确规定，造成之后的行政和司法实践中的模糊性。

不同法律条文对于竞价排名的规定存在差异性，这易导致法院在审理同类竞价排名案件时无法依据统一的法律依据给出相近的审判结果。法律性质的不明确，使搜索引擎服务商权责不清，导致虚假广告、侵权广告泛滥，对竞价排名行为的监管没有具体统一的可行性标准。

（二）搜索引擎广告法律规制不够具体化

搜索引擎广告中的商标侵权和恶意点击或屏蔽等问题的泛滥，一个重大原因在于缺乏专门、具体的法规来规制。

我国的《民法通则》《侵权责任法》《商标法》等一系列法律已经对普通的商标侵权进行了规制，普通商标侵权案件的判定和治理有法可依。在2013年修订的《商标法》第57条新增了第六种侵害商标权的行为："故意为侵犯他人商标专用权行为提供便利条件，帮助他人实施侵犯商标专用权行为的"[3]。《商标法实施条例》第50条，也提到了间接侵权

---

[1] 人民网：《国家网信办发布〈互联网信息搜索服务管理规定〉》，《信息化建设》2016年第7期。
[2] 国家市场监督管理局：《互联网广告管理暂行办法》2018年11月22日，http://scjg.fuzhou.gov.cn/zz/xxgk/fgwj/bljl/201811/t20181122_2684707.htm，2019年4月20日。
[3] 中华人民共和国国家工商行政管理总局：《中华人民共和国商标法》2019年3月11日，http://gkml.samr.gov.cn/nsjg/tssps/201903/t20190311_291862.html，2019年4月20日。

行为。间接商标侵权行为理论的提出对竞价排名中商标侵权行为的规制是一个巨大进步，因为间接商标侵权理论是规制所有网络侵权行为的基础[1]。同时，为了使搜索竞价排名广告中的商标侵权行为得到强制可执行的约束，针对搜索引擎广告里的恶意点击和屏蔽行为，2017年新修订《反不正当竞争法》第十二条对利用网络手段进行恶意屏蔽的四种方式进行了规范[2]。但是在该条文中并没有针对搜索服务商的欺诈点击行为进行有效管制的相关条例。缺乏具体法律的规制，搜索引擎服务商容易在利益的驱使下铤而走险。随着欺诈点击、恶意屏蔽等各类问题的发生，没有具象化的操作管制条文对其进行整治，随之带来的更为严重的问题是侵权方和被侵权方之间的恶性博弈、利益受损。

二　监管层面的困境

（一）搜索引擎服务商本身具有复杂性

搜索引擎商本身具有广告主、广告经营者、广告发布者三重角色。在竞价排名中，广告主在搜索引擎服务商处通过竞价排的广告位并委托搜索引擎服务商为其制作广告并发布，此时搜索引擎服务商在此广告活动中既是广告经营者又是广告发布者。而搜索引擎服务商在自己的平台上也可以发布对本公司有利的广告以宣传本企业的产品或服务，此时搜索引擎服务商既是广告主又是广告经营者和广告发布者。

我国《广告法》规定了广告业务的主体：广告主、广告经营者以及广告发布者[3]。在传统广告生产过程中，这三者间权责分明，广告主向广告经营者提出推销自己商品或者服务的需求，广告经营者针对广告主的需求设计和制作出被广告主认可的广告内容，而广告发布者则是将这

---

[1] 廖婷：《竞价排名的法律规制研究》，硕士学位论文，华中师范大学，2018年。
[2] 中国人大网：《中华人民共和国反不正当竞争法》2019年6月11日，http://www.moj.gov.cn/Department/content/2019-06/11/592_236650.html，2019年7月27日。
[3] 中国人大网：《中华人民共和国广告法（2018年修订）》2018年11月5日，http://www.npc.gov.cn/npc/c12435/201811/c10c8b8f625c4a6ea2739e3f20191e32.shtml，2019年3月26日。

些广告进行发布，但是搜索引擎广告活动中的参与者的主体资格不是单一的，因此无法用现有法律对其所要承担的责任作出清晰的判定。缺乏具体的法律条文做支撑，明显增加了后期监管和违法案件的处理难度。

（二）搜索引擎违法广告取证难

搜索引擎服务平台作为商业平台，以盈利为目的，每天要处理海量信息，信息量巨大和平台技术的局限，使之难以做到对每一条广告信息做到实时检测监管。同时搜索引擎广告中如弹窗广告更新频率快，证据的抓取和留存较困难。

网络广告提升了普通消费者搜集证据的门槛。就竞价排名广告来说，与竞价排名中发生侵权行为所关联的各类数据一般是位于搜索服务平台的数据端后方，即使是一些会计凭证和登记账簿等财务信息也是由搜索服务平台一手掌握，除非内部参与人员，否则普通用户根本无法获取和采集相关信息及证据。

在搜索引擎平台上的违法或违规广告的取证比传统广告更复杂。如竞价排名这类型的搜索引擎广告，需要考量的因素不仅包括网络浏览者的 IP、其所在的物理位置、每位浏览者在规定时间内的点击率等较为常见的数据，还需要对其后台删除日志、浏览痕迹等技术行为进行跟踪，这就导致取证更加难以实施。

（三）管辖权不统一

互联网最大的特点在于其跨越时空的限制，在互联网上传播的信息很有可能在转瞬间被身处不同地域的海量用户所接收，导致互联网上的信息管理很难实时把控，再加上各地管辖权的不统一，导致互联网广告监管难以统一开展。搜索引擎广告的管理在地区间存在差异，没有形成统一标准的这一现状，便成为许多相关责任主体规避法律约束的漏洞，其借助我国与其他国家不同的互联网广告法律监管制度，采用跨国的服务器向国内的用户发布违法广告。对于这类违法行为的治理，往往需要跨国政府机构的合作，而这种跨国合作破案的时间周期较长，效率较低，便导致这种违法广告不断滋生。对其进行有效监管的最基本方式便是要明确这类网络广告的管辖权,因此,我国必须加快对管辖权的法律界定,使其适用于当下违法广告的治理。

第四节 搜索引擎广告监管的创新策略

一 立法层面

(一)在《广告法》中明确规定竞价排名的广告属性

竞价排名广告是搜索引擎广告的主要形式之一,应在全国性法律《广告法》中对竞价排名的广告属性作出明确规定,为搜索引擎广告的类型做出抽象概括,将搜索引擎广告纳入《广告法》管辖。借助法律条文对其进行明确认知,再以条例、规章等形式归纳出当前搜索引擎广告所存在问题的治理措施,是我国现有法律中尚未规定而又亟待解决的重点问题。

同时为了与《广告法》保持一致性,修订 1987 年来从未修订的《广告管理条例》,如在其第二条"凡通过报刊、广播、电视、电影、路牌、橱窗、印刷品、霓虹灯等媒介或者形式,在中华人民共和国境内刊播、设置、张贴广告、均属本条例管理范围[①]"中,将搜索引擎广告等网络广告形式纳入条例管辖范围,发挥其行政法规的效力,将搜索引擎广告进行明确法律定性。与此同时,在对广告法律和法规做出相应变动后,我国相关政府文件及行政指令中也应对其进行修正,保证法律的统一有效性。

(二)建立体系化和具体化的监管条例

在最具权威性的全国性法律确定搜索引擎广告的性质之后,需要根据出现的问题制定具体化的条例。

1. 明确广告主体的责任

由于搜索引擎广告活动中广告主体的复杂性,需要对搜索引擎服务商、广告发布者以及广告经营者等从法律上给予明确定义,明确规定不

---

① 中国人大网:《中华人民共和国广告法(2018 年修订)》2018 年 11 月 5 日,http://www.npc.gov.cn/npc/c12435/201811/c10c8b8f625c4a6ea2739e3f20191e32.shtml,2019 年 3 月 26 日。

同主体在广告活动中应该承担的责任和义务，规定其发布违法网络广告须承担的法律责任及惩罚金额。

从整个广告活动的过程中来看，先要对搜索引擎网站广告活动的主体进行审查、登记注册，从源头上排除不合格的广告竞争者。由于参与搜索引擎广告投放的广告主多且良莠不齐，所以搜索引擎服务商和工商部门对广告主的审核更要做到专业细致。广告主委托设计制作发布广告，应先确保广告内容无涉及违法、违禁内容。在现有法规中加入设置合理的惩奖措施，从法律上明确广告主的责任范围，通过强化其权责意识来减小其违法违规广告内容的制作与传播。

搜索引擎服务商本身具有复杂性，在法律法规上必须规定清楚搜索引擎服务商在何种情况下扮演何种角色，应承担何种责任。对于对广告的经营者来讲，广告的经营者必须事前进行工商登记，具备国家承认的合法经营资格。对于广告发布者来讲，其从事广告的发布活动，也必须具有从事广告活动的资格。各活动主体要厘清自己的活动范围，避免因权利义务部分带来的身份混淆和违法追责主体不明确的现象。

2. 规范搜索引擎广告乱象

当前我国搜索引擎广告乱象主要包括以下几种：虚假广告、恶意关键词、欺诈点击和屏蔽、以及各种违规操作等。首先需要对搜索引擎广告的现存问题从法律上寻求解决点，针对性地增设更为详细化和具体化的整治措施，改进立法上的不足。其次还应该调动业界和学术界资源，从实操和理论两方面共同判断网络广告的未来发展态势，进而科学性地调整相关法律，对即将出现或者有可能出现的搜索引擎广告形式，进行预先管控。同时，对现存的各种搜索引擎广告形态的呈现方式、内容表达等多方面制定详实的规范和要求。

二 监管层面

（一）完善搜索引擎广告监管具体制度

搜索引擎广告的问题发生在搜索引擎广告活动进行的各个阶段，需要根据不同的阶段出现的问题制定相关具体可行的监管制度。

1. 完善广告准入登记制

我国目前包括搜索引擎广告在内的网络广告主要由工商行政部门进行监管，针对搜索引擎广告乱象的监管需要从源头做起，完善广告准入登记制度，只有符合规定的广告才可进入市场。

我国只有个别地区颁布了相关制度条例，如《北京市网络广告管理暂行办法》中明确制定了登记、注册制度，基本奠定了网络广告进入市场的许可标准[①]。各地应该尽快颁布此类对于网络广告准入进行规范的相关条例，并针对搜索引擎广告出现的虚假广告等问题增加更为严格的准入条件，譬如，在五年内未曾涉及违法广告、了解相关广告条文等等，各广告主体需要在各地行政工商管理部门进行预案登记，规定只有符合这些具体审查条件的广告主体才能从事网络搜索引擎广告活动。

2. 完善广告审查制度

当前搜索引擎广告监管以行政监管为主，但现有的多部门、跨区域的协调监管缺乏有效的沟通协作机制和相应的制度支撑，部门化、地域化行政监管机制也难以对付各种新形式泛滥的违法违规广告，所以需要在《广告法》的基本原则下，研究搜索引擎广告的规律及问题产生原因，并结合实践经验，制定行之有效的审查义务制度以及违反制度时的惩治措施，不断提高搜索引擎广告的审查效率，进而从源头实现其有序发展的态势。

结合审查制度建立审查程序，根据广告主体的不同情况对广告内容进行发布前和发布后审核。对于符合准入登记制度规定的广告主的审核，仅进行后期内容严格备案，这样便可及时明确相关广告活动的直接责任方，可对其进行事后追究，同时，这种方式对于广告发布方也是一种强有力的震慑措施，可以促使广告主体对所要发布的广告内容进行自我内

---

① 何新宝：《我国网络广告监管法律研究》，硕士学位论文，中国地质大学（北京），2018年。

部审核，从而减轻广告监管部门的执法压力，降低广告违法率。

众媒时代，由于搜索引擎平台广告的上传技术门槛降低，导致众多个体用户发布广告的行为增多。此类广告主体参差不齐且规模较大，为广告审查工作加大了工作量和难度。在建立审查制度的同时需要完善搜索引擎广告的监测机制。可借助大数据平台，建立企业信息数据库，实现对企业注册及分布内容进行采集整理，搜集广告主的广告活动页面，留存电子证据，当出现违规违法操作时，及时做出反应。

3. 完善惩戒制度

我国《广告法》和《互联网广告管理暂行办法》针对互联网搜索广告的违法行为进行明确的规定和要求，但有学者认为，现有惩罚措施对于具有市场支配地位的搜索引擎服务商处罚力度不够大，难以起到彻底的约束和震慑效果。虽然我国《广告法》第五十七条还规定了虚假广告主所需承担的行政责任，然而这种处罚力度对于广告主在虚假广告中所获取的巨额收益而言，完全是微不足道，这就导致很多广告主宁愿冒着被广告监管机构惩罚的风险也要发布虚假广告。针对以上情况，除了加大处罚力度，增加罚款金额甚至加强搜索引擎广告刑事规制之外，还可以通过完善更正性处罚制度来提升监管效率。

我国的广告监管法律中对于更正性法律制度的运用较少，《广告法》第五十五条对于违法违规广告乱象的处罚，仅做了原则性规定"在相应范围内消除影响"，如监管机构一旦发现搜索引擎平台上的违法违规广告，可根据其严重性和违法程度以及违法次数责令广告主体用原来广告发布费用的三倍或者更多刊登更正信息。同时，必须明确更正性说明的适用范围，其需要通过原来的发布渠道，将原来的受众群体纳入到更正信息传播的范围内，消解原本受众的错误认知。对更正性惩罚制度的完善，还应当从更正性广告的期限、费用、范围进行具体规定。譬如，更正性广告只适用于首次出现违法广告的广告主、更正性广告的费用不得低于之前支付广告费用的三倍；根据广告发布的时间长短，设置更正刊登时间的最低限度；更正内容必须明确标识出原广告中的不实部分等等。

(二)各监管主体各司其职，良性互动

我国《广告法》规定，县级以上人民政府工商行政管理部门是广告的监管机关[①]。随着网络广告乱象频发，我国网络广告行业自律越来越成为需要关注的重要革新区，与此同时，对于互联网广告的监管，我国也逐渐由行政监管发展为政府主导、行业治理的新型治理模式，但政府监管部门、行业团体、社会公众三者之间仍有许多有待协调的地方，因此，有必要使监管主体各司其职，共同合作，良性互动，以建立协调的网络广告监管体系。

1. 政府监管部门

传统的广告监管方法在互联网上监管效果有限，从海量信息中取证和调查难度大。政府监管执法人员自身执法素质没有顺应"互联网+"的环境做出提升，再遇上迷惑性较强的搜索引擎广告，使之难以发现搜索引擎广告中潜伏的问题，因此需要对监管执法人员加强互联网知识的培训，提升其对于搜索引擎广告本质与特征的理解，引导执法人员提高鉴别相关违法广告的能力以及运用新技术手段加强监管的能力。

从整个监管部门来看，首先要理清网络广告监管各部门的职责以及工作内容，对网络监管中存在的职能重复、职责不明等问题进行协调分配，合理划分各个部门、各个区域的监管内容，并设置网络广告监管专项小组，由其专门负责处理本地的网络广告监管工作。同时，通过定期考核的形式促使监管部门、个人对监管工作进行自我监察。在监管人员监管能力提升、监管职责明晰的同时，还需建立健全广告监测制度，完善监测措施，及时发现和依法查处违法广告行为。广告行政监管机关通过广告行政监管和技术检测可以及时发现违法广告，总结违法广告的规律性特点，分析发布违法广告的走向。通过广告行政监测可以及时提出违法广告的社会预警和警示，提醒社会消费者注意防范虚假广告等陷阱。

---

① 中国人大网：《中华人民共和国广告法（2018年修订）》2018年11月5日，http://www.npc.gov.cn/npc/c12435/201811/c10c8b8f625c4a6ea2739e3f20191e32.shtml，2019年3月26日。

同时，政府行政部门还应借助技术优势，对广告进行高效监管。2017年7月，国务院颁布了《新一代人工智能发展规划》，引起了社会各界的关注。随着移动互联网、大数据、人工智能、5G等技术的快速发展，未来广告的发展态势也必定会朝着这些方向前进，自然，对其监管措施也需这些先进技术的支持。在未来，我们可以依据人工智能、云计算等方式，快速地诊断出搜索广告的违法案件，极大地提高政府对搜索引擎广告的监管治理能力。同时，政府也可以增设人工智能审核门槛，以之来弥补人工审核效率低下且易发生错误的问题，实现快速有效地对搜索引擎上的虚假广告进行明显过滤的效果。当然，政府也可以在技术上对搜索引擎广告的内容精细实名认证，埋设广告追踪线路，方便实时对广告内容及发布状况进行审查。

2. 行业自律

互联网的发展日新月异，然而法律制定天然的滞后性，难以对新出现的问题起到约束作用。良好的网络环境仅靠外部监管难以实现，所以需要我国的搜索引擎行业加强自我约束，发挥行业组织的监管作用来弥补法律管控的不足，实现搜索引擎广告的自我净化和监管。

首先在规范广告行业规则方面，在全国性法律法规完善的同时，可以通过制定搜索引擎行业规则来作为行业发展和行业规范的依据，将搜索引擎广告的监管列入其中，对搜索引擎虚假广告、欺诈点击等问题提出针对性解决对策，通过运用严格的自律性规范来规制广告商业行为，从而实现维护行业的健康稳定运行。同时，具体的行业自律规则的制定要以《广告法》为依据，可以适当借鉴域外法律，对现有法律暂时缺位的内容进行补充，以适应社会发展和搜索引擎广告行业的需求，同时接受相关广告监管机构的监督指导，确保自律组织所指定的规范科学且合理。

其次，需要加强行业自律组织建设。当前，我国的搜索引擎市场中，百度公司一家独大。作为占据市场份额最大的公司，在行业发展中，其应当在加强自身建设的同时推动整个搜索引擎广告行业加强行业自律组织的建设。行业组织的建立将有利于针对搜索引擎广告行业出现的问题达成共识，并以之作为有信服度的行业规范，同时，行业组织也可针对搜索引擎服务平台中的广告进行初步审查，协助消费者协会等机构处理用户维权问题，以及对行业内所在的不正当竞争广告进行取证调查，有效维护行业的健康发展生态。

再次，努力提升从业人员的职业素养。在法律体系监管效果有限的基础上还应从技术角度出发，提升专业能力，以适应搜索引擎广告行业发展的需要。国家工商总局提出"以网管网"，要实现搜索引擎广告的现代化管理，除了政府部充分利用人工智能技术进行监管外，搜索引擎服务商作为网络广告商和消费者之间的联结者，应积极承担企业责任，运用网络技术对网络广告、网络交易进行监管。搜索引擎服务商可以利用网络自动识别系统，将在本交易平台上的网络广告经营者自动识别出来，并通过使竞价排名或点击率等交易记录透明化，实现消费者、监管人员的信息共享，以便消费者、监管人员对广告信息的查询。同时要通过行业规范的培训和职业道德教育来提升从业人员的职业修养，引导互联网从业人员和经营管理者认识到违法经营活动的危害性，自觉践行广告行为的道德准则，履行广告道德的义务，全面推行互联网广告经营资格认证。从业人员在参与广告运作时不能只顾经济利益，放弃承担其社会责任，而应该兼顾当下和长远利益，要以行业发展之大局为重，加强自律。

3. 社会监督

对于搜索引擎广告的监督还需要充分调动全社会力量的参与，全面提高监督管理水平。加强消费者媒介素养和维权意识，发挥消费者的监督积极性。通过媒介的宣传和纽带作用整合监管渠道资源，构建消费者投诉通道，并积极引导消费者形成自觉维权意识，主动参与网络广告的监督管理，激发社会监管的积极性，为我国搜索引擎广告健康发展创造更好的市场环境。

从消费者监督角度而言，由中国互联网络信息中心（CNNIC）发布的第 43 次《中国互联网络发展状况统计报告》显示，截至 2018 年 12 月，我国网民规模达 8.29 亿，搜索引擎用户规模高达 6.81 亿[①]。搜索引擎用户作为搜索引擎广告瞄准的潜在消费者，许多媒介素养低、维权意识弱，常常受搜索引擎广告的伤害。故消费者辨别能力的提升和维权意识的增强能减少搜索引擎广告中问题的危害性，通过大众传播、政府以及行业组织传播等渠道向消费者普及搜索引擎广告中常见的问题，提升消费者媒介素养和维权意识。让消费者在浏览检索结果的时候加强甄别与对比，在通过搜索引擎广告发生支付行为的同时加强警惕，在发现违规违法广告的时候善于留存证据，以此来提高自身防范能力。当遇到合理权益被侵犯的情况时，敢于借助媒体渠道或其他社会力量对不符合法律法规的行为进行举报，维护自身权益，同时监督搜索引擎广告行业的良性发展。消费者还可和政府企业一起建立搜索引擎广告监督管理委员会，充分发挥社会的力量，参与监管。

从媒体监督角度而言，舆论是社会的皮肤，应当发挥新闻媒介对于搜索引擎广告发展的监督权。通过新闻媒体的影响力可以提高搜索引擎广告中违法违规广告的曝光频率，进而形成对违法广告有力的威慑。新闻媒体为了帮助搜索引擎服务商和消费者更好建立沟通通道，可以与工商行政管理部门、消费者协会以及广告行业协会保持紧密联系，从程序上为企业和消费者开辟媒体通道，完善消费者投诉机制。对于一些具有新闻价值和典型意义的违法广告案件，指派专人开展新闻调查并予以曝光，对于其他不适合媒体报道的违法广告案件，应向工商行政管理部门反映和移交。

---

① 中国互联网信息中心：《第43次中国互联网络发展状况统计报告》2019年2月2日，http://www.cac.gov.cn/2019-02/28/c_1124175686.htm，2019年6月2日。

中文文献

书籍类：

[1]［美］阿·托夫勒、巴图：《未来的冲击》，孟广军等译，中国对外翻译出版公司1987年版。

[2]［美］保罗·莱文森：《新新媒介》，何道宽译，复旦大学出版社2011年版。

[3]［美］保罗·莱文森：《数字麦克卢汉——信息化新纪元指南》，何道宽译，社会科学文献出版社2001年版。

[4]陈柳裕、唐明良：《广告监管中的法与理》，社会科学文献出版社2009年版。

[5]邓小兵、冯渊源：《网络广告行政监管研究》，人民出版社2014年版。

[6]［日］电通跨媒体沟通开发项目组：《打破界限——电通式跨媒体沟通策略》，苏友友译，中信出版社2011年版。

[7]范志国等：《中外广告监管比较研究》，中国社会科学出版社2008年版。

[8]黄河、江凡：《中国网络广告17年》，中国传媒大学出版社2014年版。

[9]［美］约翰·帕夫利克：《新媒体技术：文化和商业前景》（第2版），周勇译，清华大学出版社2005年版。

[10]廖秉宜：《中国广告监管制度研究》，人民出版社2015年版。

[11]［美］理查德·斯皮内洛：《铁笼，还是乌托邦：网络空间的道

德与法律》，李伦译，北京大学出版社2007年版。

［12］李德成：《网络广告法律制度初论》，中国方正出版社2000年版。

［13］［美］李，思达：《搜索引擎广告—网络营销的成功之路》，朱彤译，电子工业出版2005年版。

［14］刘树林、戎文晋：《搜索引擎广告的机制设计理论与实践》，科学出版社2010年版。

［15］［美］马克·波斯特：《第二媒介时代》，范静哗译，南京大学出版社2001年版。

［16］［美］马克·休斯：《口碑营销》，李芳龄译，中国人民大学出版社2006年版。

［17］涂伟：《网络广告学》，武汉大学出版社2010年版。

［18］［美］托马斯·鲍德温等：《大汇流：整合媒介信息与传播》，龙耘等译，华夏出版社2000年版。

［19］王宏：《数字媒体解析》，西南师范大学出版社2006年版。

［20］王军：《传媒法规与伦理》，中国传媒大学出版社2010年版。

［21］［美］雪莉·贝尔吉：《媒介与冲击》，东北财经出版社2000年版。

［22］杨立钒：《网络广告理论与实务》，中国电力出版社2014年版。

［23］杨连峰：《网络广告理论与实务》，清华大学出版社2017年版。

［24］张新宝：《隐私权的法律保护》，群众出版社1997年版。

期刊、报纸类：

［1］安娜：《网络广告监管的难点与对策》，《中国工商管理研究》2009年第9期。

［2］包娜：《我国与欧美国家广告行业自律的异同》，《中小企业管理与科技》2017年第11期。

［3］戴维、尹梅：《淘宝直通车营销策略分析及对策》，《现代商业》2017年第22期。

［4］丁汉青：《口碑、口碑传播与口碑营销——概念界定与研究面向》，

《青年记者》2011 年第 31 期。

[5] 2015 年广告监管及指导广告业发展专家型人才培训班第一课题组：《第三方网络交易平台广告管辖权界定探究》，《中国工商报》2015 年 11 月 17 日。

[6] 高琴：《视频广告：浮现中的"清明上河图"》，《证券日报》2008 年 10 月 12 日 A03 版。

[7] 葛异：《原生广告内容介绍及评价》，《新媒体研究》2018 年第 16 期。

[8] 谷干：《我国视频网站广告研究》，《中国传媒科技》2012 年第 04 期。

[9] 王登佐：《国家工商总局等 13 部门联合发布意见重点监控搜索类网站广告》，《青年记者》2013 年第 9 期。

[10] 韩韧：《初探视频网站广告资源与商业模式》，《新闻研究导刊》2015 年第 8 期。

[11] 何波：《互联网广告立法带来监管新思路》，《中国电信业》2016 年第 8 期。

[12] 胡忠青：《手机广告发展与中国现实进路》，《新闻界》2007 年第 3 期

[13] 黄素琴、李德团：《原生广告的数据隐私问题探析》，《新闻世界》2018 年第 11 期。

[14] 黄振宁：《电子商务在钢铁企业中的应用》，《冶金丛刊》2009 年第 4 期。

[15] 蒋虹：《网络虚假广告与消费者权益保护问题探析》，《华东政法学院学报》2003 年第 2 期。

[16] 姜智彬：《网络广告的现状、危机与对策》，《杭州师范学院学报：社会科学版》2005 年第 5 期。

[17] 金甦：《自媒体软文广告的传播及其规范治理》，《新闻战线》2017 年第 12 期。

［18］雷琼芳：《加强我国网络广告监管的立法思考——以美国网络广告法律规制为借鉴》，《湖北社会科学》2010年第10期。

［19］李定娓：《网络广告及其监管：问题与法律规制的完善》，《哈尔滨师范大学社会科学学报》2015年第3期。

［20］李军林：《近十年广告监管热点问题研究述评》，《当代传播》2013年第4期。

［21］李蕾：《浅析网络广告法律规制的完善》，《法制博览》2015年第10期。

［22］黎明：《网络广告的形态演进与未来发展》，《湖北大学学报哲学社会科学版》2011年第6期。

［23］黎明、崔艳琼：《基于类型分析的国内视频网站广告监管》，《新闻前哨》2018年第10期。

［24］李明伟：《论搜索引擎竞价排名的广告属性及其法律规范》，《新闻与传播研究》2009年第6期。

［25］李明伟：《网络广告的法律概念与认定》，《新闻与传播研究》2011年第5期。

［26］李希慧、沈元春：《虚假广告罪若干问题探究》，《河北法学》2005年第12期。

［27］李燕：《淘宝直通车的推广技巧》，《科技资讯》2012年第12期。

［28］李苑：《信息化背景下网络广告引发的法律问题及合规性研究》，《中国管理信息化》2018年第23期。

［29］李卓：《陕西省广告监管现状及存在的问题分析》，《山西师大学报（社会科学版）》2014年第41期S1版。

［30］李正良、张美娜：《创意中插：场景理论视域下的新解读》，《新闻战线》2017年第18期。

［31］梁诗偲、杨皓男：《自媒体广告主体法律制度的完善》，《山西省政法管理干部学院学报》2015年第1期。

［32］林波、曾志森、曾学明：《"自媒体"广告监管的初步思考》，《中

国工商管理研究》2013年第9期。

[33] 林承铎、杨彧苹：《网络广告监管法律问题研究》，《华北电力大学学报：社会科学版》2012年第5期。

[34] 林升栋：《国内网络广告主要问题及对策探讨》，《新闻与传播研究》2000年第4期。

[35] 刘双舟：《关于完善互联网广告法律制度的思考》，《新闻春秋》2015年第3期。

[36] 刘双舟：《互联网广告需要新的专门立法》，《经济参考报》2015年7月29日。

[37] 刘统全：《浅析话题广告》，《北方文学（下半月）》2011年第9期。

[38] 刘寅斌、马贵香、李洪波：《我国网络广告监管创新模式研究》，《科技管理研究》2010年第16期。

[39] 刘迎华：《手机广告的运作模式和产业链分析》，《通信世界》2007年第41期。

[40] 马嘉鸿：《论微信公众号软文广告中"标题党"的伦理失范现象》，《西部广播电视》2018年第19期。

[41] 毛宁：《从网络隐性广告规制论广告法进一步修改和完善》，《法制博览》2016年第2期。

[42] 欧阳晨：《网络虚假广告对消费者权益的侵害及其治理对策》，《理论月刊》2007年第4期。

[43] 彭兰：《社会化媒体、移动终端、大数据：影响新闻生产的新技术因素》，《新闻界》2012年第16期。

[44] 齐爱民、廖晖、熊远艳：《电商时代搜索引擎运营基础法律问题探析》，《社会科学家》2014年第4期。

[45] 全璞：《电商平台经营者的责任与监管——以《电子商务法》二审稿为视角》，《法制博览》2018年第17期。

[46] 邵国松：《网络广告管制中的问题和对策——兼评我国《广告法》

首次修改》,《江淮论坛》2015 年第 4 期。

［47］申琦：《试论我国手机广告法律监管》,《现代传播》2010 年第 2 期。

［48］宋亚辉：《广告发布主体研究：基于新媒体广告的实证分析》,《西南政法大学学报》2008 年第 6 期。

［49］孙雅洁：《新媒体时代下手机广告发展现状分析》,《文艺生活·中旬刊》2017 年第 12 期。

［50］孙晓霞、缪钧、张红冰：《互联网广告监管研究报告》,《中国工商管理研究》2011 年 12 期。

［51］谭园园：《网络广告形式及利弊分析》,《计算机与信息技术》2011 年第 10 期。

［52］吴光恒：《网络广告环境下不正当竞争行为的法律问题及对策》,《理论月刊》2012 年第 6 期。

［53］吴梦琦、樊燚琴：《阅读类 App 广告及其传播效果研究》,《现代营销（下旬刊）》2018 年第 10 期。

［54］肖慧：《手机广告的传播特征及传播模式探讨》,《科技传播》2009 年第 3 期。

［55］徐凤兰、孙黎：《国外网络广告监管经验及启示》,《新闻实践》2012 年第 12 期。

［56］徐敬宏、吴敏：《论搜索引擎竞价排名的广告属性及其法律规制》,《学习与实践》2015 年第 8 期。

［57］许正林、闫峰：《监管 关切 责任 规范：新版广告法解读》,《现代传播》》2015 年第 9 期。

［58］薛敏芝：《美国新媒体广告规制研究》,《上海师范大学学报：哲学社会科学版》2013 年第 3 期。

［59］杨珂：《中国电视剧植入广告存在的几个问题——以中国版《深夜食堂》为例》,《视听》2018 年第 11 期。

［60］杨同庆：《网络广告发展与监管研究》,全国广告学术研讨会论

文 2002 年。

[61] 石磊：《网络广告主体法律制度的完善》，《商业研究》2009 年第 6 期。

[62] 韦雪：《搜索引擎中关键字广告对隐私权的侵犯》，《法治与社会》2014 年第 8 期。

[63] 王婧、符潇雅：《网络游戏广告的"净"与"禁"——关于网络游戏广告的伦理探究》，《新闻知识》2014 年第 10 期。

[64] 王梦萍：《浅析网络广告发布者的审查义务及其法律责任》，《法制与社会》2008 年第 9 期。

[65] 王冕：《从网络广告监管到网络广告治理——公共治理的视角分析》，《商业研究》2009 年第 1 期。

[66] 王晓红、包圆圆、吕强：《移动短视频的发展现状及趋势观察》，《中国编辑》2015 年第 3 期。

[67] 王雨婷：《国内视频网站广告发展探究》，《视听》2016 年第 11 期。

[68] 喻国明：《用"互联网+"新常态构造传播新景观——兼论内容产品从"两要素模式"向"四要素模式"的转型升级》，《新闻与写作》2015 年第 6 期。

[69] 喻国明：《镶嵌、创意、内容：移动互联广告的三个关键词——以原生广告的操作路线为例》，《新闻与写作》2014 年第 3 期。

[70] 喻国明、侯伟鹏、程雪梅：《个性化新闻推送对新闻业务链的重塑》，《新闻记者》2017 年第 3 期。

[71] 于小川：《技术逻辑与制度逻辑——数字技术与媒介产业发展》，《武汉大学学报（人文社科版）》2007 年第 6 期。

[72] 袁洁平：《〈互联网广告管理暂行办法〉发布意味着什么？》，《中国广告》2016 年第 8 期。

[73] 赵洁、骆宇：《美国网络广告监管以及对我国的启示》，《中国广告》2007 年第 11 期。

[74] 赵珊珊：《网络隐性广告现状及法律分析》，《法制博览》2016

年第 1 期。

[75] 张进：《媒介融合视域下手机媒体的广告传播探究》，《新闻研究导刊》2018 年第 13 期。

[76] 张金海、黎明：《媒体演进的价值规律》，载《新闻学论集第 25 辑》，经济日报出版社 2010 年版。

[77] 张金海、王润珏：《数字技术与网络传播背景下的广告生存形态》，载《武汉大学学报》2009 年第 4 期。

[78] 张庆园、姜博：《原生广告内涵与特征探析》，《华南理工大学学报（社会科学版）》2015 年第 8 期。

[79] 张锐：《勒住网络软文广告野蛮生长的脱缰之绳》，《中关村》2018 年第 9 期。

[80] 张圣义：《浅谈我国手机广告的特点及发展趋势》，《神州》2012 年第 24 期。

[81] 张羽：《移动短视频发展现状浅析》，《经贸实践》2018 年第 15 期。

[82] 郑祎依：《浅析互联网广告监管》，《中国市场监管研究》2016 年第 12 期。

[83] 植群清：《浅谈网络视频广告不正当竞争行为的法律适用——以爱奇艺视频不正当竞争诉讼系列案为例》，《法制与社会》2017 年第 10 期。

[84] 周润博、张忠能：《基于淘宝直通车的竞价决策系统的研究与设计》，《微型电脑应用》2014 年第 6 期。

[85] 祝捷：《国内视频网站广告的运作与管理浅议》，《科技传播》2015 年第 16 期。

[86] 朱松林：《论行为定向广告中的网络隐私保护》，《国际新闻界》2013 年第 4 期。

[87] 邹未光：《网络广告联盟监管策略研究》，《中国工商管理研究》2015 年第 1 期。

学位论文：

［1］陈鹏翔：《电子刷单行为的法律规制研究》，硕士论文，兰州大学，2018年。

［2］何新宝：《我国网络广告监管法律研究》，硕士论文，中国地质大学（北京），2018年。

［3］李晓文：《广告监管法律制度研究》，硕士论文，山东大学，2008年。

［4］廖婷：《竞价排名的法律规制研究》，硕士论文，华中师范大学，2018年。

［5］刘明春：《网络广告的Banner设计研究》，硕士论文，昆明理工大学，2013年。

［6］刘荣：《基于AIDMA模型的城市旅游营销口号评价要素研究》，硕士论文，江南大学，2013年。

［7］孟海燕：《弹出式广告的法律规制研究》，硕士论文，西南政法大学，2014年。

［8］潘红：《网络搜索引擎广告的传播策略变化研究》，硕士论文，成都理工大学，2016年。

［9］王忆茹：《我国网络广告监管法律制度研究》，硕士论文，西南政法大学，2016年。

［10］王雪珂：《电视广告监管问题研究》，硕士论文，中国社会科学院研究生院，2011年。

［11］王忆茹：《我国网络广告监管法律制度研究》，硕士论文，西南政法大学，2016年。

［12］徐慧：《竞价排名商业模式中虚假广告问题的博弈分析》，硕士论文，江南大学，2018年。

［13］张宁：《论搜索引擎排名的广告属性及其法律规范》，硕士论文，烟台大学，2017年。

［14］张宁：《中国手机广告的传播形态研究》，硕士论文，河南大学，2008年。

［15］朱瑜：《搜索引擎广告的经营对策研究》，硕士论文，华中科技大学，2006年。

网络资源类：

［1］阿里研究院：《互联网+研究报告》2015年3月12日，http://www.aliresearch.com/blog/article/detail/id/20284.html，2019年3月20日。

［2］爱范儿早报：《谷歌、微软等公司联手打造"数据传输计划"》2018年7月23日，http://www.techweb.com.cn/internet/2018-07-23/2688395.shtml，2019年3月26日。

［3］爱否科技：《8款手机系统广告大横评，最过分的是谁？》2018年9月7日，https://www.sohu.com/a/252603893_473286，2019年4月23日。

［4］艾瑞数据：《60%用户每天收到朋友圈广告，仅4.2%用户购买商品》2015年1月27日，https://www.toutiao.com/i1039344984/，2019年3月26日。

［5］艾瑞咨询：《这些营销数据你知道吗？——2018中国网络营销微报告》2018年11月22日，http://www.cnad.com/show/526/296654.html，2019年3月26日。

［6］艾瑞咨询：《中国网络广告市场年度监测报告（2018年版）》，2018年9月6日，http://www.199it.com/archives/768014.html，2019年4月7日。

［7］比达咨询：《中国移动搜索市场研究报告（2017年版）》2018年3月23日，http://www.bigdata-research.cn/content/201803/659.html，2019年4月7日。

［8］陈晨、赵玉瑾：《互联网+时代下互联网广告审核责任的再思考》，《中国社会科学网》2015年08月10日，http://www.cssn.cn/fx/fx_jjfx/201508/t20150810_2113108.shtml，2019年6月27日。

［9］付彪：《中国原生视频广告市场专题分析》，《易观数据库》

2017年12月20日，https://www.analysys.cn/article/analysis/detail/1001097，2019年4月24日。

［10］付彪：《中国网络视频广告市场季度监测报告2017年第3季度》，《易观数据库》2017年12月19日，https://www.analysys.cn/article/analysis/detail/1001096，2019年3月17日。

［11］工商总局网站：《侵害消费者权益行为处罚办法（工商总局令第73号）》2015年1月16日，http://www.gov.cn/xinwen/2015-01/16/content_2805339.htm，2019年3月17日。

［12］工商总局网站：《全国互联网广告监测中心震慑作用显现 违法率从监测前的7.1%降至1.98%》2018年2月9日，http://www.gov.cn/xinwen/2018-02/09/content_5265213.htm，2019年3月26日。

［13］极光大数据：《垂直短视频App行业报告》2017年3月8日，http://www.199it.com/archives/571086.html，2019年3月26日。

［14］七麦数据：《2018年中国短视频行业研究报告》2018年5月2日，https://api.qimai.cn/institute/downloadReport/id/68，2019年5月9日。

［15］前瞻产业研究院：《2019年中国搜索引擎行业分析报告-行业规模现状与发展战略评估》2019年8月23日，https://bg.qianzhan.com/trends/detail/506/190814-9488ce5b.html，2019年9月7日。

［16］人民网-国际金融报：《导流P2P平台接连爆雷 小米深陷信誉危机冤不冤？》2018年7月30日，http://it.people.com.cn/n1/2018/0730/c1009-30176956.html，2019年4月23日。

［17］市场监督管理局：《互联网广告管理暂行办法》2018年11月22日，http://scjg.fuzhou.gov.cn/zz/xxgk/fgwj/bljl/201811/t20181122_2684707.htm，2019年4月20日。

［18］Social Beta：《短视频营销指南》2015年4月17日，https://wenku.baidu.com/view/caac52ac84254b35effd341a.html，2019年5月7日。

［19］杨乐、彭宏洁：《互联网广告活动中的主体问题研究》，《腾讯研究院》2015年12月3日，http://www.tisi.org/Article/lists/id/4340.

html，2019年6月27日。

[20] 央视快评：《大力提高网络综合治理能力》2018年4月22日，http://news.cnr.cn/comment/latest/20180422/t20180422_524207718.shtml，2019年4月20日。

[21] 中国互联网信息中心：《第43次中国互联网络发展状况统计报告》2019年2月2日，http://www.cac.gov.cn/2019-02/28/c_1124175686.htm，2019年6月2日。

[22] 中国人大网：《中华人民共和国广告法（2018年修订）》2018年11月5日，http://www.npc.gov.cn/npc/c12435/201811/c10c8b8f625c4a6ea2739e3f20191e32.shtml，2019年3月26日。

[23] 中国人大网：《中华人民共和国反不正当竞争法》2019年6月11日，http://www.moj.gov.cn/Department/content/2019-06/11/592_236650.html，2019年7月27日。

[24] 中国网：《北京市网络广告管理暂行办法》2002年9月2日，http://htzl.china.cn/txt/2002-09/02/content_5197629.htm，2019年3月26日。

[25] 中国网信网：《中国互联网络发展状况统计报告》2018年1月31日，http://www.cac.gov.cn/2018-01/31/c_1122347026.htm，2019年5月6日。

[26] 中视海澜：《央视四套中国新闻广告价格》，http://www.zshl1235.cpooo.com/product/13418966.html，2019年5月7日。

英文文献

书籍类:

[1] EP Goodman, *Peer Promotions and False Advertising Law*, Social Science Electronic Publishing, 2007.

[2] J Rosenoer, *Cyber Law - The Law of The Internet*, New York: Springer, 1997.

[3] K Creech, *Electronic Media Law and Regulation*, Oxford: Focal Press, 1996.

[4] L Edwards and C Waelde, *Law and the Internet: regulating cyberspace*, Oxford: Hart Publishing, 1997.

[5] M Foucault, *Discipline and Punish: The Birth of the Prison*, New York: Random House, 2007.

[6] S Spilsbury. *Media Law*, London: Cavendish Pub. Ltd., 2000.

[7] S Spilsbury. *Media Law*, London: Taylor & Francis Ltd., 2000.

期刊、报纸类:

[1] A Goldfarb and CE Tucker, "Privacy Regulation and Online Advertising", *Social Science Electronic Publishing*, Vol. 57, No.1, 2010.

[2] D Harker. "Regulating online advertising:the benefit of qualitative insights", *Qualitative Market Research*, Vol. 11, No.3, 1998.

[3] H Lin and P Shao, "The Study on Supervision Model for Online Advertising Click Fraud", *Management Science & Engineering*, Vol. 5,

No.3, 2011.

[4] L Borrie., "CSR and advertising self-regulation", *Consumer Policy Review*, No.8, 2005.

[5] PA Labarbera, "Analyzing and advancing the state of the art of advertising self-regulation", *Journal of Advertising*, No.3, 1980.

[6] RH Ducoffe, "Advertising Value and Advertising on the Web", *Journal of Advertising Research*, Vol. 36, No.5, 1996.